COUVERTURE SUPÉRIEURE ET INFÉRIEURE
EN COULEUR

CONVERSATIONS

SUR LE

COMMERCE DES GRAINS

ET LA

PROTECTION DE L'AGRICULTURE

PAR

M. G. DE MOLINARI

Correspondant de l'Institut
Rédacteur en chef du *Journal des Économistes*.

—

NOUVELLE ÉDITION

PARIS

GUILLAUMIN ET Cie, ÉDITEURS

De la Collection des principaux Économistes, du Journal des Économistes
du Dictionnaire de l'Économie politique
du Dictionnaire universel du Commerce et de la Navigation, etc.
RUE RICHELIEU, 14

CONVERSATIONS

SUR LE

COMMERCE DES GRAINS

ET LA

PROTECTION DE L'AGRICULTURE

DU MÊME AUTEUR

Les Soirées de la rue Saint-Lazare. Entretiens sur les lois économiques et défense de la propriété. 1 vol. grand in-18, 1849. Paris, Guillaumin et Cie..................... 3 fr. 50

Cours d'économie politique, fait au Musée royal de l'Industrie belge. 2e édition, 2 vol. in-8, 1863. Bruxelles, A. Lacroix, Verboeckhoven et Cie. Paris, Guillaumin et Cie..... 12 fr.

Questions d'économie politique et de droit public. 2 vol. in-8. Mêmes éditeurs................................ 10 fr.

Les Clubs rouges pendant le siège de Paris, 1871. 1 vol. gr. in-18. Paris, Garnier frères..................... 3 fr. 50

Le Mouvement socialiste et les réunions publiques avant la Révolution du 4 septembre 1870, suivi de la Pacification des rapports du capital et du travail. 1872. 1 volume grand in-18. Garnier frères.......................... 3 fr. 50

Lettres sur les États-Unis et le Canada, adressées au *Journal des Débats* à l'occasion de l'Exposition universelle de Philadelphie, 1876. 1 vol. grand in-18. Hachette et Cie.. 3 fr. 50

Lettres sur la Russie, 2e édition. 1 volume grand in-18, 1877. E. Dentu...................................... 3 fr. 50

La Rue des Nations, visites aux sections étrangères de l'Exposition universelle de 1878. 1 volume grand in-18, Maurice Dreyfous..................................... 3 fr.

L'Irlande, le Canada, Jersey. Lettres adressées au Journal des Débats, 1 vol. grand in-18. E. Dentu......... 3 fr. 50

L'Évolution économique du XIXe siècle. Théorie du progrès, 1880, 1 vol. grand in-8. C. Reinvald.............. 6 fr.

L'Évolution politique et la Révolution, 1884, 1 volume in-8. C. Reinvald............................... 7 fr. 50

Au Canada et aux Montagnes Rocheuses. — En Russie. — En Corse. — A l'Exposition universelle d'Anvers. Lettres adressées au *Journal des Débats.* 1 volume in-18, 1886. C. Reinvald.................................. 3 fr. 50

5478-86. — Corbeil. Typ. et Stér. Crété.

CONVERSATIONS

SUR LE

COMMERCE DES GRAINS

ET LA

PROTECTION DE L'AGRICULTURE

PAR

M. G. DE MOLINARI

Correspondant de l'Institut
Rédacteur en chef du *Journal des Économistes*.

—

NOUVELLE ÉDITION

—

PARIS

GUILLAUMIN ET Cⁱᵉ, ÉDITEURS

De la Collection des principaux Économistes, du Journal des Économistes
du Dictionnaire de l'Économie politique
du Dictionnaire universel du Commerce et de la Navigation, etc.
RUE RICHELIEU, 14

—

La première édition de ces *Conversations* a été publiée en Belgique à une époque de protection et de disette. On réclamait alors la prohibition à la sortie des subsistances dans l'intérêt prétendu des consommateurs. Aujourd'hui, la situation a complètement changé. Les temps d'abondance étant revenus, grâce à la liberté du commerce, on réclame en France, aussi bien qu'en Belgique et ailleurs, le rétablissement ou l'exhaussement de la protection, dans l'intérêt prétendu des agriculteurs. Nous avons essayé de montrer dans cette nouvelle édition, augmentée d'une seconde partie, que l'erreur est la même dans les deux cas, et que la protection ne serait pas moins nuisible aujourd'hui aux agriculteurs qu'elle ne l'était, il y a trente ans, aux consommateurs.

PREMIÈRE PARTIE

1855

TEMPS DE DISETTE.

A MONSIEUR PROSPER POSWICH

BOURGMESTRE DE HODIMONT, PRÈS DE VERVIERS.

Ce livre, dont je vous prie d'accepter la dédicace comme un faible témoignage de reconnaissance pour les bontés que vous avez eues pour moi, a été écrit l'année dernière, au moment où la crise alimentaire venait de provoquer des émeutes à Bruxelles. Des circonstances indépendantes de ma volonté m'ont empêché de le publier alors, et j'espérais que le retour de l'abondance en rendrait la publication inutile. Malheureusement, l'abondance n'est point revenue, et il y a peu d'apparence qu'elle revienne de sitôt. En attendant, les mêmes préjugés qui poussaient, l'année dernière, les gouvernements et les populations à contrecarrer les opérations du commerce des grains, ceux-là par des prohibitions, celles-ci par des émeutes; les mêmes préjugés subsistent. Tout nous annonce que la prohibition à la sortie des céréales sera maintenue, quoique l'expérience ait démontré clairement qu'elle a contribué à aggraver le mal au lieu de l'atténuer. Tout nous fait craindre aussi que les populations n'essayent encore une fois d'entraver la circulation des grains à l'intérieur comme la prohibition l'entrave à la frontière. Le moment est donc opportun pour combattre des préjugés qui s'ajoutent à l'inclémence des saisons, à la guerre et aux autres causes de la disette, pour renchérir les denrées nécessaires à la vie.

Telle est la tâche que je me suis efforcé de remplir dans ces *Conversations sur le commerce des grains.*

Je dois déclarer toutefois que je n'ai point envisagé la question des subsistances dans toute son étendue. La pénurie dont nous souffrons provient, à mon avis, de deux causes générales : en premier lieu, de l'insuffisance croissante de la production agricole dans l'Europe occidentale ; en second lieu, de l'insuffisance non moins funeste du commerce des grains. Je ne me suis occupé qu'incidemment de la première de ces deux causes, et je vais vous en dire la raison. C'est qu'il m'est bien démontré que si notre agriculture ne suffit plus à sa tâche, si elle ne produit plus assez d'aliments pour subvenir aux besoins de nos populations, cela tient beaucoup moins aux rigueurs des saisons qu'à notre propre imprévoyance. On a accumulé, depuis quelques années, des monceaux de phrases sur la nécessité de protéger et d'encourager l'agriculture ; mais on n'a pas accordé à cette industrie nourricière du genre humain la seule protection, le seul encouragement qui ait une efficacité sérieuse, je veux parler de l'égalité devant l'impôt. Examinez de près notre régime fiscal, et vous vous convaincrez aisément que l'agriculture est, de toutes les branches de la production, la plus grevée et la plus empêtrée dans la glu des règlements fiscaux. Elle paye un lourd impôt en argent sur la terre, c'est-à-dire sur la machine dont elle se sert pour produire ; elle paye, en nature, un autre impôt non moins onéreux sur le travail qui lui est nécessaire, en fournissant la plus grosse part du contingent qui est appelé chaque année sous les drapeaux ; elle paye encore un ample tribut aux octrois, ces douanes intérieures qui emprisonnent nos principaux foyers de consommation, et qui pèsent principalement sur les denrées alimentaires. Comptez enfin ce qu'elle paye à l'enregistrement, au timbre, aux offices privilégiés des notaires, etc., etc., et vous ne vous étonnerez que d'une chose, c'est qu'elle n'ait pas encore été accablée sous le faix.

Mais pour la soulager d'une manière efficace, il n'y a qu'un procédé à suivre, un seul! c'est de diminuer les dépenses publiques, c'est de réduire notre effectif de soldats et d'employés, c'est de « faire du gouvernement à bon marché ». Les dépenses réduites, on pourra réduire aussi les impôts et dégrever sensiblement l'agriculture qui en fournit la plus forte part. Malheureusement, ce procédé qui serait le seul efficace est aussi le seul auquel il ne soit pas permis de songer. Il y a, de nos jours, une denrée qui renchérit beaucoup plus encore que le pain, la viande ou le combustible, c'est le gouvernement. Comparez ce que coûtaient les gouvernements, il y a trente ou quarante ans, à ce qu'ils coûtent aujourd'hui, et vous trouverez que le prix en a doublé pour le moins. Vous trouverez aussi que, — les révolutions et la guerre aidant, — le prix en augmente tous les jours. Et le moyen, je vous prie, de se mettre en travers du courant irrésistible d'ignorance, de préjugés et de mauvaises passions, qui pousse aujourd'hui à l'augmentation des dépenses publiques! Le moyen de faire prévaloir la cause du bon marché, en matière de gouvernement, à une époque où gouvernants et gouvernés paraissent de connivence pour augmenter le prix de revient de cette denrée! Mais, cela étant, peut-on songer à réduire les impôts à l'aide desquels elle s'achète? Peut-on songer à diminuer les recettes, quand chacun travaille à augmenter les dépenses?

J'ai donc laissé à l'écart les causes qui entravent l'essor de la production agricole, pour m'attacher à celles qui font obstacle au développement du commerce des grains et qui, sans être moins funestes que les premières, peuvent être combattues avec beaucoup plus de chances de succès, car elles ne s'appuient sur aucun de ces intérêts puissants et massifs dont la force d'inertie déjoue toutes les tentatives de réforme. A qui profitent les émeutes et les prohibitions à la sortie, par exemple? Les émeutes procurent du travail aux agents de police, aux gendarmes et aux geôliers; les prohibitions à la sortie, aux douaniers. Ces agents indispensables de l'ordre public et du fisc méritent des ménagements sans doute, mais ne serait-il pas facile de les désintéresser, d'une manière ou d'une autre, — dût-on continuer à fournir une solde entière à ceux que l'on congédierait, faute d'ouvrage?

La réforme des préjugés, des règlements et des lois qui entravent le développement du commerce des grains est donc essentiellement pratique. Il suffirait d'un peu de zèle et de persistance pour l'accomplir. Et cependant cette réforme qui coûterait si peu, rapporterait beaucoup, car elle mettrait un terme aux fluctuations désastreuses des prix des subsistances, en les fixant à un niveau moyen, également éloigné de l'extrême bon marché des années de surabondance et de l'extrême cherté des années de disette. Elle constituerait, pour tout dire, une véritable *assurance* contre l'excès du bon marché, si nuisible au producteur, et contre l'excès de la cherté, si funeste au consommateur.

Tel serait, et j'espère que vous en demeurerez convaincu, si vous voulez bien jeter un coup d'œil sur ces *Conversations* que je soumets à votre appréciation éclairée et bienveillante, — tel serait, dis-je, le résultat inévitable de la suppression des entraves que les préjugés, les règlements et les lois opposent encore au développement du commerce des grains.

Octobre 1855.

CONVERSATIONS

SUR

LE COMMERCE DES GRAINS

ET LA PROTECTION DE L'AGRICULTURE.

PREMIÈRE CONVERSATION

INTRODUCTION. — L'ÉMEUTE.

INTERLOCUTEURS. — *Un émeutier.* — *Un prohibition-niste.* — *Un économiste.*

(Ces interlocuteurs se réunissent dans un estaminet [1] situé auprès du principal foyer de l'émeute.)

L'ÉMEUTIER.

(Il entre tout essoufflé dans l'estaminet, s'assied et demande un verre de faro.) — Quelle bonne journée !

[1] Dans le pays flamand, l'estaminet s'élève presque à la hauteur d'une institution nationale. Tout le monde va à l'estaminet, pour y fumer, lire son journal, faire sa partie, et causer des

les accapareurs se souviendront longtemps de la leçon que nous venons de leur donner. En avons-nous cassé de ces carreaux! Ouf! je n'en puis plus...

L'ÉCONOMISTE.

(Il est assis à la même table et il fume un cigare.) — Qui casse les verres, les paye.

L'ÉMEUTIER.

Hein! que dites-vous là?

L'ÉCONOMISTE.

Pas grand'chose. C'est un vieux proverbe qui me revient à l'esprit.

L'ÉMEUTIER.

(Le regardant de travers.) — Il n'a pas le sens commun votre proverbe; et si l'on ne vous connaissait d'ancienne· date, on pourrait croire que vous faites cause commune avec les sangsues du peuple.

grands et des petits événements du jour. Mais il y a estaminets et estaminets. Quelques-uns jouissent d'une véritable célébrité, et leur origine se perd dans la nuit des âges. La physionomie de ces estaminets du bon vieux temps n'a pas changé depuis des siècles : ce sont toujours les mêmes murs blanchis à la chaux, les mêmes chaises de bois, le même *baes* en bonnet de coton, les mêmes *mieques* joufflues et rubicondes que peignait Teniers. Dans ces estaminets types, on dédaigne les raffinements du luxe moderne; on se fie, pour conserver la clientèle de l'établissement, sur la bonté reconnue du faro, de la lambic et de la gueuselambic (bières de Bruxelles), sur la bonhomie et la respectabilité du *baes* (maître de l'établissement), sur l'affabilité des *mieques* (servantes de l'établissement). On ne se trompe pas, au surplus, sur la puissance de ces attractions combinées; car le vrai bourgeois de Bruxelles n'hésite pas à traverser la moitié de la ville, par le temps le plus affreux, pour aller passer la soirée à *son* estaminet. On excusera donc l'auteur d'avoir placé ses personnages dans un estaminet, car l'estaminet, c'est le principal foyer de la sociabilité flamande.

nis vous êtes un brave homme, au fond. Seule-
ent votre économie politique vous gâte...

LE PROHIBITIONNISTE.

(Vieillard chauve, en lunettes. En entendant le
ot économie politique, il fait un soubresaut, et
isse tomber l'*Émancipation* [1] qu'il est en train de
e.) — L'économie politique! oui, c'est elle qui a
it tout le mal, avec ses théories. Ah! les théoriciens,
s théoriciens! engeance perverse. (Il se remet à
e l'*Émancipation*.)

L'ÉCONOMISTE.

Bon! Vous allez voir à présent que ce sont les
conomistes qui ont fait l'émeute.

LE PROHIBITIONNISTE.

S'ils ne l'ont pas faite, au moins ils l'ont pro-
quée par leurs réformes imprudentes. C'est
ur liberté du commerce tant vantée qui a en-
ndré la cherté, et c'est la cherté qui a engen-
ré l'émeute. (Il lit plus que jamais l'*Émancipa-
on*.)

L'ÉCONOMISTE.

Voilà une généalogie bien établie. Dites-moi donc,
st-ce que l'économie politique et la liberté du com-
erce existaient au moyen âge?

LE PROHIBITIONNISTE.

Non, grâce au Ciel. Nos pères ne connaissaient
oint ces inventions-là, et ils ne s'en portaient pas
lus mal.

---

1 Journal prohibitionniste.

L'ÉCONOMISTE.

C'est à savoir. Le moyen âge ne connaissait ni l'économie politique ni la liberté du commerce, c'est parfaitement exact. La production et le commerce des grains étaient alors rigoureusement réglementés. Chaque province était entourée d'une ceinture de douanes que les grains ne pouvaient franchir, ni pour entrer ni pour sortir, à moins d'une permission spéciale. Et, dans l'intérieur même de cette circonscription limitée, croyez-vous que les agriculteurs eussent la liberté de produire et de vendre leurs grains à leur guise? Pas davantage. Ils ne pouvaient porter leurs grains que sur certains marchés qui étaient désignés par l'autorité, et des pénalités sévères étaient comminées contre ceux qui s'avisaient de les porter ailleurs, ou simplement d'attendre chez eux les acheteurs. Il y avait plus encore : ils étaient obligés de conduire eux-mêmes leurs grains au marché ou de les y faire conduire par un membre de leur famille, et dès qu'ils les avaient mis en vente, ils ne pouvaient plus les remporter. Dans les années de disette, la réglementation était encore renforcée : on établissait un *maximum* sur le prix des grains, un *maximum*, c'est-à-dire un prix au-dessus duquel il n'était pas permis de vendre. Que s'ils refusaient de livrer leurs grains aux taux du *maximum*, on envahissait leurs fermes, on recensait leur récolte, et on les obligeait de la tenir à la disposition des autorités. Enfin, quand il arrivait que les cultivateurs, mécontentés et ruinés par tant d'entraves, laissaient en friche une partie de leurs champs, on leur pres-

crivait l'étendue qu'ils en devaient cultiver; on ré-
glementait leurs assolements; parfois même, quand
on jugeait que les semailles n'avaient point réussi,
on contraignait les cultivateurs d'ensemencer une
seconde fois leurs champs. Vous le voyez, on n'avait
rien oublié, c'était complet!

Les marchands de grains et les boulangers n'é-
taient pas plus libres, on peut même affirmer qu'ils
l'étaient moins; d'abord leur nombre était strictement
limité; ensuite, toutes leurs opérations étaient réglementées et surveillées avec un soin jaloux. Les marchands de grains ne pouvaient opérer leurs achats
que dans une certaine circonscription déterminée,
ni se présenter dans les marchés avant ou après certaines heures. Les boulangers étaient soumis à des
prescriptions analogues; en outre, le pain était taxé
en tout temps, tandis que le grain ne l'était qu'aux
époques de disette. Des mesures extraordinaires s'a-
joutaient encore à celles-là, pour mieux assurer la
subsistance des populations, lorsque l'autorité re-
doutait un déficit. On défendait la vente du pain
tendre et du pain de qualité supérieure. On fermait
les boutiques des pâtissiers, ou bien l'on obligeait
ces industriels à limiter leur production et à n'employer que certaines qualités de farines. On fermait
aussi les distilleries et les brasseries. Bref, l'autorité
était infatigable. Aucune partie de la production ou
du commerce des subsistances n'échappait à son
œil vigilant; pas un atome de liberté commerciale
ne pouvait s'y infiltrer. Que si, par aventure, la surveillance se relâchait ou si l'autorité montrait un peu

trop d'indulgence envers les fermiers, les marchands de grains et les boulangers, si elle permettait qu'on fît de grosses provisions ou de gros transports de blé, le peuple, qui n'entendait pas raison sur ce chapitre, se mettait de la partie et il se chargeait de rappeler les « accapareurs » à l'ordre. Il arrêtait les charrettes ou les bateaux de grains ; il faisait des visites domiciliaires dans les magasins et dans les fermes, pillait les approvisionnements ou les jetait à la rivière, et quand les fermiers ou les marchands s'avisaient de regimber, il les envoyait rejoindre leur marchandise.

Voilà le régime qui prévalait au moyen âge. Eh bien ! quels étaient les résultats de ce régime ? Est-ce qu'il faisait régner l'abondance ? Est-ce qu'il bannissait la disette ? Jugez-en. En Angleterre, on n'a pas compté moins de cent vingt et une famines en trois cent six ans, de l'an 1049 à 1355, c'est-à-dire dans la plus belle période du moyen âge. En France, c'était pis encore. La famine sévissait une année sur deux. Dans le douzième siècle, par exemple, on n'y compta pas moins de cinquante et une famines. Et quelles famines ! Un historien allemand, Voigt, rapporte que, même dans les pays à blé, en Prusse, par exemple, on déterrait les cadavres pour les manger ; que des parents tuaient leurs enfants, et des enfants leurs parents, pour en faire des repas de cannibales. Dans une famine causée par les déprédations des Tartares en Hongrie, un habitant de ce pays confessa qu'il avait tué et mangé soixante enfants et huit moines [1].

[1] Voy. l'*Histoire des mœurs en Europe*, citée par le docteur

LE PROHIBITIONNISTE.

Horreur !

L'ÉCONOMISTE.

Eh bien ! depuis que la production et le commerce des blés jouissent d'une certaine liberté, depuis qu'on a aboli, au moins en partie, la gothique réglementation du moyen âge, nous avons eu sans doute à souffrir encore de la disette ; mais le mal a-t-il été poussé à ce point ? Avons-nous été réduits à manger des moines ?

L'ÉMEUTIER.

Pour cela, non.

L'ÉCONOMISTE.

Nous avons encore souffert de la pénurie et de la cherté depuis qu'on a commencé à appliquer aux subsistances le principe de la liberté du commerce. Nous avons eu encore des disettes ; car la liberté du commerce n'est pas une panacée !

LE PROHIBITIONNISTE.

Ah ! vous l'avouez donc !

L'ÉCONOMISTE.

Pourquoi ne l'avouerais-je pas ? Quel économiste a jamais prétendu que la liberté fût une panacée ? qu'elle eût, par exemple, le pouvoir de rendre les saisons toujours favorables, les moissons toujours abondantes ! Non ! la liberté du commerce n'a pas une vertu souveraine ; elle ne peut pas donner au cultivateur la pluie ou le beau temps selon qu'il le souhaite ; mais elle peut, dans une large mesure,

Guillaume Roscher, *Du commerce des grains*, etc.; traduction de M. Maurice Block, p. 69.

atténuer les maux causés par l'inconstance des saisons. Elle peut agir de telle sorte que l'on ne souffre jamais ni d'un bon marché excessif ni d'une excessive cherté. C'est un régulateur.

J'étais en train de vous dire, lorsque vous m'avez interrompu, que nous avons encore eu des disettes depuis l'avènement de la liberté du commerce ; je voulais ajouter que ces disettes ont été, les unes provoquées, les autres aggravées par les entraves apportées à la production, au commerce et à la consommation des blés, par les émeutes ou par les prohibitions ; que, chaque fois qu'on a essayé de porter directement ou indirectement atteinte à la liberté du commerce des subsistances, on a fait naître le mal ou on l'a augmenté, au lieu de le prévenir ou de l'atténuer. Je voulais ajouter, enfin, que les émeutes, la réglementation et les prohibitions en matière de subsistances, sont pires que la sécheresse au moment des semailles, pires que l'humidité pendant la floraison et la moisson, pires que la grêle, les sauterelles et les charançons, pires que la maladie des pommes de terre.

LE PROHIBITIONNISTE.

Oh ! oh ! ainsi donc, moi qui demande qu'on ne laisse pas sortir du pays les subsistances nécessaires à la nourriture des enfants du pays ; moi qui demande qu'on nourrisse nos populations avant de songer à nourrir l'étranger, je suis un promoteur de la disette, une sauterelle, un charançon ? Allons donc !

L'ÉMEUTIER.

Et moi qui viens de m'exposer à passer la nuit

à l'*Amigo* et, qui sait? peut-être deux ou trois mois aux *Petits-Carmes* [1], pour donner une leçon aux accapareurs; pour empêcher cette tourbe malfaisante de spéculer sur la subsistance du peuple, je contribue à augmenter la cherté, je fais hausser le prix du pain, je suis pire qu'une sauterelle ou un charançon, un complice des accapareurs, quoi?

L'ÉCONOMISTE.

Vous parlez d'or l'un et l'autre. Vous êtes assurément pleins de bonne foi. Vous croyez sincèrement, vous, qu'en demandant la prohibition à la sortie des blés, vous, en allant casser les vitres des prétendus accapareurs, vous travaillez à amener l'abondance et le bon marché.

LE PROHIBITIONNISTE ET L'ÉMEUTIER.

Sans aucun doute.

L'ÉCONOMISTE.

Eh! bien, il me serait très facile de vous prouver que vous allez diamétralement à l'opposé du but que vous voulez atteindre; que, sans le savoir et sans le vouloir, vous travaillez à augmenter la disette et la cherté; que vous causez, en deux mots, aux populations dont vous croyez défendre les intérêts, des maux plus grands que tous les fléaux dont je vous parlais tout à l'heure. Et, pour ma part, je suis convaincu qu'une nation qui a le malheur de posséder des prohibitionnistes et des émeutiers ferait une

1 L'Amigo et les Petits-Carmes sont les prisons de Bruxelles. L'Amigo est la prison où l'on dépose provisoirement les tapageurs, les vagabonds, les malfaiteurs, etc., comme la salle Saint-Martin à Paris.

excellente spéculation en les troquant contre autant de sacs de sauterelles ou de charançons, au choix.

LE PROHIBITIONNISTE.

Vous êtes insupportable avec vos plaisanteries. Des coq-à-l'âne ne sont pas des raisons.

L'ÉCONOMISTE.

Soit ! ne plaisantons plus. Il faut avouer que c'est une belle chose que l'émeute.

L'ÉMEUTIER.

Tiens ! vous en convenez donc ?

L'ÉCONOMISTE.

Assurément. Voyez plutôt. C'est une rude besogne que celle d'approvisionner un pays, et d'y faire régner l'abondance, croyez-moi ! Avez-vous vécu aux champs ? Oui. Eh bien ! vous devez savoir alors comme on y travaille. Dès quatre heures du matin, en été; avant le jour, en hiver, on est levé à la ferme ou dans la chaumière du paysan, et on se met à l'œuvre. Il y a des gens qui disent que le blé pousse tout seul dans les champs; que le cultivateur n'a qu'à laisser faire la nature. Sans doute, la nature prête son concours à l'homme, mais c'est à la condition que l'homme soit son associé, son coopérateur infatigable. Voici une terre en friche. Suffit-il d'y répandre le blé et de le laisser pousser à la garde de Dieu ? Non; il faut défoncer le sol, l'épierrer, le drainer s'il est trop humide, l'arroser s'il est trop sec, puis le labourer, l'ensemencer, le herser, le rouler. Voilà bien des travaux et des fatigues. Ce n'est pas une sinécure que de tenir le manche d'une charrue. Connaissez-vous cette belle description du travail du laboureur par Lamartine :

> L'homme saisit le manche, et sous le coin tranchant,
> Pour ouvrir le sillon, le guide au bout du champ.
>> O travail, sainte loi du monde,
>> Ton mystère va s'accomplir ;
>> Pour rendre la glèbe féconde
>> De sueurs il faut l'amollir !
>> L'homme, enfant et fruit de la terre,
>> Ouvre les flancs de cette mère
>> Où germent les fruits et les fleurs,
>> Comme l'enfant mord la mamelle
>> Pour que le lait monte et ruisselle
>> Du sein de sa nourrice en pleurs !
> La terre qui se fend sous le soc qu'elle aiguise,
> En tronçons palpitants s'amoncelle et se brise ;
> Et tout en s'entr'ouvrant fume comme une chair
> Qui se fend et palpite et fume sous le fer.
> En deux monceaux poudreux les ailes la renversent.
> Ses racines à nu, ses herbes se dispersent ;
> Ses reptiles, ses vers, par le soc déterrés,
> Se tordent sur son sein en tronçons torturés.
> L'homme les foule aux pieds, et secouant le manche,
> Enfonce plus avant le glaive qui les tranche ;
> Le timon plonge et tremble et déchire ses doigts [1]...

L'homme s'use vite à cette besogne. Et quand on dit que la terre s'abreuve des sueurs du paysan, on ne fait pas une métaphore, c'est à la lettre. Maintenant le champ est préparé. C'est à la nature à faire son œuvre. Quelquefois la nature sourit aux efforts de l'homme, elle se montre envers lui généreuse et libérale ; mais combien de fois l'excès de sécheresse ou d'humidité, la grêle, la rouille, viennent détruire

[1] Lamartine, *Jocelyn*, épisode des Laboureurs.

l'espérance du cultivateur! Enfin, le blé est mûr, il faut le moissonner; car aucun bon génie ne se charge de le cueillir, de le botteler et de l'engranger. Quand il est dans la grange, il faut le battre et le vanner. Quand il est battu et vanné, il faut le mettre au grenier et le garer des charançons, puis le porter au marché ou au moulin. Que de peines, que de soucis, avant d'en avoir tiré de quoi entretenir bêtes et gens! Encore si la fortune était au bout! Mais on ne s'enrichit guère à tenir le manche d'une charrue, et, de tout temps, ç'a été une condition modeste que celle du cultivateur.

Cependant le blé est sorti de la ferme; il a été charroyé au marché, et du marché au moulin. Il arrive au boulanger qui le pétrit et met au four. Voilà encore bien des façons, et aucune ne se donne sans peine. Comment se nomme l'ouvrier boulanger? Un gindre. Pourquoi? parce qu'il sue et se démène, parce qu'il *geint*, la nuit durant, pour que le pain soit prêt au petit jour. Ah! le pain est facile à manger, mais combien de gens savent ce qu'il a coûté à produire?

L'ÉMEUTIER.

Où diantre en veut-il venir?

L'ÉCONOMISTE.

Voici. C'est que malgré tant de travaux, de peines et de soucis, malgré tant de journées laborieuses qui ont été employées à préparer la subsistance des populations, malgré tant de bras, d'intelligences et de capitaux qui ont été appliqués à cette œuvre, il arrive quelquefois que la subsistance demeure insuffisante; il arrive que la disette, avec son cortège hideux de misères et de souffrances, fond sur les populations... Oh! c'est une pénible et cruelle épreuve. Mais, rassurez-vous. De même qu'on a découvert un remède spécifique contre la fièvre, on en a trouvé un contre la disette, un spécifique qui agit d'une manière instantanée, qui substitue comme par un coup de baguette l'abondance à la disette.

L'ÉMEUTIER.

Et ce spécifique, c'est...

L'ÉCONOMISTE.

Vous me le demandez? Eh! parbleu, c'est l'émeute : une demi-douzaine de fainéants se rassemblent dans la rue ou sur un marché; ils se plaignent tout haut de la cherté du pain et de la rareté de l'ouvrage, de pauvres femmes que leurs maris laissent sans pain pour aller se gorger de faro ou de genièvre, et qui viennent de faire queue à la porte du bureau de bienfaisance; des enfants qu'on jette le matin dans la rue, en disant à chacun : Va, nourris-toi comme tu pourras! mendie ou vole! mais ne demande pas de pain le soir, car tu ne recevras que des coups de trique; des repris de justice sans ouvrage, et qui sont à l'affût d'un bon coup, viennent se joindre au groupe. On crie contre les accapareurs, et le plus lettré de la bande tire de sa poche un journal où l'on dénonce ces vampires qui s'abreuvent de la sueur du peuple. On raconte que tel marchand de grains emmagasine secrètement des blés pour les faire passer à l'étranger, où on les lui paye au poids de l'or; que tel boulanger ne donne pas le poids, que

tel autre n'emploie plus que des farines avariées....
C'est un concert de plaintes et d'injures. La foule
crie, hurle, s'exaspère, puis elle se met en branle.
On court chez le marchand de grains qui fait passer
à l'étranger la subsistance du peuple ; on jette des
pierres dans ses carreaux et on répand dans le ruis-
seau les grains et les farines qu'il a eu l'imprudence
d'étaler dans son magasin. On court ensuite chez le
boulanger qui est accusé d'employer de mauvais
grains ; on les pille, et si on les rencontre on les
houspille. Mais les agents de police accourent. Il en
vient d'abord un, deux, trois pour reconnaître l'é-
meute. On les roue de coups. Alors il en vient une
troupe avec un commissaire et des gendarmes. On
les hue, on leur jette des pierres ; mais les gendarmes mettent leurs chevaux au trot, et chacun de
prendre ses jambes à son cou et de décamper au plus
vite. En un clin d'œil la rue est vide. Mais ce n'est
pas fini ; cela ne fait au contraire que commencer.
Le lendemain matin, les journaux et les commères
racontent l'émeute avec commentaires, et des attrou-
pements vont stationner en permanence vis-à-vis
des boutiques saccagées. On les disperse, ils se re-
forment. Cela dure ainsi jusqu'au soir. Alors le
branle-bas de la veille recommence ; mais c'est bien
une autre affaire, car les curieux affluent, sans distinction d'âge ni de sexe. Les curieux ! c'est un des
ingrédients indispensables d'une émeute. Le curieux
est le compère naturel de l'émeutier, et le plus précieux des compères, car il n'y entend pas malice. Le
curieux va à l'émeute pour son plaisir, comme on va

L'ÉMEUTE.

à un spectacle gratis, et sans se douter qu'il joue un
rôle dans la pièce. Donc, pendant toute la journée,
on s'est dit chez le bourgeois : Il y aura une émeute
ce soir, comme ce sera amusant! Irons-nous voir
l'émeute? Le père de famille qui vient de lire une
proclamation du bourgmestre, dans laquelle on engage les bons citoyens à rester chez eux, le père de
famille résiste ; mais il y a dans la maison de petits
jeunes gens qui portent déjà de grosses moustaches
et de petites cannes, et qui sont naturellement affa-
més d'aventures; il y a de jeunes demoiselles qui
sortent de pension et qui ne sont pas fâchées de savoir comment sont faits les émeutiers. La mère de
famille se récrie contre tant d'imprudence, mais elle
est fière de tant d'audace. D'ailleurs c'est un spectacle qui ne coûte rien, tandis qu'il faut payer sa
place aux *galeries Saint-Hubert*[1]. Le soir venu, la
benjamine de la maison est députée vers le père, et
elle fait tant et si bien qu'elle finit par lever ses scrupules de garde civique et de bon bourgeois. Après
tout, se dit-il, quelques personnes de plus ou de
moins ne feront rien à l'affaire. On va donc à l'é-
meute. Il y a foule. Les curieux affluent, car ils ont
tous fait le même raisonnement... Mais ils n'affluent
pas seuls. Les gamins, les capons du rivage[2], les repris de justice, les aventurières du trottoir et des
boulevards, tous les gueux, tous les fainéants, tous
les galopins y sont au grand complet : c'est un brou-
haha, c'est une bousculade, c'est un tohu-bohu...

1 Théâtre de Bruxelles, où l'on joue le drame et le vaudeville.
2 Variété de lazzarone particulière à Bruxelles.

Les petits jeunes gens se faufilent dans la foule, les petites demoiselles crient qu'on les étouffe et qu'on les écrase, la mère de famille sue à grosses gouttes, le père commence à croire qu'il a commis une imprudence ; mais il est trop tard pour reculer. La multitude compacte bouche toutes les issues. Tout à coup on entend un roulement de tambours, auquel succède le pas strident d'une troupe de chevaux qui se mettent au trot sur le pavé. Aussitôt la foule reflue sur elle-même, et l'on n'aperçoit plus qu'un mélange confus de têtes, de bras, de chapeaux, de cannes, de parapluies, qui roulent pêle-mêle au milieu d'un effroyable charivari de sifflets, de grognements, de cris d'effroi des femmes et des piaffements des chevaux. Les gendarmes distribuent des coups de plat de sabre, les agents de police empoignent à droite et à gauche au plus épais des groupes. Les émeutiers se rejettent derrière les curieux, qu'ils poussent sous la latte des gendarmes ou sous le poignet des agents de police ; les filous ne perdent pas leur temps, et les journalistes rouges méditent un *premier-Bruxelles* foudroyant contre la barbarie de la police... Quant au père de famille, étouffé, houspillé, meurtri, il rassemble tant bien que mal sa couvée, et il s'en retourne au logis, jurant, mais un peu tard, qu'on ne l'y prendra plus.

Les petites demoiselles pleurent, qui son châle déchiré, qui son bracelet perdu ; la mère de famille est ahurie. On ne sait ce que sont devenus les petits jeunes gens, ils ne reparaissent que le lendemain... Ils ont passé la nuit à l'Amigo. Voilà le second jour.

Le troisième, l'autorité a pris ses mesures : la circulation est interdite, les issues sont gardées par la garde civique. Les émeutiers sont réduits à faire des promenades au pas de course, en jetant, par-ci, par-là, quelques pierres dans les vitrines des boulangers. Les curieux pansent leurs horions. Les journalistes rouges, seuls, protestent, par leur présence, contre l'abus de pouvoir dont le peuple a été victime. On se couche de bonne heure. Les rues sont désertes. L'émeute est finie.

Mais voici la merveille ! Ces fainéants, ces capons, ces galopins, ces filous, ces filles perdues, ces bourgeois imbéciles, qui ont fait l'émeute ou qui l'ont grossie, cet attroupement du vice et de la sottise, savez-vous ce qu'ils ont produit? Ils ont produit l'abondance. Ce que n'avaient pu faire le laboureur, le moissonneur, le batteur en grange, le vanneur, le meunier, le boulanger, par tant de jours et de nuits de travail et de sueurs ; ils l'ont accompli, eux, en deux ou trois journées de désordre et de pillage. Ils ont cassé quelques carreaux, pillé quelques boulangeries, houspillé quelques marchands de grains, et l'abondance a succédé à la disette. N'est-ce pas merveilleux ? et n'a-t-on pas bien tort de tant se préoccuper de faire fleurir l'agriculture ! Ne suffirait-il pas de faire fleurir l'émeute, pour amener l'abondance dans un pays?

L'ÉMEUTIER.

Je vois bien que vous voulez m'échauffer la bile, mais j'ai bien assez travaillé aujourd'hui ; je suis harassé. Je vous laisse dire.

L'ÉCONOMISTE.

Moi, je vais plus loin. Je prétends qu'on devrait non seulement vous laisser dire, mais encore vous laisser faire : car, enfin, si les émeutes ont la vertu d'engendrer l'abondance, on devrait les encourager au lieu de les réprimer, et récompenser les émeutiers au lieu de les mettre à l'Amigo.

L'ÉMEUTIER.

Eh ! eh ! pourquoi pas? Si les gouvernements étaient vraiment populaires.....

L'ÉCONOMISTE.

Ils confieraient aux émeutiers la police des marchés, n'est-il pas vrai? Mais les gouvernements sont ingrats et stupides. Comment! voilà des hommes qui ont découvert un moyen simple, efficace, assuré de faire pousser le grain sans labours ni semailles, des hommes qui ont résolu économiquement, au prix de quelques vitres cassées et de quelques côtes enfoncées, et quelles côtes encore? des côtes de boulangers ou de marchands de grains, le grand problème de la vie à bon marché, et au lieu de leur dresser des statues, on les traite comme des malfaiteurs vulgaires; on les confond avec la tourbe des vagabonds et des filous, on... Ah! les gouvernements! les gouvernements!

L'ÉMEUTIER.

Vous persiflez ! Qu'est-ce que cela prouve? Que le but auquel nous tendons vous échappe; que vous ne nous comprenez pas. C'est le sort de toutes les idées nouvelles de n'être pas comprises...

L'ÉCONOMISTE.

Casser des carreaux pour faire baisser le prix du pain, c'est donc une idée nouvelle ? Il me semblait, au contraire, que c'était une pratique usitée depuis qu'il y a des carreaux et des émeutes.

L'ÉMEUTIER.

Allons, je vois bien que vous n'y entendez rien. Je vais vous expliquer la philosophie de la chose.

Voyez-vous, il n'y a, en matière de subsistance, qu'un système qui vaille, c'est que le gouvernement nourrisse le peuple. Aussi longtemps que l'on n'en sera pas venu là, le peuple souffrira, et il a déjà bien assez souffert, le peuple. Il faut que le gouvernement nourrisse le peuple ; toute l'économie politique populaire, démocratique et sociale, est renfermée dans cette formule. Tous nos grands penseurs, Rousseau, Robespierre, Cabet, Louis Blanc, s'accordent là-dessus. Et, tenez, voici ce que disait Robespierre, notre grand martyr !...

L'ÉCONOMISTE.

Martyr, d'après le *Dictionnaire de l'Académie*, signifie celui qui souffre la mort pour attester une vérité, celui qui est persécuté, proscrit, guillotiné, et non pas celui qui persécute, qui proscrit, qui guillotine.

L'ÉMEUTIER.

Robespierre n'a-t-il pas été guillotiné pour la sainte cause du peuple ?

L'ÉCONOMISTE.

Oui, il a été guillotiné ; mais après avoir été guillotineur. Pour mériter le nom de martyr, il faut avoir les mains pures de sang.

L'ÉMEUTIER.

Homme à préjugés ! Donc, voici ce que disait Robespierre dans un discours sur la liberté du commerce des grains : « Il faut, disait-il, assurer à tous les membres de la société la jouissance de la portion des fruits de la terre qui est nécessaire à leur existence, aux propriétaires et aux cultivateurs le prix de leur industrie, et livrer le superflu à la liberté du commerce. » Qu'est-ce que cela signifie ? Que le gouvernement doit acheter aux agriculteurs leurs denrées, à un prix rémunérateur, et en assurer la jouissance au peuple, c'est-à-dire les lui distribuer en raison de ses besoins. Vous autres, vous dites : Il faut que le peuple nourrisse le gouvernement ; Robespierre disait, et nous répétons après lui : Il faut que le gouvernement nourrisse le peuple ! Est-ce que notre économie politique ne vaut pas un peu mieux que la vôtre ? D'ailleurs vous avez tort d'en vouloir à Robespierre, il n'était pas l'ennemi de la liberté du commerce. Il lui faisait sa part, à cette liberté comme aux autres, une part juste et raisonnable. Nourrissons d'abord le peuple, disait-il ; fournissons-lui tous les aliments dont il a besoin, puis, s'il reste des subsistances, abandonnons-les à la liberté du commerce.

L'ÉCONOMISTE.

Oui, pour les vendre au peuple qui est nourri par le gouvernement.

L'ÉMEUTIER.

Pour en faire ce qu'il voudra. Le législateur, qui n'a en vue que l'intérêt général, doit-il se préoccuper des intérêts privés ? Donc Robespierre n'était point hostile à la liberté du commerce, et il avait soin de le déclarer dans un langage bien fait pour rassurer les honnêtes gens : « Je vous dénonce les assassins du peuple, disait-il ; et vous répondez : Laissez-les faire ! (C'étaient les économistes de l'époque qui répondaient cela)... Je n'ôte aux riches et aux propriétaires aucune propriété légitime ; je ne leur ôte que le droit d'attenter à celle d'autrui. Je ne détruis point le commerce, mais le brigandage des monopoleurs ; je ne les condamne qu'à la peine de laisser vivre leurs semblables. » Langage sublime ! Écoutez encore la péroraison, car tout ce discours est resté gravé dans ma mémoire en caractères indélébiles. « Riches égoïstes, sachez prévoir et prévenir d'avance les résultats terribles de la lutte de l'orgueil et des passions lâches contre la justice et contre l'humanité. Que l'exemple des nobles et des rois vous instruise. Apprenez à goûter les charmes de l'égalité et les délices de la vertu, ou du moins contentez-vous des avantages que la fortune vous donne, et laissez au peuple du pain, du travail et des mœurs. » Que dites-vous de cela ?

L'ÉCONOMISTE.

Je dis que vous avez une jolie littérature, et qu'elle vous profite joliment.

L'ÉMEUTIER.

Je m'en flatte ; que le gouvernement nourrisse le

peuple, c'était la maxime de Robespierre, et c'est la mienne. Maintenant, ce but que doit se proposer tout homme qui aime véritablement le peuple, ce but, on ne saurait complètement l'atteindre en un jour. Robespierre lui-même ne l'a pas pu. Que faut-il faire en attendant? Faut-il laisser les accapareurs, les monopoleurs, les agioteurs s'engraisser paisiblement de la substance du peuple? Faut-il tolérer leur infâme brigandage? Non, mille fois non. Vous disiez tout à l'heure que la réglementation avait échoué au moyen âge; qu'elle avait aggravé le mal, au lieu de le détruire. Mais est-ce parce qu'on a trop réglementé? Ne serait-ce pas plutôt parce qu'on n'a pas réglementé assez? C'étaient les grands et les riches qui gouvernaient alors. Peut-être bien s'entendaient-ils avec les accapareurs. Cela ne prouve rien contre la réglementation.

Un homme qui a écrit un gros livre sur la législation et le commerce des grains, et dont vous ne récuserez pas le témoignage, car c'était un bourgeois, M. Necker, comparait les propriétaires à des lions toujours prêts à s'élancer pour dévorer les travailleurs. Eh bien! je dis, moi, qu'il ne faut pas laisser faire ces bêtes féroces; je dis qu'il faut les museler, et que, si le gouvernement manque à ce devoir, le peuple a le droit de se protéger lui-même.

Ainsi, que se passe-t-il aujourd'hui? On spécule, on agiote sur les grains, on les cache ou on les transporte à l'étranger; on cause une disette factice quand la récolte est abondante, et le gouvernement tolère des manœuvres si infernales! Il laisse faire les

accapareurs ! Il les laisse spéculer, agioter pour
affamer le peuple et s'enrichir de sa faim ! Eh ! bien,
puisque le gouvernement ne prend aucune mesure,
puisqu'il se croise les bras, n'est-ce pas à nous d'a-
viser ? Puisqu'il livre le peuple aux accapareurs, le
peuple n'a-t-il pas le droit de se défendre contre
eux ?

L'ÉCONOMISTE.

Vous étiez, il y a une heure, toute une bande aux
trousses d'un malheureux marchand de grains qui
courait comme un lièvre ; c'était pourtant lui qui
vous attaquait ; vous ne faisiez que vous défendre.
Comme les apparences sont fallacieuses !

L'ÉMEUTIER.

Ne recommencez pas vos railleries. — Je vous ai
expliqué pourquoi nous faisons des émeutes : c'est
pour suppléer à l'inaction coupable du gouvernement ; c'est pour empêcher le peuple d'être dévoré
par les accapareurs. Tant pis pour vous, si vous ne
comprenez pas. Cela prouve simplement que vous
ne voulez pas comprendre.

L'ÉCONOMISTE.

Et que je suis un complice des accapareurs ? Cela
coule de source.

L'ÉMEUTIER.

Eh ! eh ! votre langage ne pourrait-il pas bien le
faire supposer ?

L'ÉCONOMISTE.

Et si je vous prouvais, moi, que vous avez travaillé toute la journée à faire les affaires des marchands de grains ; qu'ils vous seront redevables

d'une belle augmentation de leurs bénéfices de l'année, que diriez-vous ?

L'ÉMEUTIER.

Hein ? Moi, un complice des accapareurs ! Ce serait vif !

L'ÉCONOMISTE.

Eh bien, je me charge de vous le prouver, clair comme deux et deux font quatre.

L'ÉMEUTIER.

Je ne suis pas curieux, comme dit la chanson, mais je voudrais bien voir ça.

L'ÉCONOMISTE.

Je suis à vos ordres. Je vous démontrerai, quand vous voudrez, que les émeutes ne peuvent avoir d'autre résultat que d'augmenter la rareté du blé et de surélever les bénéfices de ceux qui le vendent aux dépens de ceux qui l'achètent. Quant à votre *but* populaire, démocratique et social, qui consiste à faire nourrir le peuple par le gouvernement, pourquoi le poursuivez-vous ?

L'ÉMEUTIER.

Eh ! pour que le peuple soit mieux nourri et à meilleur marché, quoi !

L'ÉCONOMISTE.

Je n'aurai pas de peine à vous prouver qu'il le serait plus mal et plus chèrement. Ce n'est pas tout : ces règlements que vous invoquez pour protéger les consommateurs contre les « lions » dont parle M. Necker, cité par Louis Blanc ; ces règlements qui ont fait une si mauvaise besogne au moyen âge, je n'aurai pas de peine, non plus, à vous prouver qu'ils

en feraient encore une plus mauvaise de nos jours ;
que ce que le gouvernement a de mieux à faire...

L'ÉMEUTIER.

C'est de ne rien faire, n'est-il pas vrai ? Connu !

L'ÉCONOMISTE.

C'est d'accorder aux agriculteurs et aux marchands
de grains pleine et entière liberté de vendre leurs
denrées où et quand bon leur semble, au dedans ou
au dehors ; c'est de protéger religieusement leurs
personnes et leurs propriétés, et de les laisser faire.

L'ÉMEUTIER.

C'est cela, de laisser le peuple à la merci des mangeurs d'hommes.

L'ÉCONOMISTE.

Laissez-moi achever. Je m'engage enfin à vous
prouver que, sous ce régime de pleine et entière liberté commerciale, les marchands de grains réalise-
raient de moins gros bénéfices que sous le régime
des émeutes, des règlements et des prohibitions à la
sortie, tandis que le peuple serait mieux nourri et à
meilleur marché.

LE PROHIBITIONNISTE.

(Il a fini de lire l'*Émancipation*.) — Ah ! que voilà
bien les hommes à système ! Ils posent un principe,
et ils prétendent l'appliquer quand même, sans tenir
compte des faits et des circonstances.

L'ÉCONOMISTE.

Pourquoi pas, si le principe est bon ?

LE PROHIBITIONNISTE.

Des principes ! des principes ! Est-ce qu'il y a des
principes ?

2

L'ÉCONOMISTE.

Croyez-vous qu'il vaille mieux dire la vérité que de mentir?

LE PROHIBITIONNISTE.

Ah! par exemple, est-ce que cela fait doute? Je crois qu'il vaut mieux dire la vérité.

L'ÉCONOMISTE.

Pourquoi?

LE PROHIBITIONNISTE.

Parce que... parce que le mensonge est mauvais, parce qu'il est dans la nature du mensonge de produire du mal.

L'ÉCONOMISTE.

Qui dit cela?

LE PROHIBITIONNISTE.

Mais la morale donc! C'est un principe élémentaire de morale.

L'ÉCONOMISTE.

Bon! Il y a donc des principes en morale?

LE PROHIBITIONNISTE.

En morale, assurément. Mais...

L'ÉCONOMISTE.

Croyez-vous qu'en vous précipitant du haut de la cathédrale d'Anvers vous vous casserez le cou?

LE PROHIBITIONNISTE.

Belle question! Si je le crois! à moins d'un miracle...

L'ÉCONOMISTE.

Eh bien! en vertu de quoi vous casserez-vous le cou?

LE PROHIBITIONNISTE.

En vertu de la loi de la pesanteur, c'est tout simple.

L'ÉCONOMISTE.

Et cette loi, qu'est-elle?

LE PROHIBITIONNISTE.

C'est... Eh! parbleu, c'est un principe élémentaire de physique.

L'ÉCONOMISTE.

Il y a donc des principes en physique? Et si vous mangez avec excès, qu'en résultera-t-il?

LE PROHIBITIONNISTE.

Il en résultera que j'attraperai une indigestion.

L'ÉCONOMISTE.

En êtes-vous bien sûr?

LE PROHIBITIONNISTE.

Tout à fait sûr.

L'ÉCONOMISTE.

Pourquoi?

LE PROHIBITIONNISTE.

Ah çà, mais c'est donc une scie! Parce que ma digestion ne se fera point.

L'ÉCONOMISTE.

Et pourquoi votre digestion ne se fera-t-elle point?

LE PROHIBITIONNISTE.

Est-ce que je le sais, moi? Demandez-le à mon médecin.

L'ÉCONOMISTE.

Pourquoi ne me l'expliquez-vous pas vous-même?

LE PROHIBITIONNISTE.

Parce que je ne sais pas comment le corps humain est construit, organisé; parce que je ne connais pas les lois qui président à la nutrition, parce que je ne suis pas un physiologiste.

L'ÉCONOMISTE.

Mais quoique vous ne connaissiez pas la physiologie, vous admettez qu'elle existe, n'est-il pas vrai?

LE PROHIBITIONNISTE.

Assurément.

L'ÉCONOMISTE.

Très bien. Vous admettez aussi qu'un physiologiste puisse expliquer pourquoi votre digestion ne se fait point quand vous avez trop mangé. Mais sur quoi fondera-t-il son explication?

LE PROHIBITIONNISTE.

Sur...

L'ÉCONOMISTE.

Allons! accouchez.

LE PROHIBITIONNISTE.

Sur les principes de la physiologie, ce me semble.

L'ÉCONOMISTE.

Il y a donc des principes en physiologie? Eh bien, s'il y a des principes en morale, en physique, en physiologie, pourquoi n'y en aurait-il pas en économie politique?

LE PROHIBITIONNISTE.

Parce que l'économie politique n'est qu'une science... conjecturale, incertaine, une science dont les résultats varient, se contredisent.

L'ÉCONOMISTE.

Qu'en savez-vous? Connaissez-vous l'économie politique?

LE PROHIBITIONNISTE.

La question est bonne! Qui est-ce qui ne connaît pas l'économie politique?

L'ÉCONOMISTE.

Mais encore! l'avez-vous étudiée?

LE PROHIBITIONNISTE.

Est-ce qu'on étudie l'économie politique? J'ai toujours entendu dire qu'il suffisait d'un peu de bon sens pour résoudre les questions économiques.

L'ÉCONOMISTE.

Ah! et s'il vous arrivait d'avoir la fièvre ou la jaunisse, ou même si vous attrapiez une simple indigestion, que feriez-vous?

LE PROHIBITIONNISTE.

Je ferais vite appeler mon médecin.

L'ÉCONOMISTE.

Et suivriez-vous ses ordonnances?

LE PROHIBITIONNISTE.

Religieusement; sinon, pourquoi le ferais-je appeler?

L'ÉCONOMISTE.

Vous reconnaissez donc que votre médecin a plus de bon sens que vous?

LE PROHIBITIONNISTE.

Plus de bon sens que moi! non, morbleu. Sans me flatter, je ne crois pas que personne ait plus de bon sens que moi, et je crois l'avoir prouvé dans la conduite de mes affaires. Ce n'est point parce que je reconnais à mon médecin un bon sens supérieur au mien, que je lui confie le soin de ma santé, c'est parce qu'il a des connaissances que je n'ai point; c'est parce qu'il a étudié la médecine et qu'il est, en conséquence, mieux en état que moi de reconnaître mes maux et de les guérir.

L'ÉCONOMISTE.

Fort bien. Vous convenez avec moi que le bon sens ne suffit pas pour guérir la fièvre, la jaunisse et les autres maladies. Vous convenez que la connaissance du corps humain est nécessaire aussi?

LE PROHIBITIONNISTE.

Ai-je jamais prétendu le contraire?

L'ÉCONOMISTE.

Et comment nomme-t-on les gens qui entreprennent de guérir un malade, sans s'être donné la peine d'étudier la médecine, en se fiant simplement à leur bon sens?

LE PROHIBITIONNISTE.

On les nomme des charlatans.

L'ÉCONOMISTE.

N'y a-t-il pas des lois qui leur interdisent la pratique de l'art de guérir?

LE PROHIBITIONNISTE.

Oui, certes.

L'ÉCONOMISTE.

Que pensez-vous de ces lois qui interdisent la pratique de la médecine aux gens qui ne l'ont pas étudiée?

LE PROHIBITIONNISTE.

Je pense qu'elles sont des plus salutaires. Comment! on permettrait au premier ignorant venu de se jouer de la santé et de la vie d'un homme! on lui permettrait d'administrer des remèdes sans avoir auparavant étudié leur action sur l'organisme, sans qu'il sache si leur application peut être bienfaisante ou funeste! mais ce serait tolérer l'homicide!

L'ÉCONOMISTE.

Pourtant s'il était bien avéré que cet ignorant qui pratique la médecine est un homme de bon sens?

LE PROHIBITIONNISTE.

Vous voulez rire. Est-ce qu'un homme qui se mêle de pratiquer un art qu'il ne connaît point peut être un homme de bon sens? Et quand même il le serait, que peut le bon sens quand il n'est pas éclairé par la science?

L'ÉCONOMISTE.

Ah! et si le charlatan dont nous parlons, au lieu de compromettre la santé de quelques centaines ou de quelques milliers de malades, pouvait influer sur l'existence de plusieurs millions d'individus, trouve-riez-vous bon qu'on le laissât faire?

LE PROHIBITIONNISTE.

Que voulez-vous dire? Est-ce là une question? Si son ignorance pouvait compromettre la vie de plu-sieurs millions d'individus, ce serait une raison de plus pour mettre un tel homme hors d'état de nuire.

L'ÉCONOMISTE.

Pourtant, si, fort de son bon sens, il persistait à pratiquer un art qu'il ne connaît point, s'il voulait être médecin quand même?

LE PROHIBITIONNISTE.

Je le ferais enfermer comme un fou, comme un enragé.

L'ÉCONOMISTE.

Et s'il s'échappait pour recommencer de plus belle?

LE PROHIBITIONNISTE.

Oh! alors, plutôt que de laisser tant d'existences à la merci d'un fou dangereux, je n'écouterais plus que la nécessité du salut public et je...

L'ÉCONOMISTE.

Prenez garde! Vous êtes sur le point de commettre un suicide! vous allez vous guillotiner vous-même.

LE PROHIBITIONNISTE.

Qu'est-ce à dire?

L'ÉCONOMISTE.

C'est-à-dire que le corps social ne possède pas un mécanisme moins compliqué que le corps humain; d'où il résulte que le bon sens seul ne suffit pas plus pour soulager les maux de la société que pour guérir ceux du corps. Il faut, comme vous le disiez si bien tout à l'heure, que le bon sens soit éclairé par la science. Et la science qui étudie le mécanisme de la société, c'est...

LE PROHIBITIONNISTE.

L'économie politique, n'est-il pas vrai?

L'ÉCONOMISTE.

Précisément. Or, pour connaître l'économie politique, il faut l'étudier; et quand on se mêle de résoudre les questions économiques sans s'être préalablement livré à cette étude indispensable, on ressemble à un charlatan qui pratique l'art de guérir sans avoir aucune notion de médecine : avec cette différence essentielle qu'un charlatan, en médecine, ne peut compromettre que quelques centaines ou quelques milliers de vies, tandis qu'un charlatan en économie politique peut en compromettre des millions.

LE PROHIBITIONNISTE.

Ta, ta, ta, ta. Vous ne me ferez jamais accroire que je suis un charlatan parce que je résous, avec les seules lumières que me fournit mon bon sens, une question aussi simple que celle de la prohibition à la sortie des grains dans une année de disette. Il n'est pas nécessaire pour cela d'avoir étudié l'économie politique.

L'ÉCONOMISTE.

C'est à savoir.

LE PROHIBITIONNISTE.

Comment ! voilà un pays qui a un déficit bien constaté, un pays qui se trouve exposé à subir toutes les horreurs de la disette ; qu'a-t-il de mieux à faire ? Est-ce de laisser sa subsistance, déjà insuffisante, s'écouler à l'étranger ? Est-ce de laisser le déficit s'agrandir jusqu'à ce que la disette ait pris les proportions d'une famine ? Le bon sens le plus vulgaire ne commande-t-il pas, en de semblables circonstances, de garder son blé pour soi ? Dans la pétition qu'ils ont adressée au conseil communal pour demander la prohibition à la sortie, les boulangers de Gand disent : « Quand je possède soixante-quinze centimes, et qu'il me faut un franc, que fais-je ? Est-ce que je commence par lâcher mes soixante-quinze centimes ? Non ! je les garde, et je tâche de me procurer, où et comme je puis, les vingt-cinq centimes dont j'ai besoin ». C'est le bon sens du

peuple qui parle ainsi. Tant pis pour la science de
économistes, si elle parle autrement !

L'ÉMEUTIER.

Bravo ! je n'aurais jamais cru que nous fussions s
bien d'accord. Certainement, c'est une chose odieus
et infâme de laisser sortir le blé du pays quand l
disette sévit, quand le peuple a faim. Mais est-ce qu
cela suffit ? N'est-il pas odieux et infâme aussi d
permettre aux accapareurs de garder le blé dan
leurs magasins, de le cacher, de l'enfouir, afin d
spéculer sur un nouveau renchérissement quand le
populations souffrent ? Le gouvernement ne devrait
il pas mettre un frein à un agiotage si abominable
ne devrait-il pas se charger de nourrir le peuple ?

L'ÉCONOMISTE.

Voilà ce que dit encore le bon sens du peuple e
dépit de la science des économistes, n'est-il pas vrai

L'ÉMEUTIER.

Sans doute, et voilà ce qu'il continuera de dir
jusqu'à ce qu'on lui prouve qu'il a tort.

LE PROHIBITIONNISTE.

Cela ne sera pas bien difficile. Il est reconnu qu
les marchands de grains sont des intermédiaire
utiles, indispensables, à qui il faut accorder plein
liberté... à l'intérieur. Il est reconnu aussi que l
gouvernement ne peut se charger de nourrir l
peuple.

L'ÉMEUTIER.

Reconnu, reconnu ! Par qui ?

LE PROHIBITIONNISTE.

Eh ! mais, par...

L'ÉCONOMISTE.

Achevez, par... ?

LE PROHIBITIONNISTE.

Par le bon sens public.

L'ÉCONOMISTE.

Allons donc ! le bon sens du peuple a précisément reconnu le contraire, car, de tout temps, le peuple a demandé à être nourri par le gouvernement; de tout temps aussi il a demandé à être protégé contre les accapareurs. N'invoquez donc pas le bon sens public. Convenez franchement que c'est à l'économie politique que vous êtes redevable de ces deux démonstrations-là.

LE PROHIBITIONNISTE.

Certainement, certainement, je n'ai jamais prétendu que l'économie politique ne soit pas utile dans une certaine mesure ; mais il y a des choses si claires, si palpables, des choses de sens commun...

L'ÉCONOMISTE.

Toujours le sens commun. Et si je vous démontrais que votre fameux raisonnement des boulangers de Gand n'est pas plus du sens commun qu'il n'est de l'économie politique ; si je vous démontrais que la prohibition à la sortie des grains ne vaut pas mieux qu'aucune des autres proscriptions et prohibitions du régime réglementaire ; qu'elle ne peut qu'aggraver la disette au lieu de ramener l'abondance ?

LE PROHIBITIONNISTE.

Par exemple !

L'ÉCONOMISTE.

Eh ! bien, si vous voulez me prêter un peu d'attention...

LE BAES.

(S'avançant, son bonnet de coton à la main.) — Messieurs, vous savez que M. le bourgmestre a ordonné la fermeture des estaminets à dix heures, à cause de l'émeute.

L'ÉMEUTIER.

Encore une manière de vexer le monde qui s'amuse paisiblement. Ah! les autorités! les autorités!

L'ÉCONOMISTE.

Si vous n'aviez pas fait d'émeute, le bourgmestre ne vous enverrait pas coucher à dix heures. Nous pourrons reprendre demain notre conversation, si vous y êtes encore disposés.

LE PROHIBITIONNISTE.

Volontiers, après que j'aurai lu mon journal.

L'ÉMEUTIER.

Et moi, après que... suffit!

LE BAES.

Messieurs, il est dix heures, *savez-vous?*

(Tout le monde se lève. Les habitués mettent leur pipe de côté. Quelques-uns s'attardent à causer avec la *mieque* qui enlève les verres et nettoie les tables. Le *baes* les pousse dehors et il ferme l'estaminet.)

DEUXIÈME CONVERSATION

LES ACCAPAREURS.

Sommaire : Des opérations nécessaires pour produire le grain et le mettre à la portée des consommateurs. — Des fonctions des cultivateurs, des marchands de grains, des meuniers, des boulangers. — Sous quel régime ces fonctions peuvent-elles être remplies de la manière la plus économique? — Des règlements des marchés. — Des défenses de vendre ailleurs que sur les marchés. — Citation de Voltaire. — Du *maximum*. — Comment le *maximum* contribue à augmenter les maux de la disette. — Des préjugés contre les marchands de grains. — Démonstration de l'utilité des marchands de grains, au double point de vue des intérêts du producteur et du consommateur. — Dans quel cas ils peuvent être investis d'un monopole nuisible. — Que les émeutiers sont les complices ou les compères des accapareurs.

L'ÉMEUTIER.

(Il entre l'oreille basse.) C'est dégoûtant!

L'ÉCONOMISTE.

Quoi?

L'ÉMEUTIER.

Eh! parbleu, que les bourgeois s'en mêlent. La garde civique a été convoquée, et les magasins des accapareurs sont protégés par un rempart de baïonnettes. Il n'y a plus rien à faire. C'est à peine si nous avons pu casser quelques carreaux au pas de course. Ah ! la bourgeoisie ! la bourgeoisie !

L'ÉCONOMISTE.

Que vous disais-je hier? Ne sommes-nous pas au troisième jour?

L'ÉMEUTIER.

Et le peuple qui se laisse intimider par ce tas d'épiciers!

L'ÉCONOMISTE (le contrefaisant).

Ah! le peuple! le peuple!

L'ÉMEUTIER.

Ne m'en parlez pas. Le peuple se conduit mal. Si cela continue, je ne me mêle plus de ses affaires. Tant pis pour lui. Il l'aura voulu.

LE PROHIBITIONNISTE.

(Il entre en costume de garde civique, se débarrasse de son fusil et demande son journal.) C'est fini. Il n'y a plus d'apparence d'émeute. Les fauteurs de troubles ont disparu. (Apercevant l'émeutier.) Tiens, vous voilà, vous? Je vous croyais à l'Amigo. (On lui passe son journal. Il le parcourt.) Bon! une pétition pour demander la prohibition à la sortie des céréales. J'irai la signer demain matin.

L'ÉCONOMISTE.

C'est cela; vous venez de réprimer une émeute aujourd'hui, et vous allez en faire une autre demain.

LE PROHIBITIONNISTE.

Une émeute?

L'ÉCONOMISTE.

Oui, une émeute sur le papier, qui produira exactement les mêmes résultats que l'émeute de la rue.

L'ÉMEUTIER.

Encore vos sornettes économiques! Mais j'y pense.

C'est aujourd'hui que vous devez nous démontrer que la liberté du commerce est un spécifique souverain pour faire régner une abondance toujours égale, pour maintenir des prix toujours stables; autrement dit, que le meilleur moyen d'assurer la subsistance du peuple, c'est de la livrer aux accapareurs.

LE PROHIBITIONNISTE.

... Et que ce qu'il y a de mieux à faire quand on manque de grains, c'est d'en permettre l'exportation.

L'ÉCONOMISTE.

Précisément. Voilà ma tâche. Et puisque vous m'invitez vous-mêmes à la remplir, je commence sans perdre de temps.

Les denrées alimentaires, avant d'être livrées au consommateur, passent par différentes mains. Pour nous en tenir aux grains, avant de nous être servis sous forme de pain, ils occupent spécialement quatre catégories d'individus, savoir :

Les cultivateurs ;

Les marchands de grains ;

Les meuniers ;

Les boulangers.

Le cultivateur produit le grain ; le marchand le conserve et le déplace ; le meunier le réduit en farine ; le boulanger transforme la farine en pain. Communément, ces fonctions sont séparées ; mais quelquefois le même individu en cumule deux ou trois. Dans beaucoup de pays, le commerce des grains est encore exercé par les cultivateurs, les meuniers ou les boulangers. Mais cela ne change rien au fond des choses. Nous verrons cependant qu'il vaut mieux que ces différentes fonctions soient spécialisées et que chacun remplisse la sienne, sans avoir à s'occuper des autres.

En attendant, si nous les examinons une à une, nous verrons qu'elles sont également indispensables.

Ainsi, pour qu'une population soit nourrie, il est nécessaire que des cultivateurs s'occupent, soit à l'intérieur, soit à l'étranger, de produire du grain.

Il n'est pas moins nécessaire que des marchands s'occupent de...

L'ÉMEUTIER.

... L'accaparer.

L'ÉCONOMISTE.

Vous l'avez dit. De l'accaparer, c'est-à-dire de le prendre dans la grange ou dans le grenier du cultivateur pour le transporter au marché, ou, si le marché est encombré, pour le conserver jusqu'à ce que le besoin s'en fasse sentir. Cette fonction peut être exercée par le cultivateur lui-même, par le meunier, ou bien encore par le boulanger, au lieu d'être spécialisée ; mais, en tous cas, elle doit être remplie par quelqu'un. Qu'en pensez-vous ? Ne reconnaissez-vous pas qu'il est nécessaire de mettre le grain à la portée du consommateur, dans le lieu et dans le moment où il en a le plus besoin ?

LE PROHIBITIONNISTE.

Cela va de soi-même. Il est évident que le grain doit être transporté des lieux de production chez le meunier, puis chez le boulanger, puis chez le consommateur, car l'habitant des villes ne peut aller le consommer chez le cultivateur et tel qu'il sort de l'épi. Il est évident aussi que tout le grain de la récolte ne peut être consommé dans le même moment; qu'il faut le garder et le livrer à la consommation à mesure que le besoin s'en fait sentir. Tout le monde sait cela.

L'ÉMEUTIER.

Oui, mais il reste à examiner par qui ces fonctions doivent être remplies.

L'ÉCONOMISTE.

Soit. Mais, en attendant, vous m'accorderez qu'il est nécessaire qu'un individu quelconque, marchand de grains, cultivateur, meunier ou boulanger, s'occupe de conserver et de déplacer le grain, conformément aux besoins de la consommation. Vous m'accorderez bien aussi qu'il est nécessaire que le grain soit réduit en farine et la farine transformée en pain.

LE PROHIBITIONNISTE.

Est-ce que vous nous prenez pour des écoliers ?

L'ÉCONOMISTE.

Ah! c'est qu'en toute chose il est bon de commencer par le commencement. Voilà donc les quatre opérations indispensables qui constituent la production alimentaire. Maintenant, il s'agit de savoir sous quel régime ces quatre opérations peuvent être accomplies de la manière la plus avantageuse pour le consommateur. Est-ce sous un régime de liberté, ou sous un régime de restrictions et de prohibitions? Voilà la question.

Pour résoudre cette question, nous aurons à examiner successivement quels sont les effets des restrictions et des prohibitions sur la production alimentaire, envisagée dans ses différentes branches.

Si nous prenons le blé à sa sortie de la grange ou du grenier du cultivateur, nous irons d'abord nous heurter aux règlements des marchés et aux défenses de vendre les grains ailleurs que sur les marchés.

Autrefois, les règlements des marchés étaient des plus minutieux et des plus oppressifs. Les magistrats municipaux paraissaient généralement convaincus que le meilleur moyen d'attirer chez eux les cultivateurs et les marchands, c'était de les accabler d'impôts et de vexations de tous genres. Cette opinion n'est pas encore complètement abandonnée. Voici, par exemple, un fait que rapportait ce matin un journal d'une de nos grandes villes, et qui m'a paru des plus caractéristiques (il prend un journal et lit) :

Hier, nos ménagères ont constaté avec une vive satisfaction que, grâce à une surveillance sévère exercée par les soins de la police centrale, notre marché au beurre était si abondamment pourvu que, de onze heures à midi, le prix de cette denrée avait baissé de cinq à six sous par kilogramme. C'est que la police avait pris des mesures sérieuses pour empêcher les campagnards de vendre leurs marchandises clandestinement à certains courtiers qui ont mission d'acheter pour les accapareurs et pour l'exportation; et cela en contradiction avec les prescriptions formelles des règlements existants.

Depuis quelque temps, on remarque avec plaisir que des mesures semblables sont mises en pratique sur nos différents marchés, et qu'elles produisent de bons résultats.

L'ÉMEUTIER.

Eh bien! voilà une administration qui comprend ses devoirs envers le peuple, une administration habile et patriotique!

L'ÉCONOMISTE.

Est-ce que, par hasard, les paysans qui apportent leurs denrées au marché ne font pas partie du peuple? C'est votre avis, sans doute, puisque vous trouvez bon qu'on les traite en ennemis; qu'on les empêche, en se fondant sur quel droit, je l'ignore, de vendre leurs denrées où et comme bon leur semble; en d'autres termes, que l'on confisque ces denrées au profit des habitants d'une ville.

Je ne sais si cette manière d'agir vous paraît conforme à la justice. Tout ce que je puis vous affirmer, c'est que les villes où fleurissent de semblables règlements doivent infailliblement être les plus mal approvisionnées.

L'ÉMEUTIER.

Et pourquoi donc?

L'ÉCONOMISTE.

Voyons : vous êtes, je suppose, marchand de beurre ou marchand de grains. Vous avez à votre portée deux marchés. Dans l'un, la police vous tracasse et vous vexe. Elle vous empêche, par exemple, de vendre votre denrée en dehors du marché, ou de la vendre plus cher à la fin du marché qu'au commencement, ou bien encore de la remporter chez vous si vous n'avez pu la vendre à un prix qui vous convienne. Dans l'autre, au contraire, la police se borne à maintenir l'ordre sur le marché et à veiller à ce que vous n'y soyez ni maltraité ni dévalisé ; elle vous laisse, du reste, pleine liberté de disposer de votre marchandise à votre gré, de la vendre ou de la remporter, etc., etc. Lequel de ces deux marchés choisirez-vous de préférence? Vous ne répondez pas? C'est évidemment celui où vous trouverez le plus de liberté et de sécurité.

Mille exemples attestent, au surplus, qu'il en est toujours ainsi. Je me contenterai d'en emprunter un à l'excellent ouvrage du docteur Roscher sur le *Commerce des grains*. En 1847, dit M. Roscher, on établit à Dresde un règlement portant « qu'il était défendu à tout individu qui n'avait pas l'honneur d'être un bourgeois de la cité, achetant pour sa propre consommation, de faire une acquisition quelconque, avant un certain moment, indiqué par la descente du *Markwisch* (signal) ». Qu'en résulta-t-il? ajoute M. Roscher. C'est que Dresde, quoique située dans une contrée fertile, sur les bords de l'Elbe et au point central d'un important réseau de chemins de fer, Dresde qui renferme à elle seule de nombreux consommateurs) et qui doit fournir de grains une partie de l'*Erzgebirge*, n'avait qu'un marché insignifiant. En position d'en avoir un de premier ordre, elle dut recourir, pour compléter ses approvisionnements, au marché d'une petite ville située à cinq lieues de là [1].

Mais si les cultivateurs et les marchands s'abstien-

---

[1] *Du commerce des grains et des mesures à prendre en cas de cherté*, par le docteur Guillaume Roscher; trad. de M. Maurice Block, p. 137.

nent autant que possible de se rendre dans les villes
où ils sont malmenés — et qui pourrait y trouver à
redire? — les approvisionnements de ces localités ne
doivent-ils pas en souffrir?

L'ÉMEUTIER.

On pourrait soumettre tous les marchés au même
règlement.

L'ÉCONOMISTE.

Cela ne changerait rien à l'affaire. Si ce règlement
général était oppressif et vexatoire, s'il avait pour but
de dépouiller le peuple des campagnes au profit
du peuple des villes, les cultivateurs attendraient
qu'on vînt leur demander leurs denrées chez eux et
ils n'iraient au marché qu'en cas de nécessité ab-
solue.

L'ÉMEUTIER.

Et si on leur défendait de vendre leurs denrées
ailleurs que sur les marchés?

L'ÉCONOMISTE.

C'est, en effet, une défense à laquelle on n'a pas
manqué d'avoir recours, pour obliger les cultivateurs
qui ne trouvaient de sécurité ni sur les routes où ils
étaient dévalisés par les émeutiers, ni dans les villes, où ils étaient vexés et spoliés par les règlements, à porter quand même leurs denrées au mar-
ché. Elle a été fréquemment en usage au xviiie siècle,
et Voltaire l'a critiquée avec son bon sens et son esprit des meilleurs jours. Vous ne vous plaindrez pas
si je vous cite ce morceau piquant :

« Je suis laboureur, et j'ai environ quatre-vingts
personnes à nourrir. Ma grange est à trois lieues de

la ville la plus prochaine ; je suis obligé quelquefois d'acheter du froment, parce que mon terrain n'est pas si fertile que celui de l'Égypte et de la Sicile. — Un jour, un greffier me dit : « Allez-vous-en à trois lieues payer chèrement au marché de mauvais blé. Prenez des commis un acquit-à-caution ; et si vous le perdez en chemin, le premier sbire qui vous rencontrera sera en droit de saisir votre nourriture, vos chevaux, votre ferme, votre personne, vos enfants. Si vous faites quelque difficulté sur cette proposition, sachez qu'à vingt lieues il est un coupe-gorge qu'on appelle juridiction ; on vous y traînera, vous serez condamné à marcher à pied jusqu'à Toulon, où vous pourrez labourer à loisir la mer Méditerranée. Je pris d'abord ce discours instructif pour une froide raillerie. C'était pourtant la vérité pure. — Quoi ! dis-je, j'aurai rassemblé des colons pour cultiver avec moi la terre, et je ne pourrai acheter du blé pour les nourrir eux et ma famille ! Et je ne pourrai en vendre à mon voisin quand j'en aurai de superflu ! — Non, il faut que vous et votre voisin envoyiez vos chevaux courir pendant six lieues. — Eh ! dites-moi, je vous prie, j'ai des pommes de terre et des châtaignes avec lesquelles on fait du pain excellent pour ceux qui ont un bon estomac ; ne puis-je en vendre à mon voisin sans que ce coupe-gorge, dont vous m'avez parlé, m'envoie aux galères ? — Oui. — Pourquoi, s'il vous plaît, cette énorme différence entre mes châtaignes et mon blé ? — Je n'en sais rien ; c'est peut-être parce que les charançons mangent le blé et ne mangent point les châtaignes. —

Voilà une très mauvaise raison. — Eh ! bien, si vous en voulez une meilleure, c'est parce que le blé est d'une nécessité première, et que les châtaignes ne sont que d'une seconde nécessité. — Cette raison est encore plus mauvaise. Plus une denrée est nécessaire, plus le commerce en doit être facile. Si l'on vendait le feu et l'eau, il devrait être permis de les importer et de les exporter d'un bout de la France à l'autre[1]. »

N'est-ce pas une argumentation aussi sensée que spirituelle ? Ne la trouvez-vous pas concluante ?

L'ÉMEUTIER.

Cependant si l'on n'oblige pas, d'une manière ou d'une autre, les cultivateurs à approvisionner les marchés, les habitants des villes ne courront-ils pas risque de manquer d'aliments, surtout dans les mauvaises années ? N'est-ce point là un danger contre lequel il importe de les prémunir ?

L'ÉCONOMISTE.

Ce danger est purement imaginaire. L'intérêt des cultivateurs leur commande bien plus efficacement qu'aucune réglementation de porter leurs denrées au marché, ou de les vendre à des marchands qui les y portent. Car il faut bien qu'ils s'en défassent pour payer leurs journaliers, leurs contributions, leur fermage, etc., et c'est au marché qu'ils ont le plus de chances de rencontrer des acheteurs. Il n'est donc pas nécessaire de les obliger à se rendre dans

___

[1] Diatribe adressée à l'auteur des *Éphémérides*.

les marchés ; ils s'y rendent d'eux-mêmes sous l'impulsion de leur intérêt. Et cet intérêt va même croissant à mesure que les besoins deviennent plus urgents, puisque les prix s'élèvent alors dans une progression telle qu'on trouve un bénéfice de plus en plus considérable à combler le déficit des approvisionnements.

Les marchés se garnissent d'eux-mêmes sans l'intervention des autorités ; à la condition, bien entendu, que les cultivateurs ou les marchands ne courent pas risque d'être pillés ou houspillés sur les grandes routes, vexés et surtaxés dans les marchés, à condition qu'ils n'aient à redouter ni émeute ni réglementation oppressive, ni *maximum*.

L'ÉMEUTIER.

Voyons cependant. L'année est mauvaise. Le peuple souffre de la disette. Les fermiers et les marchands de grains s'entendent pour exploiter ses souffrances et s'enrichir de sa faim. Ils entassent le blé dans leurs magasins ou bien ils le font passer à l'étranger. L'autorité n'a-t-elle pas le droit d'empêcher des manœuvres si criminelles ? Et n'est-ce pas son devoir ? L'intérêt public ne lui commande-t-il pas impérieusement de faire constater les quantités de grains qui existent dans le pays, et d'obliger ceux qui les détiennent à les tenir à la disposition du consommateur ? Je vais plus loin ; l'autorité n'a-t-elle pas le droit et le devoir de mettre un frein à la cupidité des détenteurs des subsistances ? De leur dire par exemple : Vous ne vendrez pas vos grains au-dessus d'un prix *maximum* de 30 francs, parce que l'expérience a démontré que chaque fois que ce taux est dépassé, des souffrances cruelles viennent accabler les populations, la mortalité augmente, les crimes se multiplient... Dans de semblables circonstances, l'établissement d'un *maximum* n'est-il pas à la fois une mesure d'humanité et de sûreté publique ?

L'ÉCONOMISTE.

Eh bien ! examinons ce système d'autorité dans les approvisionnements. En premier lieu, elle fait recenser les grains, opération fort compliquée, car il faut non seulement constater les existences en grains chez chaque cultivateur, mais encore évaluer la quantité nécessaire à chacun pour ses semailles, la consommation de sa famille, de ses domestiques et de ceux d'entre ses journaliers qu'il paye en nature. En second lieu, l'autorité oblige le cultivateur à porter le restant au marché dans le moment où elle le juge convenable, et à l'y vendre au prix qu'elle juge convenable aussi. C'est, en réalité, une confiscation partielle dont elle frappe la propriété du cultivateur, et celui-ci ne manque pas de défendre son bien, sinon par la force, du moins par la fraude. Il faut donc que l'autorité le surveille de près, et comme cette surveillance est rendue difficile par le nombre considérable des surveillés, il faut appuyer les règlements sur des pénalités draconiennes. L'expérience a prouvé que la peine de mort n'est pas de trop ; qu'elle ne suffit même pas complètement pour assurer l'obéissance aux prescriptions de l'autorité. Supposons néanmoins qu'elle suffise ; supposons que tous les grains soient recensés et tous les cultivateurs obligés d'en porter leur quote-part au marché, où on la leur paye à un prix taxé, à un prix *maximum*, et voyons ce qui en adviendra.

D'abord il est essentiel que le *maximum* soit général ; car si le grain est taxé sur certains marchés et s'il ne l'est pas sur d'autres, les cultivateurs ne manqueront pas de le diriger sur ceux-ci de préférence. Dans la disette de 1812, par exemple, quelques préfets imbus des idées règlementaires établirent un *maximum* dans leurs départements, tandis que d'autres continuèrent à laisser pleine liberté au commerce des grains. Il en résulta que les grains refluèrent vers les départements où le *maximum* n'existait pas, où le grain n'était pas taxé, et qu'on y souffrit beaucoup moins de la disette que dans les autres. Il faut donc que le *maximum* s'étende à tout le pays. Il faut, en même temps, qu'il soit corroboré par la prohibition à la sortie, autrement chacun ne manquerait pas d'exporter ses grains pour les soustraire au *maximum*.

L'ÉMEUTIER.

Le *maximum* implique la prohibition à la sortie. C'est entendu.

L'ÉCONOMISTE.

Eh bien ! un *maximum* ainsi généralisé et fortifié par la prohibition à la sortie doit avoir pour résultat inévitable de transformer la disette actuelle en famine et de préparer toute une série de disettes futures. Voici comment :

Pourquoi les subsistances sont-elles chères dans les mauvaises années ? Parce qu'il y a un déficit dans la récolte, n'est-il pas vrai? Parce que la récolte ne peut nourrir la population que pendant neuf ou dix mois, tandis qu'il faudrait qu'elle la nourrît pendant un an. Dans une situation semblable, qu'y a-t-il à faire? De deux choses l'une :

Ou il faut se procurer au dehors un supplément de deux ou trois mois de subsistances, de manière à nourrir toute la population pendant un an;

Ou il faut que la population diminue assez pour que la récolte suffise à la subsistance d'une année.

Il n'y a pas de moyen terme. Ou il faut se procurer au dehors un supplément de subsistance, ou il faut qu'une partie de la population périsse. En présence de cette alternative, vous établissez un *maximum*; vous décrétez, par exemple, que le grain, qui se vend partout à raison de 30 à 40 francs l'hectolitre, ne pourra plus désormais être vendu chez vous au-dessus de 25 francs. Qu'en va-t-il résulter? C'est que le commerce se gardera bien de vous apporter des grains, puisqu'il peut les vendre ailleurs à raison de 30 à 40 francs l'hectolitre, tandis qu'il n'en peut obtenir chez vous plus de 25 francs; c'est que votre déficit ne sera pas comblé, et qu'au bout de dix mois, plus tôt encore, car les populations, abusées par le *maximum*, n'auront pas économisé sur leur consommation, les approvisionnements seront épuisés; et la famine sévira...

L'ÉMEUTIER.

A moins que le gouvernement ne se charge de combler le déficit, en achetant des grains à l'étranger.

L'ÉCONOMISTE.

Précisément. A moins que le gouvernement ne se fasse marchand de grains. Nous verrons plus tard si le gouvernement est propre à remplir cette fonction; nous verrons de quelle façon il s'en est acquitté, quand on la lui a confiée. Constatons, en attendant, que le *maximum* a pour premier résultat d'empêcher le commerce de combler le déficit, et de transformer ainsi en famine la disette actuelle.

Ce n'est pas tout. Le *maximum* a pour second résultat de préparer des disettes futures. Voyez, en effet, quelle est la situation des agriculteurs. Tantôt ils ont des récoltes surabondantes, tantôt des récoltes insuffisantes. Ils perdent sur celles-là, ils gagnent sur celles-ci et, tout en souffrant beaucoup des variations des prix, ils obtiennent ainsi une certaine compensation. Mais voici que le législateur intervient en leur disant : Je vous défends de vendre, dans les mauvaises années, vos grains plus cher que dans les bonnes...

L'ÉMEUTIER.

Mesure philanthropique!

L'ÉCONOMISTE.

Permettez-moi d'achever. Il ne faut pas oublier, d'abord, que les charges des agriculteurs s'augmentent naturellement dans les années de rareté, que les agriculteurs souffrent comme consommateurs de l'élévation du prix des choses nécessaires à la vie. Il ne faut pas oublier ensuite qu'ils sont obligés de vendre leurs denrées à perte dans les années de surabondance, ce qui leur rend une compensation nécessaire dans les autres. Or, si vous leur enlevez cette compensation, au moyen du *maximum*, qu'en doit-il résulter? C'est que les cultivateurs, forcés de vendre à perte pendant les années de surabondance et empêchés de vendre à des prix compensateurs dans les années de rareté, réduiront leurs exploitations; c'est qu'ils ensemenceront une moindre étendue de terre, et que les risques de la disette augmenteront en proportion.

Il n'y aurait qu'un seul moyen d'empêcher le *maximum* de produire des résultats désastreux, ce serait de le compléter en établissant un *minimum* du prix des grains dans les années de surabondance; ce serait d'empêcher les consommateurs d'acheter le blé au-dessous d'un certain *minimum* dans les bonnes années, après avoir empêché les agriculteurs de le vendre au-dessus d'un certain *maximum* dans les mauvaises. Les agriculteurs pourraient alors continuer à produire comme par le passé. Mais serait-il possible d'établir un *minimum* de cette espèce? Serait-il possible de punir comme un délit ou comme un crime l'achat d'une marchandise au-dessous du taux fixé par la loi? Quelle police pourrait suffire à une pareille besogne?

L'ÉMEUTIER.

Ce serait une tâche difficile, j'en conviens. Mais enfin faut-il laisser les populations exposées aux excès de la cherté et aux horreurs de la faim?

L'ÉCONOMISTE.

Patience. Nous verrons que ce *maximum* et ce *minimum*, qu'on ne saurait établir par l'intervention du gouvernement, s'établiraient d'eux-mêmes, sans effort, sous le régime de la liberté du commerce.

En attendant, poursuivons l'examen du régime réglementaire. Arrivons aux préjugés qui pèsent sur les marchands de grains, c'est-à-dire sur les prétendus « accapareurs ».

L'ÉMEUTIER.

Les accapareurs ! Enfin, nous y voici. Vous allez, n'est-il pas vrai, nous démontrer « l'utilité » de ces vampires qui s'engraissent de la substance du peuple ?

L'ÉCONOMISTE.

Précisément.

L'ÉMEUTIER.

Je m'y attendais. Mais auparavant, vous me permettrez de dire ce que je pense de ces êtres sans entrailles... Vous me permettrez de les peindre dans leurs œuvres. Les accapareurs ! Ils commencent par s'abattre sur les campagnes comme des nuées d'oiseaux de proie. Y a-t-il un paysan dans la gêne ? C'est d'abord à sa porte qu'ils vont frapper, car ils flairent le pauvre, comme le vautour flaire le cadavre. Ils proposent à ce malheureux, qui est traqué par des créanciers impitoyables et à la veille d'une expropriation, de lui acheter sa récolte en bloc ; mais à quel prix, grand Dieu ? En vain il essaye de les apitoyer sur sa misère : c'est à prendre ou à laisser, disent-ils, et ils font briller de l'or à ses yeux. Le misérable cède à la tentation, et les accapareurs se hâtent d'emporter leur butin.

Ils font la même opération dans tout un canton,
dans toute une province, dans tout un royaume.
Leurs magasins regorgent de blé, quand la disette
sévit à la fois dans les champs et dans les villes,
quand le peuple crie la faim. Mais que vont-ils faire
de ce blé qu'ils ont acheté à vil prix? Vont-ils, du
moins, le céder à ceux qui en ont besoin? Se con-
tenteront-ils d'en tirer un bénéfice honnête? Non!
les accapareurs sont insatiables, et ils n'ont jamais
connu la pitié. Ils examinent l'état du marché, et ils
se demandent avant tout à qui ils peuvent vendre
leurs grains avec le plus gros bénéfice, à leurs compatriotes ou aux étrangers. Car l'accapareur n'a
point de patrie. Il est du pays où l'on vend le plus
cher. Pour réaliser 1 p. 100 de plus, il expédierait
ses denrées aux Chinois, dussent tous les êtres de
sa race périr d'inanition. Il fait donc passer ses
grains à l'étranger, s'il y trouve avantage, à moins
que le gouvernement, ou, à défaut du gouvernement, le peuple ne se mette en travers de ses
opérations criminelles. Mais trop souvent, les
accapareurs ont le dessus. Les gouvernements
sont leurs complices, et ils soudoient les économistes pour chanter leurs louanges. Ah! le choléra
même trouverait des complices et des panégyristes,
s'il pouvait les payer!

L'ÉCONOMISTE.

Merci. Continuez.

L'ÉMEUTIER.

Donc, les accapareurs demeurent trop souvent les
maîtres de faire passer à l'étranger la subsistance du

peuple, et ils ne s'en font pas scrupule. Au moins, mettent-ils au marché les grains qu'il leur convient de laisser dans le pays? Non! Les marchés sont dégarnis. D'où cela vient-il? Cela vient de ce que les accapareurs se disent : Le peuple ne souffre pas encore assez, il n'a pas encore assez faim. Attendons! Dans un mois, dans deux mois, quand il sera un peu plus épuisé, exténué, affamé, il nous payera notre grain trois ou quatre francs de plus par hectolitre. Attendons! Voilà le calcul de ces usuriers de la faim, et ils attendent, et le peuple souffre et le peuple meurt. Eux, au contraire, ils s'enrichissent, car leur calcul est bon ; ce grain qu'ils ont acheté à vil prix, ils le revendent de plus en plus cher; ils finissent par en obtenir des prix de famine. L'année finie, la mortalité s'est accrue de moitié, le nombre des crimes a doublé, des troupes de mendiants à l'œil hagard et farouche errent dans les campagnes et dans les cités; mais il y a, dans le pays, une centaine d'accapareurs qui sont devenus millionnaires, il y a une troupe de vautours qui se sont gorgés... Et vous voulez que le peuple demeure calme, impassible, en présence de manœuvres si infernales, d'attentats si abominables; vous voulez qu'il respecte la « propriété » des accapareurs? Leur propriété ! notre chair, notre sang, notre vie, qu'ils nous arrachent lambeau par lambeau !... Vous nous disiez qu'on a réglementé autrefois l'industrie des accapareurs. On a eu tort. Est-ce qu'on réglemente l'industrie des vautours et des chiens enragés? Non! on chasse ces bêtes malfaisantes; on les extermine. On ne devrait pas plus tolérer les accapareurs dans une société bien réglée qu'on ne tolère les vautours dans les basses-cours et les chiens enragés dans les rues. Voilà mon opinion, et je défie bien les avocats gagés des accapareurs de m'en faire changer.

L'ÉCONOMISTE.

Ils n'auraient garde ! Ce serait très maladroit de leur part. Ils devraient, au contraire, s'ils entendaient convenablement les intérêts de leurs clients, vous faire donner une grasse subvention, car vous avez la parole facile, du nerf, de la chaleur, vous invectivez bien... ce serait de l'argent placé à 100 p. 100.

L'ÉMEUTIER.

Vos plaisanteries sont d'un goût détestable, je vous en avertis, et je suis peu disposé à les supporter.

L'ÉCONOMISTE.

Je ne plaisante nullement. Je vous ai déjà fait remarquer que vous et les vôtres, vous travaillez, sans le savoir et sans le vouloir, à augmenter les profits des marchands de grains ; je vais maintenant vous le prouver.

Quand nous avons analysé les opérations de la production alimentaire, nous avons trouvé qu'il ne suffit pas de produire le grain, mais qu'il faut encore le mettre à la disposition des consommateurs dans les moments et dans les endroits où ils en ont le plus besoin. Ces deux opérations sont indispensables, vous me l'accordez ?

L'ÉMEUTIER.

Eh ! mon Dieu, oui, je vous l'accorde. Il faut bien que le grain soit conservé, emmagasiné, puisqu'on ne peut le consommer en un jour pour apaiser sa faim de l'année ; il faut bien encore qu'il soit transporté jusque chez le consommateur, puisque l'habitant des villes ne peut aller se nourrir aux champs. C'est tout simple, et je ne conçois pas vraiment que vous vous arrêtiez à de pareilles niaiseries.

L'ÉCONOMISTE.

Vous le concevrez mieux tout à l'heure. Ces deux opérations qui sont indispensables, vous le reconnaissez vous-même, doivent être accomplies par quelqu'un. Il s'agit donc de savoir qui peut s'en acquitter avec le plus d'avantage, c'est-à-dire de manière à grever le moins possible la subsistance publique. Vaut-il mieux qu'elles soient confiées au cultivateur, par exemple, ou à un individu qui en fasse spécialement son affaire? Vaut-il mieux que le cultivateur s'occupe à la fois de la production et du commerce des grains, ou que ces deux besognes soient séparées? Voilà ce qu'il s'agit maintenant d'examiner.

LE PROHIBITIONNISTE.

Il est évident que le cultivateur a bien assez de sa besogne. Les labeurs de la production agricole suffisent et au delà pour absorber toute l'activité et toute l'intelligence du paysan. Que chacun fasse son métier et les vaches seront bien gardées. Le métier de l'agriculteur, c'est de cultiver la terre. Qu'on ne lui demande pas d'en faire un autre, car s'il s'occupe de celui-ci, il devra négliger celui-là, et il y a apparence que les choses iront mal des deux côtés.

L'ÉMEUTIER.

Tiens, mais vous passez donc à l'économie politique?

LE PROHIBITIONNISTE.

Dieu m'en préserve! mais je ne partage pas, Dieu merci, vos préjugés contre les marchands de grains; je reconnais toute l'utilité de ces intermédiaires, à la condition, bien entendu, qu'on les empêche de porter au dehors la subsistance du pays.

L'ÉCONOMISTE.

C'est cela. Ils sont utiles de ce côté de la frontière, nuisibles de l'autre. Colombes par ici, vautours par là.

Mais avant de rechercher ce qu'ils deviennent après avoir passé la frontière, achevons d'examiner ce qu'ils sont à l'intérieur.

Un économiste allemand, M. Schmalz, a parfaitement fait ressortir l'économie qui résulte de la séparation de la production et du commerce des grains. Il a démontré, avec une clarté saisissante, que l'intervention des marchands de grains diminue les frais nécessaires pour mettre les subsistances à la portée des consommateurs.

L'ÉMEUTIER.

Eh! bien, voyons la démonstration de cet Allemand.

L'ÉCONOMISTE.

La voici :

« Considérez, dit M. Schmalz, la position d'un paysan qui, pour pouvoir vendre les productions de sa ferme ou de son champ, se voit dans la nécessité de les charrier lui-même à la ville, ou de les y faire transporter sur des hottes par les différents membres de sa famille. Il ne peut pas même choisir le jour qui lui conviendrait le mieux; il faut qu'il attende celui du marché. Dès la veille, il se prépare pour sa course; car il doit arriver de fort bonne heure au marché; il met en ordre ses denrées, et part de son village en chariot ou à pied. Il voyage toute la nuit, arrive de grand matin à la ville, y reste jusqu'au milieu du jour et même plus tard, pour effectuer sa vente, repart et rentre chez lui le soir, excédé de fatigue. Voilà deux jours entiers de perdus pour l'économie rurale, qui ne permettrait pas un seul moment de relâche et qui réclame à tout instant l'exécution d'un travail utile. Le lendemain encore, à quoi pourront s'occuper hommes et bêtes, fatigués de la course? Supposons que vingt femmes d'un village, chacune chargée d'une couple de poulets, d'une douzaine d'œufs, de quelques livres de beurre et de quelques fromages, se rendent au marché. Pendant tout le temps qu'elles passeront ainsi hors de leur ménage, que de travaux n'auraient-elles pas pu faire aux champs, au jardin, dans les étables et dans l'intérieur de leur maison? Elles y auraient filé ou tricoté des bas pour leurs enfants, qui, maintenant, courent nu-pieds au préjudice de leur santé, et qui, par là même, prouvent clairement la misère qui règne dans le village. Une brouette, un cheval, un prétendu accapareur, auraient suffi pour transporter à la ville le chargement de vingt hottes et auraient épargné deux jours de peines et de fatigues à vingt ménages. Souvent même le chariot des paysans qui se rendent en ville ne contient pas, à beaucoup près, une charge complète ; et chacun d'eux n'ayant ainsi que quelques boisseaux de grains sur sa voiture, il faut dix hommes et vingt chevaux pour le transport de quelques muids de blé. Un accapareur eût facilement pu les charger sur un seul chariot ; et il aurait encore épargné deux jours d'absence à dix hommes et à vingt chevaux, enlevés aux soins et aux travaux nécessaires à l'agriculture. L'assertion que le regrattier ou l'accapareur enlève à ces gens de la campagne leurs denrées dans le moment même où ils manquent d'argent, est sans fondement et dénuée de sens. Si le paysan vendait à cause de la pénurie d'argent dans laquelle il se trouverait, ce ne serait incontestablement qu'afin de se tirer d'embarras. Or, imagine-t-on qu'il lui serait plus avantageux de rester dans cet embarras ? D'ailleurs, si le marchand offre trop peu, le paysan ne manquera pas de se rendre lui-même au marché. Il est vrai qu'en général le marchand achètera moins cher au paysan que le paysan n'aurait vendu au marché ; mais cela est fort naturel, puisqu'il prend sur lui le transport, le temps et l'embarras de la vente, et qu'il fait ainsi retrouver au paysan deux jours de travail, qui valent bien mieux pour lui que ce qu'il aurait obtenu au marché. L'existence des marchands regrattiers (marchands de grains) ne fait pas davantage renchérir les denrées pour les habitants des villes ; car si leur bénéfice est considérable, au lieu de dix il s'en rencontrera bientôt vingt, qui chercheront à vendre au rabais les uns des autres. Dans les campagnes, ils s'efforceront de s'enlever réciproquement les vendeurs, en offrant

les plus hauts prix possibles. Dans les villes, ils chercheront à attirer les acheteurs, en donnant à aussi
bas prix qu'ils pourront le faire. D'ailleurs l'habitant
des villes est bien aussi obligé de payer, au paysan
qui vient lui vendre lui-même ses denrées au marché,
ses frais de voyage et de transport. Or, quand devra-
t-il payer meilleur marché? Sera-ce lorsque les
marchandises qu'un seul marchand aurait transportées, avec quatre chevaux, auront été transportées
par dix hommes et vingt chevaux? Sous tous les
rapports donc, rien n'est plus avantageux que le
prétendu accapareur, si généralement détesté[1]. »

M. Schmalz prouve, ce me semble, d'une manière
irréfutable, qu'il y a économie à ce que le transport
des subsistances de la ferme au marché soit effectué
par un marchand de grains, dont c'est l'occupation
spéciale, plutôt que par le cultivateur lui-même.
Mais le commerce des grains n'est pas seulement
destiné à transporter les subsistances *dans l'espace*,
c'est-à-dire dans les endroits où elles sont demandées, il a pour objet encore de les transporter *dans
le temps*, c'est-à-dire de les conserver jusqu'au moment où l'on en a besoin. Eh bien ! si nous analysons
cette seconde opération, nous trouverons de même
qu'il y a économie à ce qu'elle soit confiée au marchand de grains plutôt qu'au cultivateur.

La même quantité de céréales qui se trouve éparpillée dans cinquante greniers de paysans, le marchand de grains l'accumule dans un seul magasin.

____

[1] *Économie politique* de Schmalz, traduction de Henri Jouffroy,
t. II, p. 73.

Ce magasin unique coûte évidemment moins en frais d'établissement, de réparations et d'entretien, que les cinquante greniers. Vous objecterez peut-être qu'alors même que les cultivateurs ne conserveraient pas leurs grains, il leur faudrait toujours des greniers. Je le veux bien, mais il leur en faudrait moins. Ils pourraient économiser la place qu'ils sont obligés de laisser disponible pour la conservation de leurs grains ou l'affecter à un autre usage. Ceci n'est, toutefois, que le moindre avantage de la substitution du magasin du marchand de grains aux greniers des paysans. Il y en a un autre qui a infiniment plus d'importance. Le grain peut se conserver très longtemps; on a trouvé dans les caisses des momies d'Égypte du blé parfaitement sain, après trois ou quatre mille ans; — mais, dans nos contrées surtout, la conservation des grains est une opération qui réclame beaucoup de soins. Il faut que les greniers soient construits de manière à préserver le grain de l'humidité, de la chaleur et des autres accidents de la température; sinon il s'échauffe, il fermente, il se gâte. Il faut, d'un autre côté, qu'on sache le préserver des insectes, aussi friands que l'homme lui-même de ce genre d'aliments. La conservation des grains est tout une industrie, qui exige non seulement des locaux particuliers, mais encore des connaissances spéciales et une surveillance assidue. Eh bien! ces conditions si diverses, faute desquelles la subsistance des populations est exposée à subir un déchet irréparable, se trouvent-elles réunies chez des campagnards, le plus souvent pauvres et ignorants, et dont l'attention est d'ailleurs absorbée par tant d'autres occupations? Non ! elles ne le sont point, et elles ne peuvent l'être. Les grains conservés dans les mauvais greniers des cultivateurs, mal surveillés, mal soignés, subissent parfois un déchet énorme, tandis que s'ils avaient été déposés dans le magasin du marchand de grains, du prétendu accapareur, ils seraient demeurés intacts...

L'ÉMEUTIER.

Oui, mais qu'en aurait-il fait ce spéculateur sans entrailles, ce vampire?....

L'ÉCONOMISTE.

Évidemment il ne les aurait pas anéantis. Pourquoi le marchand de grains, le spéculateur, l'accapareur, si vous voulez, achète-t-il des blés ? C'est pour les revendre en y trouvant son profit. S'il les détruisait, il perdrait purement et simplement le capital qu'il a employé à les acheter et, après avoir pratiqué quelque temps ce genre d'opération, il serait obligé de faire banqueroute.

Mais vous n'avez pas accusé, à ce qu'il me semble, les marchands de grains de se ruiner pour affamer le peuple ; vous les avez accusés, au contraire, de s'enrichir. Eh ! bien, pour s'enrichir, ils doivent revendre le grain qu'ils ont acheté et, par conséquent, le conserver, non le détruire.

Le marchand de grains est donc plus capable que le cultivateur de conserver les blés. Il est mieux en mesure aussi de les distribuer conformément à l'intérêt des consommateurs. Nous allons voir pourquoi.

Le cultivateur n'a ordinairement que tout juste les capitaux et les lumières nécessaires pour alimenter et conduire son exploitation. Le plus souvent même ses ressources sont tellement bornées qu'il est obligé de vendre la plus grande partie de son grain aussitôt la récolte finie. Qu'en résulte-t-il? C'est que dans les pays où les préjugés populaires, et la législation qui s'en inspire, font obstacle au développement du commerce des blés, ceux-ci sont ordinairement très abondants et à très bon marché après la récolte. De là deux inconvénients sérieux. Le premier, c'est que les populations, se fiant sur les bas prix, ne mettent aucune économie dans leur consommation ; c'est qu'elles consomment des grains sous forme solide ou liquide, comme si l'abondance ne devait jamais finir. Le second inconvénient, c'est que les bas prix déterminent l'exportation d'une quantité plus ou moins considérable de grains ; ce qui n'est pas un mal quand la récolte est réellement abondante ; ce qui en est un quand elle ne l'est qu'en apparence. Mais les mois s'écoulent, et comme les cultivateurs ont été obligés de se défaire, au début de la saison, de la plus grande partie de leurs approvisionnements, les marchés sont de plus en plus mal garnis, et les prix haussent. Alors on voudrait bien ravoir les grains qu'on a gaspillés et ceux qu'on a fait passer à l'étranger. Malheureusement il est trop tard. Les premiers sont perdus sans retour et les seconds ne peuvent être récupérés qu'à un prix plus élevé. Voilà ce qui arrive dans tous les pays où les cultivateurs se chargent de mettre eux-mêmes à la portée des consommateurs les denrées qu'ils produisent, où le commerce des subsistances n'est pas encore séparé de la production agricole. Ce n'est pas tout. Le cultivateur qui n'a pas les moyens de garder ses grains jusqu'au moment où la consommation en a le plus besoin, n'a pas toujours non plus ceux de les porter dans les endroits où ils manquent le plus. Il les porte communément au marché le plus voisin, sans s'informer s'il n'y a point dans le pays des localités où les approvisionnements sont moins abondants, où le besoin de grains se fait sentir davantage. Qu'en résulte-t-il encore ? C'est que les alternatives d'abondance et de rareté, alternatives si nuisibles aux populations, ne se produisent pas seulement d'un mois à un autre, mais aussi d'un marché à un autre ; c'est qu'on remarque souvent des différences considérables entre les prix des grains dans des marchés assez rapprochés. Sans doute l'imperfection des voies de communication, la lenteur et la cherté des transports, y sont bien pour quelque chose ; mais l'insuffisance du commerce des grains, le défaut de marchands intelligents et convenablement pourvus de capitaux, qui puissent faire passer les blés des endroits où ils surabondent dans ceux où ils manquent, y contribuent davantage encore.

En résumé donc, il y a, sous tous les rapports, économie et avantage à ce que les deux opérations essentielles qui constituent le commerce des grains, savoir, *le transport des subsistances dans l'espace et dans le temps*, soient effectuées par des marchands qui s'en occupent d'une manière spéciale plutôt que par des cultivateurs qui ne peuvent s'en occuper que d'une manière accessoire.

LE PROHIBITIONNISTE.

C'est clair. La séparation du commerce des grains d'avec la production agricole est un progrès de la division du travail, comme vous dites, vous autres économistes. Il en résulte que la fonction est mieux remplie et à moins de frais. Nous le reconnaissons comme vous, nous autres hommes pratiques, et c'est pourquoi nous admettons le commerce des grains à l'intérieur. J'insiste sur ce point, parce que vous avez affecté de confondre notre opinion avec les préjugés des faiseurs d'émeutes.

L'ÉCONOMISTE.

Votre opinion sera examinée à son tour ; en attendant, je constate avec plaisir que vous êtes d'accord avec moi sur l'utilité du commerce des grains.

L'ÉMEUTIER.

Eh ! mon Dieu, cette utilité je ne l'ai jamais niée non plus. Je conçois fort bien que le grain doive être mis à la portée de la consommation dans le moment et dans l'endroit où le besoin s'en fait le plus sentir. Je conçois aussi que le cultivateur n'ait ni les ressources ni les connaissances nécessaires pour exécuter ces deux opérations en sus de sa besogne principale. Je vous accorde pleinement qu'il y ait économie et avantage pour tout le monde à ce que le commerce des grains soit séparé de la production agricole. Et croyez bien que si les marchands de grains voulaient se contenter d'un bénéfice raisonnable, honnête; s'ils s'abstenaient de grossir, d'une manière immorale, leurs profits aux dépens de la misère des cultivateurs et de la faim du peuple, je ne demanderais pas qu'on supprimât leur commerce et je ne serais pas allé casser leurs vitres. Mais vous savez bien qu'ils ne se contentent pas d'un bénéfice honnête; vous savez bien que leur avidité insatiable, leur cupidité sans entrailles...

L'ÉCONOMISTE.

Pardon. Vous venez de dire que si les marchands de grains se contentaient d'un bénéfice honnête, vous n'auriez aucune objection à élever contre leur existence. Qu'entendez-vous par un bénéfice honnête ?

L'ÉMEUTIER.

J'entends un bénéfice qui ne dépasse pas ce qu'il faut pour couvrir l'intérêt de leurs capitaux au taux ordinaire et les récompenser de leur peine, un bénéfice qui soit en harmonie avec les profits des autres industries ou des autres commerces, un bénéfice honnête, enfin... Mais vous savez bien qu'ils ne s'en contentent pas; vous savez bien que, s'ils accomplissent les opérations du commerce des grains avec plus d'économie que les cultivateurs ne pourraient le faire, ils s'arrangent de telle façon que cette économie tourne à leur seul profit. Si vous vouliez vous donner la peine d'ouvrir les yeux, vous vous convaincriez aisément qu'on s'enrichit plus vite dans le commerce des grains que dans tout autre. Or, voilà ce que nous ne voulons pas, nous. Nous ne voulons pas que cette bande d'avides intermédiaires réalise des profits usuraires aux dépens du producteur et du consommateur, et c'est pour cela que nous voulons les supprimer. C'est pour cela que nous voulons que leur fonction soit désormais remplie, non par le cultivateur — je n'ai jamais débité cette absurdité, — mais par le gouvernement.

LE PROHIBITIONNISTE.

Autre absurdité !

L'ÉCONOMISTE.

Patience. Ainsi donc, si les marchands de grains se contentaient d'une rétribution en harmonie avec les profits des autres industries et des autres commerces ; s'ils ne gagnaient que juste ce qui est nécessaire pour couvrir l'intérêt de leurs capitaux et les récompenser de leur peine, vous les laisseriez subsister ?

L'ÉMEUTIER.

Assurément, puisque leur fonction devrait toujours être remplie, et qu'il faudrait pour la remplir des capitaux, des bras et des intelligences, dont le concours ne saurait être gratuit.

L'ÉCONOMISTE.

J.-B. Say n'aurait pas mieux dit. Ce n'est donc point parce que les marchands de grains font payer leur service, c'est parce qu'ils le font payer trop cher, que vous leur en voulez ?

L'ÉMEUTIER.

C'est parce qu'ils font payer trop cher leur service, et qu'ils remplissent mal leur fonction. C'est parce qu'ils s'enrichissent tandis que les cultivateurs s'appauvrissent et que le peuple est affamé. Voilà pourquoi. Êtes-vous satisfait maintenant, et me faudra-il encore vous répéter dix fois la même chose ?

L'ÉCONOMISTE.

Ce que vous venez de dire me suffit. Et savez-vous pourquoi les marchands de grains font payer trop cher leur service et remplissent mal leur fonction — quoique, à cet égard, vos imputations soient fort exagérées ?

L'ÉMEUTIER.

Eh ! mon Dieu, c'est tout simple. Parce que ce sont des monopoleurs.

L'ÉCONOMISTE.

Et pourquoi sont-ils des monopoleurs ?

L'ÉMEUTIER.

Pourquoi ? pourquoi ?....

L'ÉCONOMISTE.

Tenez, je vais vous aider. Faites-moi seulement le plaisir de me répondre.

Vous êtes ouvrier ébéniste, et vous gagnez, je crois, deux francs par jour.

L'ÉMEUTIER.

Oui.

L'ÉCONOMISTE.

Eh bien ! voudriez-vous, pour le même salaire, aller extraire de la houille dans la province de Liège ou dans le Hainaut ? Consentiriez-vous à devenir ouvrier houilleur ?

L'ÉMEUTIER.

Pour le même salaire, non, parbleu ! j'aime mieux mon état d'ébéniste, quoiqu'on y chôme de temps en temps et que les mortes-saisons soient dures à passer.

L'ÉCONOMISTE.

Et pourquoi l'aimez-vous mieux ?

L'ÉMEUTIER.

Parce qu'il est plus agréable de confectionner un meuble dans un bon atelier, bien éclairé et bien aéré, — dans un atelier où l'on n'a rien à craindre du *grisou*, — que d'aller extraire de la houille à mille ou douze cents pieds sous terre.

L'ÉCONOMISTE.

Ainsi donc, en admettant que vous n'eussiez pas encore fait votre apprentissage, et qu'on vous donnât à choisir entre les deux métiers, vous prendriez celui d'ébéniste ?

L'ÉMEUTIER.

A coup sûr. A moins, bien entendu, que l'autre ne fût beaucoup plus lucratif.

L'ÉCONOMISTE.

Ah ! de manière à compenser le désagrément de travailler sous terre, et le risque d'être asphyxié par le *grisou* ?

L'ÉMEUTIER.

Précisément. Encore aurais-je de la peine à me résigner à descendre dans une *bure* [1].

L'ÉCONOMISTE.

Aimeriez-vous mieux conduire une locomotive ?

L'ÉMEUTIER.

Cela m'irait mieux. Mais pas à raison de deux francs par jour ; sinon, je continuerais à préférer ma scie, mon rabot et mes planches.

[1] Puits d'une mine.

L'ÉCONOMISTE.

Pourquoi?

L'ÉMEUTIER.

Avez-vous perdu le sens? Est-ce que le conduc-
teur de la locomotive n'est pas tous les jours exposé
à des accidents mortels?... Et quelle mort! broyé,
carbonisé, pulvérisé. Cela fait dresser les cheveux,
rien que d'y penser.

L'ÉCONOMISTE.

Mais si l'on vous payait de manière à couvrir les
risques du métier, si l'on vous donnait par exemple
cinq francs par jour...

L'ÉMEUTIER.

Ma foi, je me risquerais. On n'est pas plus poltron
qu'un autre, après tout. Et un salaire de cinq francs
est toujours bon à gagner.

L'ÉCONOMISTE.

Consentiriez-vous aussi à aller travailler dans une
fabrique de céruse?

L'ÉMEUTIER.

Pour attraper la *colique de plomb*? Merci!

L'ÉCONOMISTE.

On trouve pourtant des ouvriers pour cette indus-
trie-là comme pour les autres.

L'ÉMEUTIER.

Oui, mais pas au même prix.

L'ÉCONOMISTE.

Pourquoi?

L'ÉMEUTIER.

Parce que c'est une industrie insalubre. Les ouvriers se font payer le risque d'attraper la colique, et ce n'est que juste.

L'ÉCONOMISTE.

Vous ne voudriez donc, à aucun prix, aller travailler dans une fabrique de blanc de plomb?

L'ÉMEUTIER.

A aucun prix, dame! c'est beaucoup dire. Je n'attraperais peut-être pas la colique, et si l'on me payait bien le risque de l'attraper...

L'ÉCONOMISTE.

A la rigueur donc, vous consentiriez à descendre dans la *bure* d'une houillère ou à conduire une locomotive; vous consentiriez même à aller travailler dans une fabrique de blanc de plomb, si l'on vous payait un salaire assez élevé pour couvrir les risques attachés à ces industries dangereuses ou insalubres?

L'ÉMEUTIER.

A cette condition-là, oui, sinon non. Avez-vous fini?

L'ÉCONOMISTE.

A peu près. Et consentiriez-vous à devenir bourreau?

L'ÉMEUTIER.

Bourreau? moi devenir bourreau?

L'ÉCONOMISTE.

Exécuteur des hautes œuvres, si vous aimez mieux.

L'ÉMEUTIER.

Le nom n'y fait rien. Ni bourreau ni exécuteur des hautes œuvres.

L'ÉCONOMISTE.

Même si l'on vous donnait deux francs par jour?

L'ÉMEUTIER.

Vous vous moquez. On ne trouverait pas de bourreau à ce prix-là.

L'ÉCONOMISTE.

Cependant c'est un métier bien commode à exercer, un métier qui ne donne pas grande besogne, surtout dans notre pays, grâce à Dieu ! On monte sa machine une fois ou deux par an, on tourne un bouton et en quelques secondes c'est fini... Tandis qu'il vous faut scier vos planches, les équarrir, les raboter, les ajuster, tout le long du jour et tout le long de l'année.

L'ÉMEUTIER.

Mais quel métier affreux, répugnant !

L'ÉCONOMISTE.

Est-ce tout ?

L'ÉMEUTIER.

Non ! c'est encore un métier qui transforme celui qui l'exerce en un objet de crainte, de répulsion, d'horreur... On se montre le bourreau, et le vide se fait autour de lui... C'est un préjugé, je le veux bien, mais c'est un préjugé universel !

L'ÉCONOMISTE.

Et si ce préjugé est injuste ?

L'ÉMEUTIER.

Qu'importe ! il n'en existe pas moins, et il expose celui qui en est l'objet à la réprobation publique.

L'ÉCONOMISTE.

Ah! vous ne vous soucieriez donc pas d'exercer

un métier qui vous exposerait à la réprobation publique, même si cette réprobation n'était pas méritée ?

L'ÉMEUTIER.

Assurément. A moins toujours d'y trouver des bénéfices exceptionnels.

L'ÉCONOMISTE.

C'est cela. Des bénéfices de monopole.

L'ÉMEUTIER.

Ne serait-ce pas juste ? Pour parler votre langage, les préjugés qui existent contre une profession ne constituent-ils pas un risque particulier qu'il faut couvrir ?

L'ÉCONOMISTE.

Vous parlez comme un livre... d'économie politique. Et vous venez de résoudre la question.

L'ÉMEUTIER.,

Quelle question ?

L'ÉCONOMISTE.

Eh ! parbleu, la question des marchands de grains. Vous venez de convenir que c'est à vous qu'ils sont redevables des bénéfices extraordinaires qu'ils réalisent aux dépens de la misère des cultivateurs et de la faim du peuple.

L'ÉMEUTIER.

Allons donc ! je suis convenu de cela, moi ?...

L'ÉCONOMISTE.

Je vous en fais juge vous-même. Que me disiez-vous tout à l'heure ? Qu'on ne trouverait pas de houilleurs, de conducteurs de locomotives, d'ouvriers pour la fabrication de la céruse, si on ne les

payait de manière à compenser les risques attachés
à l'exercice de ces professions dangereuses ou insalubres. Qu'on ne trouverait pas non plus d'exécu-
teurs des hautes œuvres, si l'on ne les dédommageait
matériellement de la réprobation morale qui continue à peser sur leur fonction, pourtant nécessaire !
Eh ! bien, dans l'état actuel des choses, qu'est-ce que
la profession de marchand de grains ? C'est une
profession que les préjugés populaires, les règlements administratifs et les lois prohibitives rendent,
le plus souvent, dangereuse et répulsive. C'est une
profession dans laquelle on court incessamment le
risque d'être entravé dans ses opérations, vexé et
dépouillé par un règlement arbitraire ou une loi im-
provisée ; pillé, insulté et maltraité par l'émeute
dans laquelle enfin on devient presque infailliblement
l'objet de la réprobation publique. Or, je vous le
demande, croyez-vous qu'un négociant soit bien
charmé de voir ses magasins envahis par une bande
de forcenés, ses marchandises pillées, ses vitres et
ses meubles brisés, et d'être exposé lui-même à être
jeté à l'eau ou assommé ? Croyez-vous encore que
de s'entendre qualifier de monopoleur, d'accapareur, de mangeur d'hommes, de se voir montrer au
doigt comme un spéculateur sans entrailles qui s'enrichit aux dépens de la faim et de la misère publiques, ce soit bien attrayant ? Les préjugés qui
pèsent sur le commerce des grains sont mal fondés,
j'en suis convaincu ; les règlements et les lois qui
l'entravent sont absurdes et nuisibles ; mais, en
attendant, ces préjugés, ces règlements et ces lois

existent, et les marchands de grains en pâtissent.

Je suppose que vous ayez à choisir entre deux commerces. Dans l'un, vous aurez pleine sécurité pour votre personne, vos propriétés et vos opérations; en outre, vous serez l'objet de la considération publique, et cette considération grandira à mesure que vous donnerez plus d'extension à vos affaires et que vous vous enrichirez davantage. Dans l'autre, au contraire, votre personne et vos propriétés seront à chaque instant exposées aux fureurs de la populace; vos opérations seront entravées, contrecarrées par la loi, complice et auxiliaire de l'émeute; enfin, vous serez en butte à la réprobation publique, et cette réprobation ira croissant à mesure que vous étendrez vos affaires et que la fortune récompensera mieux vos efforts. Lequel de ces deux commerces choisirez-vous de préférence? Vous ne répondez pas.

L'ÉMEUTIER.

A bénéfice égal, le premier sans aucun doute.

L'ÉCONOMISTE.

Et le second, vous ne l'entreprendrez, n'est-il pas vrai, que s'il vous présente l'appât d'un bénéfice extraordinaire?

L'ÉMEUTIER.

J'en conviens.

L'ÉCONOMISTE.

Eh! bien, il en est ainsi pour le commerce des grains. On n'y porte ses capitaux et son industrie qu'à la condition d'y réaliser des bénéfices suffisants pour compenser les risques particuliers que la réglementation et l'émeute font courir aux marchands de grains.

L'ÉMEUTIER.

Comme dans les industries dangereuses ou insalubres, peut-être ?

L'ÉCONOMISTE.

Vous l'avez dit. Le commerce des grains peut malheureusement encore être rangé dans la catégorie des industries dangereuses ou insalubres. Et vous autres émeutiers, vous êtes le *grisou* ou la colique de plomb, qui en éloigne la concurrence et qui permet à ceux qui l'exercent de réaliser des bénéfices extraordinaires. Ces bénéfices que vous leur reprochez, c'est vous qui les leur procurez, c'est vous aussi qui les rendez légitimes en en faisant la prime juste et nécessaire d'un risque. Comprenez-vous maintenant pourquoi je vous reprochais d'être le complice des accapareurs ?

Si j'étais marchand de grains et que je voulusse m'enrichir vite, savez-vous ce que je ferais ? Bien loin de désirer que les préjugés populaires et les lois prohibitives cessassent de peser sur mon commerce, je m'efforcerais, au contraire, de les perpétuer. Bien loin de redouter les émeutes, je les appellerais de tous mes vœux; au besoin même, je contribuerais à les fomenter. J'aurais des bandes d'émeutiers à gages qui viendraient, de temps en temps, briser mes carreaux en hurlant : A bas l'accapareur ! A l'eau le mangeur d'hommes ! Je ferais insérer dans les journaux populaires des articles foudroyants, où l'on nous signalerait, mes confrères et moi, à l'animadversion publique, de manière à dégoûter la concurrence...

L'ÉMEUTIER.

Voudriez-vous, par hasard, insinuer que...

L'ÉCONOMISTE.

Eh non ! Je n'insinue rien. Je crois volontiers à votre vertu ; je crois même à celle de votre presse populaire. Vous faites des émeutes *gratis*, j'en suis bien convaincu. Vous n'empochez aucune part des bénéfices extraordinaires que vous procurez aux marchands de grains, en détournant la concurrence de leur commerce. Vous n'êtes pas des complices gagés, vous êtes des compères naïfs...

L'ÉMEUTIER.

C'est cela. Si nous ne sommes pas des fripons, nous sommes des niais.

L'ÉCONOMISTE.

Encore une fois, examinez vous-même l'effet des préjugés et de la réglementation qui pèse sur le commerce des grains, et vous déciderez si je les calomnie. Quelle est la situation actuelle du commerce des grains? Ce commerce, dont vous avez fini par reconnaître avec moi toute l'utilité, est-il suffisamment développé? Non, il est abandonné à un petit nombre de mains, et — sauf, bien entendu, quelques exceptions honorables — à d'assez mauvaises mains. Les hommes intelligents et convenablement pourvus de capitaux s'appliquent de préférence à un commerce moins chanceux et moins réprouvé. Ceux-là seuls s'y engagent, qui veulent faire promptement fortune, sans s'inquiéter des ju-

gements de l'opinion. A ces aventuriers peu scrupu-
leux se joignent des hommes que leur peu d'apti-
tude aux affaires et l'insuffisance de leurs ressources
pécuniaires ont forcés d'abandonner les industries
ou les commerces de concurrence, et qui se font
marchands de grains, en désespoir de cause. Voilà
de quoi se compose le personnel du commerce des
grains, dans les pays où les préjugés et la réglementation s'unissent pour le rendre dangereux et ré-
pulsif. Qu'en résulte-t-il? C'est que les producteurs
et les consommateurs sont également victimes de
l'insuffisance des intermédiaires. L'année est abondante, par exemple. Le cultivateur qui a besoin
d'argent pour payer son fermage, ses contributions,
etc., porte ses grains au marché. Mais le marché
est bien vite encombré dans une année abondante,
et plus l'approvisionnement augmente, plus la dé-
gringolade est rapide. Si le commerce des blés était
suffisamment développé, le cultivateur ne serait pas
longtemps dans l'embarras. Les marchands de grains
s'empresseraient de profiter de l'abondance de la
récolte pour s'approvisionner, et comme ils se feraient concurrence dans leurs achats, le cultivateur
retirerait encore un bon prix de ses blés. Malheureusement, il n'existe qu'un petit nombre de marchands de grains et, sauf quelques exceptions, ils
n'ont que des ressources insuffisantes. La concurrence qu'ils se font pour acheter est donc très faible,
et le cultivateur, pressé de vendre, est obligé de subir
la loi du premier gros marchand qui se présente
chez lui, avec de l'argent comptant.

LE PROHIBITIONNISTE.

Vous mettez le doigt sur la plaie.

L'ÉCONOMISTE.

Le cultivateur souffre donc de cet état de choses. Il se plaint, et non sans raison, de ce que l'abondance fait sa ruine.

Arrivons maintenant à une mauvaise année. Les marchés sont mal fournis, partie à cause de l'insuffisance des approvisionnements, partie à cause des règlements oppressifs et vexatoires qui empêchent les cultivateurs de s'y rendre; partie enfin à cause des émeutes qui compromettent la sécurité des transports. Si le commerce des grains n'était entravé ni par la réglementation ni par l'émeute, le mal serait infiniment moindre; peut-être même ne se ferait-il pas sentir. En effet, les marchands de grains s'empresseraient de mettre au service de la consommation les gros approvisionnements qu'ils auraient accumulés dans les années de surabondance; ils se feraient concurrence pour vendre, et les prix ne dépasseraient pas le taux nécessaire pour couvrir l'intérêt des capitaux qu'ils auraient employés précédemment à leurs achats, en leur procurant des profits en harmonie avec ceux des autres commerces. Mais ce n'est pas ainsi que les choses se passent. Les marchands de grains sont en petit nombre; en conséquence, ils sont les maîtres du marché, et ils le sont d'autant plus que les règlements et les émeutes rendent les marchés moins accessibles. Le consommateur est obligé de subir leurs exigences, et il souffre de la disette et de la cherté, comme le producteur avait souffert de la surabondance et de l'avilissement des prix.

Le mal était encore bien plus grand autrefois, lorsque l'administration, moins éclairée, laissait faire les émeutiers, parfois même leur venait en aide; lorsque le commerce des grains était partout entravé et arrêté, tant par les émeutes que par les règlements. Aujourd'hui, grâce au Ciel, la question commence à être mieux comprise. On protège le commerce des grains, au lieu de protéger l'émeute; il en résulte que les intelligences et les capitaux s'y portent davantage; que la concurrence s'y substitue peu à peu au monopole; enfin, que le cultivateur souffre moins dans les années d'abondance, et le consommateur dans les années de rareté.

Cependant, il y a bien à faire encore avant que les préjugés soient entièrement dissipés et les règlements réformés, avant que le commerce des grains ait cessé d'appartenir à la catégorie des industries dangereuses ou insalubres... Or, jusque-là, le cultivateur et le consommateur souffriront tour à tour de son insuffisance, et chaque vitre cassée dans une émeute se payera à raison de cent fois son poids en or.

L'ÉMEUTIER.

Ce que vous venez de dire commence, je l'avoue, à me donner à penser. Je n'y avais jamais bien réfléchi, car...

L'ÉCONOMISTE.

Car il est plus facile de casser des carreaux que de réfléchir.

L'ÉMEUTIER.

Hum... Cependant, je ne me tiens pas encore pour battu. Je veux bien croire qu'en houspillant les marchands de grains, nous n'avançons pas beaucoup nos affaires ; mais si on les supprimait tout à fait ?... Si c'était le gouvernement qui se fît marchand de grains comme l'ont proposé tous nos grands penseurs, Robespierre, Babeuf, Louis Blanc, Cabet, la subsistance du peuple ne serait-elle pas mieux garantie ? Les dangers et les abus du monopole ne seraient-ils pas plus sûrement évités ? Que le gouvernement nourrisse le peuple, j'en reviens toujours là !

L'ÉCONOMISTE.

Soit ! Nous examinerons si le gouvernement est capable de nourrir le peuple. Seulement, c'est une nouvelle discussion à entamer, et il est un peu tard. Ce sera pour une autre fois.

L'ÉMEUTIER (en s'en allant).

Est-ce que vraiment j'aurais eu tort de casser les carreaux des marchands de grains ? Quelle science singulière que l'économie politique ! Ce n'est pas, au moins, les vitriers qui l'ont inventée !

L'ÉCONOMISTE.

Ni les émeutiers.

L'ÉMEUTIER.

Ne vous pressez pas tant de prendre des airs de triomphe. Je vais me retremper dans la lecture de nos grands penseurs.

L'ÉCONOMISTE.

Allez, mais ne cassez plus !

TROISIÈME CONVERSATION

LES DISTILLATEURS ET LES BOULANGERS.

Sommaire : Convient-il de suspendre le travail des distilleries dans les années de disette? — Apparences et réalités. — Que les distilleries sont des réservoirs à grains. — Qu'elles facilitent et assurent les approvisionnements. — Les boulangers. — Un Mémoire des boulangers de Bruxelles. — La taxe du pain. — Que ses avantages sont illusoires et ses inconvénients réels. — Comment la philanthropie peut aboutir à l'usure.

LE PROHIBITIONNISTE, lisant son journal.

Ah ! voici une mesure vraiment salutaire !

L'ECONOMISTE.

Quelle mesure ?

LE PROHIBITIONNISTE.

On vient d'interdire en France la distillation des grains indigènes. Je ne suis point, vous le savez, un partisan exagéré des mesures restrictives, et je me suis joint à vous pour défendre la liberté du commerce des grains ..... à l'intérieur. Lorsque la liberté me paraît utile, je suis libéral; mais lorsqu'elle me paraît nuisible, je suis prohibitionniste. Voilà mon opinion. Eh ! bien, dans les moments où les approvisionnements sont en déficit, où la subsistance des populations est compromise, n'est-il pas sage d'empêcher qu'on ne détourne les grains de leur destina-

tion naturelle et nécessaire? — Un verre de faro,
Mieque!

L'ÉCONOMISTE.

Non pas. Un verre d'eau fraîche pour monsieur,
Mieque!

LE PROHIBITIONNISTE.

Un verre d'eau, à moi? Mais je ne puis pas souffrir
l'eau. Elle me fait mal à l'estomac. Du faro, morbleu,
du faro !

L'ÉCONOMISTE.

Non, vous boirez de l'eau.

LE PROHIBITIONNISTE.

Ah çà! Mais vous devenez fou. Vous savez bien
que je ne puis me passer de mon verre de faro.

L'ÉCONOMISTE.

Vous vous en passerez.

LE PROHIBITIONNISTE.

(La *mieque* lui apporte un verre de faro. Il en boit
quelques gorgées d'un air triomphant.) Pourquoi ça?

L'ÉCONOMISTE.

Eh ! mais pour ne pas détourner le grain de sa des-
tination naturelle et nécessaire.

LE PROHIBITIONNISTE.

Oh! il y a une grande différence entre le genièvre
et le faro.

L'ÉCONOMISTE.

Avec quoi fabrique-t-on le genièvre?

LE PROHIBITIONNISTE.

Avec du grain.

L'ÉCONOMISTE.

Avec quoi fabrique-t-on le faro?

LE PROHIBITIONNISTE.

Avec du grain encore, mais...

L'ÉCONOMISTE.

Eh! bien, au point de vue de la consommation des grains, et c'est à ce point de vue seul que nous devons nous placer, la fabrication du faro et des autres bières n'est pas moins nuisible que celle du genièvre. Que dis-je? elle l'est davantage, car elle absorbe des quantités de grains bien autrement considérables. Nous n'avons que 600 distilleries environ dans le pays. Nous avons plus de 3,000 brasseries. Pour être logique, il ne faudrait pas se contenter de fermer les distilleries, il faudrait fermer aussi les brasseries. C'était bien ainsi, du reste, qu'on l'entendait au moyen âge. A peine la disette commençait-elle à sévir, qu'on fermait à la fois distilleries et brasseries.

LE PROHIBITIONNISTE.

Et que faisait-on des ouvriers employés dans les brasseries?

L'ÉCONOMISTE.

Et que feriez-vous des ouvriers employés dans les distilleries?

LE PROHIBITIONNISTE.

La bière est une boisson saine, hygiénique, tandis que le genièvre est la perdition de l'ouvrier.

L'ÉCONOMISTE.

L'abus du faro n'est guère moins nuisible que l'abus du genièvre. Mais la question n'est point là; si l'on pouvait détourner les ouvriers de l'ivrognerie, en empêchant la distillation du genièvre, ce n'est pas seulement dans les années de disette qu'il faudrait l'empêcher, ce serait en tous temps. Je dirai plus : on devrait surtout l'interdire dans les années d'abondance, car c'est alors que l'ouvrier refrène le moins son intempérance. Les revenus de l'accise en font foi. C'est alors qu'il dépense en boissons fortes l'excédent de ressources que l'abondance et le bas prix des subsistances lui procurent, et qu'il se repent si amèrement plus tard de n'avoir pas su économiser.

Mais l'expérience a démontré que ce n'est pas en interdisant la fabrication et la vente des boissons fortes qu'on peut exciter l'ouvrier à faire un meilleur usage de son salaire. L'expérience a démontré qu'aussi longtemps qu'on n'a pas réformé le moral de l'ouvrier, qu'aussi longtemps qu'on ne lui a pas fait prendre des habitudes d'ordre, de tempérance et d'économie, il est parfaitement inutile de fermer ou de rétrécir une des nombreuses issues qui sont ouvertes à ses mauvais penchants. Les autres s'agrandissent, à mesure que celle-là se ferme ou se rétrécit. Le mal n'est pas supprimé, il n'est que déplacé.

Comme mesure somptuaire, la fermeture des distilleries serait aussi inefficace, aussi nuisible même, que pourrait l'être celle des maisons de prostitution, par exemple. Il n'y a donc pas lieu d'invoquer des considérations de ce genre. Il faut simplement rechercher si, en fermant les établissements où l'on emploie des grains autrement que pour en faire du pain, en fermant non seulement les distilleries, mais encore les brasseries, les féculeries, les fabriques d'amidon, de poudre à poudrer, etc., etc., on contribue à augmenter l'abondance, à assurer mieux la subsistance des populations. Eh bien, je dis que ces mesures prohibitives, comme tous les procédés qui appartiennent à la même famille, contribueraient, au contraire, à augmenter le mal.

LE PROHIBITIONNISTE.

Pourtant, en fermant ces établissements, qui consomment des quantités plus ou moins considérables de grains, on en diminue la demande, on empêche, en conséquence, les prix de s'élever. C'est clair, cela.

L'ÉCONOMISTE.

Oui, c'est clair, quand on s'en tient aux apparences. Voyons. Je suppose qu'un monsieur, chaussé de vernis et ganté frais, descende chez vous en compagnie d'une *lionne*. Ils ont un équipage des plus brillants et un cocher nègre tout chamarré. Leur accorderez-vous du crédit sur ces apparences-là?

LE PROHIBITIONNISTE.

Allons donc! Est-ce que je ne sais point que tout ce qui brille n'est pas or?

L'ÉCONOMISTE.

Vous ne leur accorderez donc pas de crédit?

LE PROHIBITIONNISTE.

C'est selon. S'ils sont effectivement aussi riches qu'ils le paraissent, je leur ferai crédit; sinon, non.

L'ÉCONOMISTE.

Mais vous ne vous fierez ni à l'élégance de leur mise, ni à la somptuosité de leur équipage, ni même à la couleur et au chamarrage de leur cocher, pour leur accorder ce crédit?

LE PROHIBITIONNISTE.

Parbleu! j'irai aux informations, je ferai une enquête sur leur compte, et si mes informations sont favorables, si mon enquête me satisfait, je lâcherai ma marchandise; sinon, le cocher fût-il cent fois nègre, je la garderai.

L'ÉCONOMISTE.

Vous iriez aux informations, vous feriez une enquête, fort bien... Et si l'on accusait votre cuisinière de faire sauter l'anse du panier, comment vous y prendriez-vous pour savoir si elle est honnête ou non? Vous contenteriez-vous de l'interroger et vous fieriez-vous à ses protestations?

LE PROHIBITIONNISTE.

Me fier aux protestations d'une cuisinière? Allons donc!

L'ÉCONOMISTE.

Pourtant, si son air était honnête et si ses paroles avaient l'accent de la vérité...

LE PROHIBITIONNISTE.

Connu, connu. On ne se laisse pas prendre à ces simagrées-là.

L'ÉCONOMISTE.

Que feriez-vous donc?

LE PROHIBITIONNISTE.

J'examinerais mes comptes de ménage, je ferais une petite enquête sur les prix des denrées, et je renverrais ou je garderais ma cuisinière d'après les résultats de mon examen et de mon enquête.

L'ÉCONOMISTE.

Son air honnête et son accent de vérité ne suffiraient donc pas pour vous convaincre ?

LE PROHIBITIONNISTE.

Apparences, mon cher, apparences. Quand on a un peu d'expérience de la vie et… des cuisinières, on ne s'y fie point.

L'ÉCONOMISTE.

Ainsi donc, dans les affaires qui concernent vos intérêts particuliers, vous ne vous fiez pas aux apparences. Vous examinez, vous faites des enquêtes, pour vous assurer si les apparences sont bien conformes à la réalité, si elles ne cachent pas une déception, un mensonge. Et les gens qui agissent autrement, les gens qui se fient aux apparences, dans les affaires ordinaires de la vie, vous les traitez…

LE PROHIBITIONNISTE.

Je les traite d'imbéciles. Je ne le cache pas.

L'ÉCONOMISTE.

Eh bien ! comment se fait-il que dès qu'une affaire concerne l'intérêt général, vous vous contentiez des apparences ? Comment se fait-il que vous ne cherchiez point à vous assurer si elles ne cachent pas une déception, un mensonge ?

LE PROHIBITIONNISTE.

Est-ce que j'ai le temps et les moyens nécessaires pour faire une enquête sur une question d'intérêt général ? J'ai bien assez de mes affaires.

L'ÉCONOMISTE.

Voilà de bien mauvaises raisons. D'abord, vous oubliez que votre intérêt particulier est compris dans l'intérêt général; que toute mesure qui intéresse la communauté intéresse chacun de ses membres. Ensuite, parce qu'on n'a pas le temps d'examiner une question, est-ce une raison pour la résoudre d'après les apparences? Si vous n'aviez pas le temps de prendre des informations sur le monsieur et la dame au cocher nègre, serait-ce une raison pour leur accorder du crédit? Si vous n'aviez pas le temps d'examiner les comptes de votre cuisinière, serait-ce une raison pour vous fier à ses protestations de fidélité?

LE PROHIBITIONNISTE.

Non, sans doute.

L'ÉCONOMISTE.

Que feriez-vous en ce cas? Vous attendriez avant de vous prononcer, n'est-il pas vrai? Pourquoi n'usez-vous pas de la même retenue prudente et sage, lorsqu'il s'agit d'une affaire d'intérêt général? Si vous n'avez ni le temps ni les moyens nécessaires pour examiner l'affaire de près, consultez du moins ceux qui l'ont examinée. Car enfin, en jugeant sur les apparences, vous courez, à votre tour, le risque d'être traité... comme vous traitez les autres.

LE PROHIBITIONNISTE.

Puisque mon journal est d'avis qu'il serait bon de suspendre le travail des distilleries, c'est qu'il a examiné la question apparemment?

L'ÉCONOMISTE.

C'est possible.

Le plus sûr est pourtant de ne pas s'y fier.

Mais allons au fond de l'affaire. Voyons si les gouvernements qui suspendent le travail des distilleries, aux époques de disette, contribuent, en réalité aussi bien qu'en apparence, à augmenter la masse des subsistances.

Si vous étiez distillateur, brasseur ou fabricant de fécule, seriez-vous bien charmé de voir votre industrie suspendue du jour au lendemain par ordre de l'autorité? Seriez-vous bien charmé d'être réduit à chômer, et peut-être à faire banqueroute, par suite de cette interruption soudaine d'une production qui procurait des moyens d'existence à vous, à votre famille et à vos ouvriers?

LE PROHIBITIONNISTE.

Non, assurément; mais je ne suis ni distillateur, ni brasseur, ni fabricant de fécule... Et, tant pis, ma foi, pour les intérêts privés, s'ils se mettent en travers de l'intérêt général!

L'ÉCONOMISTE.

Soit! Mais croyez-vous qu'une prohibition de ce genre soit bien de nature à encourager les capitaux à se porter dans les distilleries, les brasseries, les féculeries et les autres industries qui emploient le grain comme matière première?

LE PROHIBITIONNISTE.

Il est clair que la fermeture de ces établissements, dans les mauvaises années, et les pertes qu'elle entraîne inévitablement, ne peuvent manquer d'en détourner les capitaux; mais quand on se place au point de vue de l'intérêt des consommateurs de grains, n'est-ce pas tant mieux? Moins il y aura de distilleries, de brasseries, de féculeries, etc., plus il restera de grains pour la consommation alimentaire.

L'ÉCONOMISTE.

Voilà l'apparence. Voici maintenant la réalité. C'est que plus un pays a de brasseries, de distilleries, de féculeries, etc., plus il possède de garanties contre la disette. Car ces établissements remplissent précisément le même office que les réservoirs construits par les Pharaons pour absorber le trop-plein de l'inondation du Nil, quand elle était surabondante, pour y suppléer, quand elle était insuffisante. Ce sont des réservoirs à grains.

LE PROHIBITIONNISTE.

Comment cela?

L'ÉCONOMISTE.

Les distilleries, les brasseries, les fabriques de fécule et d'amidon, constituent un débouché supplémentaire pour la production agricole et pour le commerce des subsistances. Si ce débouché n'existait point, on produirait, année moyenne, d'autant moins de substances alimentaires, ou, ce qui revient au même, on en ferait d'autant moins venir de l'étranger. Cela est évident, car la production, qu'elle soit agricole ou industrielle, se proportionne ou tend à se proportionner toujours avec le débouché qui lui est ouvert. En supprimant les industries qui emploient les grains comme matière première, on diminuerait donc la production d'un pays, partant ses ressources, sans qu'il en résultât aucun avantage au point de vue de la consommation alimentaire.

Ce n'est pas tout. Comme tous les autres entrepreneurs d'industrie, les distillateurs, les brasseurs et les fabricants de fécule s'efforcent naturellement d'acheter leurs matières premières au meilleur marché possible. Ils font, en conséquence, des achats extraordinaires dans les années de pléthore agricole et, en agissant ainsi, ils empêchent les prix de s'avilir. C'est le réservoir qui absorbe l'excédent nuisible de l'inondation. Vienne ensuite une mauvaise année : les plus avisés et les plus riches ont en réserve les gros approvisionnements qu'ils ont accumulés pendant l'abondance. Qu'en font-ils? Les emploient-ils exclusivement à alimenter leur industrie? Oui, quand le prix des grains ne dépasse pas le niveau d'une année moyenne; non, quand il atteint un taux de disette. Dans ce cas, en effet, la consommation des spiritueux, et même de la bière, diminue par suite de l'état de gêne des populations; ce qui fait que la production s'en ralentit forcément. D'un autre côté, les distillateurs et les brasseurs trouvent souvent plus d'avantage à revendre leurs grains pour la consommation alimentaire qu'à les employer dans leur industrie, dont les produits ne peuvent hausser dans la même proportion que la matière première ; ceci, parce que le genièvre ou la bière n'est pas, comme le pain, un objet de première nécessité. Bien loin de faire à la consommation alimentaire une concurrence nuisible dans les années de disette, les distillateurs, les brasseurs, etc., lui fournissent, au contraire, un supplément de ressources, en déversant sur les marchés une partie des réserves accumulées dans leurs réservoirs à grains.

Vous voyez donc que plus un pays possède de distilleries, de brasseries, de féculeries, et mieux il se trouve garanti contre la disette. Or, le moyen le plus efficace d'engager les intelligences et les capitaux à se porter dans ces industries, quel est-il? n'est-ce pas d'éviter toute mesure qui pourrait compromettre ou diminuer, d'une manière accidentelle ou permanente, la sécurité qu'ils y trouvent? Et la fermeture de la fabrique, la suspension de l'industrie pendant une période plus ou moins longue, selon le bon plaisir du gouvernement, n'est-elle pas une de ces mesures?

LE PROHIBITIONNISTE.

J'en conviens. Aussi, je ne demande pas que l'on suspende entièrement le travail des distilleries; je demande seulement qu'on les empêche de distiller des grains indigènes pour l'exportation. C'est bien modeste.

L'ÉCONOMISTE.

La mesure serait moins nuisible, sans doute, mais encore le serait-elle, même au point de vue de la consommation alimentaire. Je suppose qu'un pays voisin, la France par exemple, ait besoin d'un supplément extraordinaire de spiritueux, et qu'elle le demande aux distillateurs de la Belgique, de la Hollande et de l'Angleterre. Voilà évidemment un supplément d'occupation qui vient fort à propos, surtout si l'année est mauvaise. C'est un secours en travail dont les populations ouvrières de la Belgique, de la Hollande et de l'Angleterre se trouvent gratifiées.

Mais, objecterez-vous, pour produire le supplément de spiritueux nécessaire à la France, il faut consommer une certaine quantité de céréales et réduire d'autant les ressources alimentaires du pays. Soit ! Les distillateurs demandent un supplément de céréales pour exécuter leurs commandes. Qu'en résulte-t-il? C'est que les prix s'élèvent aussitôt.

LE PROHIBITIONNISTE.

Voilà le mal.

L'ÉCONOMISTE.

Je dirais plutôt : voilà le bien. Quel est, en effet, le résultat immédiat d'une hausse des subsistances, surtout au début d'une saison ? C'est d'attirer les subsistances dans le pays où se produit cette hausse, — et presque toujours de les attirer en quantité suffisante pour combler et au delà le déficit qui a causé la hausse. Une demande extraordinaire de grains pour la distillation, survenant après la récolte, n'est donc pas un mal. Au contraire ! c'est un moyen de mieux assurer les approvisionnements pour la fin de la saison.

LE PROHIBITIONNISTE.

Mais n'est-il pas plus simple d'obliger les distillateurs à aller chercher à l'étranger les grains qu'ils veulent réexporter sous forme de spiritueux?

L'ÉCONOMISTE.

Oui ; mais ces grains, ils ne peuvent pas toujours se les procurer immédiatement à l'étranger, et les commandes pressent. Qu'arrive-t-il alors? C'est que celles-ci vont ailleurs; c'est qu'elles vont dans les pays où les distillateurs peuvent s'approvisionner à leur guise, en Hollande ou en Angleterre, où les populations ouvrières profitent de l'aubaine, au détriment des nôtres.

LE PROHIBITIONNISTE.

La question est plus compliquée qu'on ne le supposerait au premier abord, je l'avoue.

L'ÉCONOMISTE.

Raison de plus pour l'étudier à fond ; raison de plus pour ne pas se fier aux apparences...

L'ÉMEUTIER.

(Il arrive précipitamment, un paquet de brochures sous le bras.) Je suis en retard, mais ce n'est pas ma faute. Mon boulanger m'a retenu, pour causer de l'organisation du travail...

LE PROHIBITIONNISTE.

C'est donc un socialiste, votre boulanger?

L'ÉMEUTIER.

... Du travail de la boulangerie. Ah ! il m'en a débité de belles sur la concurrence. Parlons-en.

LE PROHIBITIONNISTE.

Et là question de la liberté du commerce des grains, allons-nous l'abandonner avant de l'avoir vidée?

L'ÉCONOMISTE.

Nous ne nous en écarterons pas trop, en nous occupant un peu de la boulangerie. L'agriculteur produit le grain, le marchand le déplace, le meunier le réduit en farine, le boulanger transforme la farine en pain. Ce sont les différentes opérations de la production alimentaire. Eh bien! sur quoi porte notre discussion? Sur la question de savoir si cette production, considérée dans son ensemble, peut s'opérer mieux et à meilleur marché, subvenir plus abondamment et plus régulièrement aux besoins de la consommation, sous le régime de la réglementation que sous celui de la liberté du commerce. Cette question est à peu près vidée pour l'agriculture et le commerce des grains. Vidons-la encore pour la boulangerie, si vous voulez.

L'ÉMEUTIER.

Et les meuniers? Il y aurait bien aussi quelque chose à dire sur leur compte.

L'ÉCONOMISTE.

Il y aurait à répéter au sujet des meuniers ce qui a été dit des marchands de grains, savoir qu'il faut leur accorder la plus grande somme possible de liberté et de sécurité, si l'on veut que la concurrence se porte suffisamment dans la meunerie, si l'on veut que le grain soit bien moulu et à bas prix. Voilà tout.

LE PROHIBITIONNISTE.

Laissons donc les meuniers en repos. Que demande votre boulanger? Que le pain cesse d'être taxé?

L'ÉMEUTIER.

Non pas. Il l'avait demandé d'abord, mais il est revenu de son erreur. Il reconnaît maintenant que la taxe du pain doit être maintenue, dans l'intérêt du producteur aussi bien que dans celui du consommateur.

L'ÉCONOMISTE.

Il me semblait cependant que les boulangers se plaignaient de la taxe.

L'ÉMEUTIER.

Oh! ils ne s'en plaignent plus. Ils conviennent

u'ils avaient été sur le point d'être dupes des économistes, et ils ont fait leur *mea culpa.*

L'ÉCONOMISTE.

Que demandent-ils?

L'ÉMEUTIER.

Ils demandent d'abord que le pain continue à être
axé; ensuite que le nombre des boulangers soit rigoureusement limité; que les achats de grains et de
farines pour le service de la boulangerie ne puissent
avoir lieu qu'à la halle aux grains; qu'il soit interdit
aux boulangers du dehors de vendre leur pain dans
la ville ou, tout au moins, que ce pain étranger soit
grevé d'un droit; que la revente du pain soit défen-
due, que le *minimum* du rendement de la panification soit augmenté, enfin que la boulangerie nomme
un syndicat, et que les syndics soient autorisés à faire
des visites domiciliaires chez les gens soupçonnés de
vendre du pain en contrebande. Voilà.

L'ÉCONOMISTE.

Et que pensez-vous de ce beau projet?

L'ÉMEUTIER.

Assurément, il peut donner prise à des critiques
de détail. Mais, à tout prendre, le régime que proposent les boulangers est préférable à la concurrence
sans règle et sans frein. Mieux vaut la boulangerie
organisée que la boulangerie anarchique. Ah! que
l'industrie entière n'est-elle organisée?

L'ÉCONOMISTE.

Elle l'a été, et justement sur ce modèle-là.

L'ÉMEUTIER.

Quand donc?

L'ÉCONOMISTE.

Au moyen âge. Car vos boulangers ne brillent pas précisément par l'imagination. Leur projet est calqué, daguerréotypé sur l'organisation des anciennes corporations d'arts et métiers.

LE PROHIBITIONNISTE.

Il n'en est peut-être pas plus mauvais.

L'ÉCONOMISTE.

Comment donc se fait-il que cette antique organisation de l'industrie ait été renversée aux applaudissements universels?

LE PROHIBITIONNISTE.

L'homme est si inconstant!

L'ÉCONOMISTE.

Comment se fait-il encore que l'industrie n'ait recommencé à progresser qu'après avoir cessé d'être organisée?

LE PROHIBITIONNISTE.

S'il fallait tout expliquer!

L'ÉCONOMISTE.

Eh bien! je vais vous aider. C'est que cette organisation surannée, que les boulangers voudraient bien ressusciter à leur profit, étouffait toute ardeur au travail; c'est qu'elle empêchait toute initiative dans le sens du progrès; c'est qu'elle ne protégeait que l'incurie et la paresse.

En voulez-vous la preuve? Je gage que les boulangers eux-mêmes se chargeront de vous la fournir. Vous avez lu leurs petites brochures?

L'ÉMEUTIER.

Je sors de les lire.

L'ÉCONOMISTE.

Alors, répondez-moi. Pourquoi les boulangers demandent-ils que leur nombre soit limité?

L'ÉMEUTIER.

Parce qu'ils craignent d'être ruinés par la concurrence illimitée, anarchique... On est en train d'organiser des boulangeries par actions, qui opéreront sur une grande échelle. Les boulangers sont bien convaincus qu'elles feront *fiasco* avec leurs pétrins mécaniques...

L'ÉCONOMISTE.

Sur quoi fondent-ils leur conviction?

L'ÉMEUTIER.

D'abord sur ce que les pétrins mécaniques ne pourront jamais remplacer convenablement les bras...

L'ÉCONOMISTE.

... Ou les pieds.

LE PROHIBITIONNISTE.

Pouah!

L'ÉCONOMISTE.

Tel est pourtant l'antique et « respectable » procédé qu'il s'agit de protéger contre l'invasion des pétrins mécaniques.

L'ÉMEUTIER.

Ensuite, les boulangers pensent que les sociétés par actions sont affectées d'un vice interne, qui doit amener inévitablement leur dissolution.

L'ÉCONOMISTE.

Alors, que craignent-ils donc? Pourquoi demandent-ils à être protégés contre une concurrence qui porte en elle-même le germe de sa ruine? De deux choses l'une : ou les boulangers fabriquent le pain à meilleur marché et mieux que les boulangeries par actions ne pourraient le faire, ou ils le fabriquent plus chèrement et plus mal.

Dans le premier cas, ils n'ont pas besoin d'être protégés contre la concurrence des sociétés par actions. Ils le sont suffisamment par le bas prix et la bonne qualité de leur marchandise.

Dans le second cas, c'est-à-dire si les nouvelles boulangeries travaillent à meilleur marché et mieux que les anciennes, pourquoi ferait-on obstacle à leur établissement? Pourquoi condamnerait-on les consommateurs à se nourrir à perpétuité de pain fabriqué imparfaitement à haut prix? Ne serait-ce pas absolument comme si, pour complaire aux boulangers, on les grevait d'une taxe égale à l'économie que leur procurerait la fabrication du pain d'après les nouvelles méthodes?

L'ÉMEUTIER.

C'est, ma foi, vrai.

L'ÉCONOMISTE.

Et cette taxe à quoi servirait-elle? A empêcher la fabrication du pain de s'améliorer. Que protégerait-elle? L'incurie et la paresse des boulangers.

Voilà un premier point. A un autre maintenant.

Pourquoi les boulangers demandent-ils qu'on interdise la vente du pain fabriqué hors de la ville, ou du moins qu'on frappe ce pain d'une taxe particulière ?

L'ÉMEUTIER.

Voici leurs motifs, tels qu'ils les exposent eux-mêmes :

Aujourd'hui, disent-ils, les boulangers des faubourgs ont sur nous le manifeste et incontestable avantage de l'infériorité des loyers, des droits d'octroi et des patentes. Donc, de deux choses l'une : ou ils vendent, soit au consommateur, soit au revendeur, au-dessous du tarif et à meilleur marché que nous ; ou, en vendant au même prix, ils réalisent des bénéfices plus considérables. Dans l'un et l'autre cas, cela ne peut pas s'appeler une concurrence loyale et avoir droit à la consécration de l'autorité communale.

La seule manière d'établir un juste équilibre entre les boulangers de la ville et ceux du dehors, serait d'imposer à ces derniers un droit d'entrée dont il ne nous appartient pas de déterminer le chiffre, et qui compenserait les avantages que nous venons d'énumérer [1].

Cela me paraît assez raisonnable, je l'avoue.

L'ÉCONOMISTE.

Ah ! cela vous paraît raisonnable. Alors, permettez-moi de vous adresser une simple question. N'y a-t-il pas aussi dans les faubourgs, des tailleurs, des cordonniers, des modistes, des couturières, des lingères et des blanchisseuses qui travaillent pour la ville ?

L'ÉMEUTIER.

Assurément, il y en a.

L'ÉCONOMISTE.

Eh ! bien, tous ces artisans, mâles et femelles, payent aussi dans les faubourgs un loyer moins élevé que leurs concurrents logés dans l'intérieur de la ville. Il serait donc équitable de les empêcher de venir faire à ceux-ci une concurrence inégale. Il serait équitable de taxer leurs produits de manière à compenser l'inégalité dont se plaignent les boulangers. J'irai

---

[1] Mémoire adressé à M. le bourgmestre et à MM. les membres du conseil communal de la ville de Bruxelles, p. 11.

plus loin. Comme il y a des quartiers et des rues où les loyers sont infiniment plus chers que dans le reste de la ville, il ne serait pas moins équitable d'établir des barrières douanières pour protéger leurs marchands et leurs artisans contre ceux des autres quartiers et des autres rues.

LE PROHIBITIONNISTE.

Vous plaisantez.

L'ÉCONOMISTE.

Pas le moins du monde. Je me borne à généraliser l'application du principe invoqué par les boulangers. Car ce qu'il serait juste et raisonnable de faire pour eux, ne devrait-il pas être fait, en même temps, pour les autres artisans? Pourquoi seraient-ils seuls protégés? Voilà bien des douanes et des douaniers. Comme cela va faire fleurir le métier de gabelou!

LE PROHIBITIONNISTE.

Cependant n'est-il pas juste de compenser les avantages...?

L'ÉCONOMISTE.

Si ces avantages existaient réellement, tout le monde émigrerait dans les faubourgs pour aller les y chercher, les boulangers tout les premiers. Il n'en resterait bientôt plus un seul dans la ville. Mais il y a une petite circonstance dont les auteurs du *Mémoire de la Boulangerie* négligent de s'occuper et qui balance et au delà l'économie d'un logement dans les faubourgs, je veux parler de l'avantage d'être placé à la portée d'une clientèle nombreuse et riche dans un grand foyer de consommation. Cet avantage est plus que suffisant pour empêcher boulangers, bottiers, tailleurs et couturières d'émigrer dans les faubourgs ou plus loin, — dans la Campine, par exemple, où les logements sont cependant encore à bien meilleur marché que dans les faubourgs.

Les boulangers n'ont donc pas besoin d'être protégés contre leurs concurrents *extra-muros*. Mais savez-vous pourquoi ils demandent à l'être? Parce que la concurrence les talonne, parce qu'elle les oblige à progresser.

L'ÉMEUTIER.

En effet, ils le constatent eux-mêmes, en réclamant la diminution du rendement officiel qui sert de base à la taxe.

Cette base, disent-ils, jadis en rapport avec notre cuisson ne l'est plus aujourd'hui, par suite de la transformation que, malgré nous, notre état a subie. Les innovateurs, aidés par la concurrence qui existe dans tout état libre, nous ont, quand les grains étaient à un prix normal, forcés insensiblement à faire le pain de plus en plus blanc, c'est-à-dire à employer une fleur de plus en plus fine, qui absorbe moins d'eau, rend moins en panification et donne un tel déchet que de 16 kilog., moyenne de jadis, nous sommes forcés maintenant d'en extraire 18 [1].

L'ÉCONOMISTE.

C'est-à-dire parce que les « innovateurs » les ont forcés, malgré eux, ils ont soin de le constater, à vendre moins d'eau et de son, sous forme de pain. Affreux innovateurs! Qu'on les débarrasse d'une concurrence si importune, et ils ne manqueront pas, certes, de renoncer à une innovation qu'ils ont réa-

[1] Mémoire cité plus haut, p. 4.

lisée « malgré eux » . Ils restitueront religieusement au consommateur son ancienne pitance d'eau et de son.

A quoi donc servirait un tarif protecteur de la boulangerie urbaine? A empêcher la fabrication du pain de s'améliorer. Que protégerait-elle? L'incurie et la paresse des boulangers.

Voilà le second point. Arrivons au troisième. Il s'agit, je crois, d'interdire la revente du pain.

L'ÉMEUTIER.

Précisément.

L'ÉCONOMISTE.

Quelles raisons invoquent les boulangers pour réclamer cette confiscation à leur profit du commerce des revendeurs?

L'ÉMEUTIER.

Nous demandons, disent-ils, que le commerce illégal de la revente soit aboli. Il suffit, pour comprendre tout ce que ce commerce a d'anormal et de honteux pour une capitale comme la nôtre, de voir, à travers les vitrines des boutiques, la plupart malpropres et en désordre où il s'exerce, le pain exposé aux regards des consommateurs, pêle-mêle avec des objets de natures les plus hétérogènes et quelquefois du contact le plus repoussant et le plus insalubre. Évidemment, la liberté du commerce dégénère, en ce cas, en véritable licence [1].

L'ÉCONOMISTE.

Bon. Ce n'est point parce que la revente nuit à leurs intérêts, c'est parce qu'elle blesse leur orgueil artistique, qu'ils en demandent la suppression. Ils

---

[1] Mémoire cité plus haut, p. 9.

sont humiliés de voir ce pain, qu'ils ont pétri *con amore*, relégué dans la vitrine du revendeur, entre une vulgaire boîte d'allumettes et un ignoble paquet de chandelles. C'est comme artistes et non comme industriels qu'ils s'élèvent contre la revente du pain.

L'ÉMEUTIER.

Ils avaient, à ce qu'il me semble, une meilleure raison à donner, c'est que les intermédiaires renchérissent la marchandise.

L'ÉCONOMISTE.

Ah! comment donc vous expliquez-vous qu'ils existent, s'ils renchérissent la marchandise?

L'ÉMEUTIER.

C'est qu'ils sont plus à la portée du consommateur, et surtout qu'ils lui font crédit.

L'ÉCONOMISTE.

Et si on les supprimait, si l'on interdisait la revente du pain, qu'arriverait-il?

L'ÉMEUTIER.

Il arriverait que les consommateurs seraient obligés de s'approvisionner chez les boulangers.

L'ÉCONOMISTE.

Qu'y gagneraient-ils?

L'ÉMEUTIER.

Ce n'est pas bien facile à dire à l'avance.

L'ÉCONOMISTE.

C'est très facile, au contraire. D'abord, les consommateurs qui prennent leur pain chez les revendeurs, parce que ceux-ci sont plus à leur portée, seront obligés d'aller l'hacheter plus loin, c'est-à-dire de dépenser un peu plus de temps et d'user un peu plus de souliers pour faire leurs provisions. Voilà ce qu'ils y gagneront. Ensuite, ceux qui s'adressent aux revendeurs, à cause du crédit qu'ils trouvent chez eux, seront obligés de se passer de ce crédit...

L'ÉMEUTIER.

Impossible! Ils ne sauraient s'en passer, je les connais bien.

L'ÉCONOMISTE.

Ils seront donc obligés de le demander aux boulangers et de subir leurs conditions. Aujourd'hui, quand le boulanger se montre trop dur et trop revêche, on va chez le revendeur. On ne le pourra plus désormais, puisque les boulangers auront le monopole de la vente du pain.

LE PROHIBITIONNISTE.

Mais comment voulez-vous qu'ils en abusent si le pain est taxé?

L'ÉCONOMISTE.

Que vous êtes naïf! On ne peut pas vendre le pain au-dessus de la taxe, cela est vrai; mais on peut faire le pain plus mauvais; on peut y mettre plus d'eau et y laisser plus de son. Si le consommateur n'est pas forcé de recourir au crédit du boulanger, s'il achète comptant ou s'il peut avoir du crédit ailleurs, il abandonne ce mauvais fournisseur pour donner sa pratique à un autre. Mais si le nombre des boulangers est limité, si la revente du pain est interdite, il aura bien plus de peine à obtenir ailleurs le crédit dont il ne peut se passer, il sera sous la coupe du boulanger, qui pourra lui faire boire de l'eau et manger du son tout à son aise.

L'ÉMEUTIER.

Ah! diantre, je n'avais pas examiné la question sous cette face-là. Je comprends maintenant. Le monopole de la vente du pain se complique du monopole du crédit sur le pain.

L'ÉCONOMISTE.

Précisément.

L'ÉMEUTIER.

C'est donc pour cela que les boulangers y tiennent tant. C'est pour cela qu'ils demandent que leurs syndics soient investis du droit de faire des visites domiciliaires chez les revendeurs. Lisez plutôt :

Art. 27. Les syndics sont autorisés à faire des visites à toutes personnes qui seraient soupçonnées de vendre du pain au regrat (revendre) ou de tenir des dépôts;

Ils en dresseront procès-verbal et le transmettront à l'autorité.

Ah! les monopoleurs! Ah! les usuriers!

L'ÉCONOMISTE.

Là, là! ne vous emportez pas. Vous avez tort de leur en vouloir. Car ils ne font autre chose que d'appliquer vos doctrines. Ils « organisent » leur travail. Voilà tout!

L'ÉMEUTIER.

Jolie organisation du travail, sur ma foi! Organisation de l'usure, plutôt!

L'ÉCONOMISTE.

Eh! mon Dieu, c'est la pente naturelle des intérêts privés de faire bon marché de l'intérêt général. Il ne faut donc pas en vouloir aux « organisateurs de la boulangerie ». Vous-même, vous seriez tout le premier à les imiter, s'il s'agissait, par exemple, d'organiser le travail des ébénistes.

L'ÉMEUTIER.

Ah ! ce serait bien nécessaire. Nous sommes abîmés par la concurrence.

L'ÉCONOMISTE.

Absolument comme les boulangers ! Et si vous pouviez supprimer la concurrence des salles de vente et des ventes à domicile, c'est-à-dire de « la vente au regrat » des meubles, vous ne vous en feriez pas faute, avouez-le !

L'ÉMEUTIER.

Je ne dis pas non. Comme cela ferait aller l'état d'ébéniste !

L'ÉCONOMISTE.

Mais le consommateur, comme cela le meublerait ! Ne jetez donc pas la pierre aux boulangers, et convenez que chacun, s'il était le maître « d'organiser » son travail à sa guise, ne manquerait pas d'arranger les choses de manière à se procurer un gros bénéfice en échange d'une petite peine. Voilà pourquoi je n'aime pas les organisations ; et je me méfie des organisateurs, qu'ils soient boulangers ou ébénistes ; voilà pourquoi je suis d'avis qu'il est préférable de laisser les choses s'arranger d'elles-mêmes, selon les desseins du grand Organisateur.

LE PROHIBITIONNISTE.

Les prétentions des boulangers sont insoutenables, j'en conviens, et j'aimerais mieux, pour ma part, l'entière liberté de la boulangerie. Cependant, la taxe du pain est consacrée par une longue expérience, et je ne pense pas qu'il soit prudent de l'abandonner; car enfin, si l'on permet au boulanger de vendre son pain au taux qu'il lui plaira de fixer lui-même, ne cédera-t-il pas à la tentation de réaliser des bénéfices exagérés sur cet article de première nécessité? N'exploitera-t-il pas le consommateur?

L'ÉCONOMISTE.

Les souliers, les paletots et les gilets de flanelle sont-ils taxés?

LE PROHIBITIONNISTE.

Quelle différence! Ce ne sont point là des objets de première nécessité, ou, du moins, on ne saurait, sous ce rapport, les comparer au pain.

L'ÉCONOMISTE.

Les pommes de terre sont-elles un objet de première nécessité? Oui, à coup sûr. Dans nos contrées, elles le sont peut-être plus encore que le pain. Sont-elles taxées? Non. Remarque-t-on cependant que les marchands qui vendent cet objet de première nécessité, sans être contenus, refrénés par la taxe, s'enrichissent plus vite que les autres? Nullement. Qu'est-ce donc qui les contient et les refrène? C'est la concurrence. Qu'aujourd'hui ils vendent leur denrée trop cher, qu'ils réalisent des profits hors de proportion avec ceux des autres marchands, et demain des concurrents ne manqueront pas de se présenter pour réduire leurs bénéfices. Ainsi en serait-il pour le pain, si la taxe était supprimée. Ce serait la concurrence qui réglerait le prix du pain, et elle s'en acquitterait mieux que la taxe.

LE PROHIBITIONNISTE.

Quels griefs avez-vous donc à alléguer contre la taxe du pain?

L'ÉCONOMISTE.

Je lui reproche d'abord de ne servir à rien, d'être un rouage inutile, puisque la concurrence suffit pour remplir son office.

Je lui reproche ensuite d'être nuisible. Vous allez voir de quelle façon.

En premier lieu, elle devient de jour en jour plus difficile à établir. Écoutez ce que dit à ce sujet un savant économiste, Joseph Garnier :

> Les conseils municipaux qui taxent le pain, dit-il, se servent, pour établir cette taxe, des résultats fournis par des expériences plus ou moins anciennes, plus ou moins bien faites sur le rendement en pain des diverses qualités de blés et de farines. Or, l'expérience apprend que, pour le même blé, pour la même qualité de farine, le rendement peut varier, d'une année à l'autre, de 6 à 7 p. 100. Le prix de revient du pain dépend encore du prix du combustible, des frais généraux, des frais d'entretien, des salaires, de l'intérêt du capital, que le conseil municipal n'est pas apte à apprécier; enfin, le prix du pain est proportionnel à celui des farines, et celui des farines à celui du blé; or, les mercuriales qui servent de base ne sont, de l'aveu de tout le monde, que des moyennes forcément anciennes, forcément inexactes et très souvent mal calculées. Ainsi le prix officiel du pain est une erreur résultant d'une série de bases erronées [1].

A quoi on peut ajouter que ces données, si difficiles à apprécier pour établir le prix de revient du pain, deviennent de plus en plus variables. Autrefois le taux de l'intérêt et des salaires ne variait guère.

---

[1] *Dictionnaire de l'économie politique*, article BOULANGERIE.

Qu'y a-t-il aujourd'hui de plus mobile? Autrefois encore, on consommait dans chaque localité presque toujours le même blé, provenant du canton ou de la province; car les céréales étrangères n'y arrivaient que par exception. Aujourd'hui, l'exception commence à devenir la règle. Nous consommons à Bruxelles, par exemple, non seulement des blés du Brabant, mais encore des blés de toutes les autres parties du pays et des régions les plus éloignées du globe. Il nous en vient du Nord et du Midi, des États-Unis, du Canada, de l'Espagne, de l'Égypte; bientôt il nous en viendra de l'Australie. Déjà il était difficile d'évaluer le rendement du blé lorsqu'on le recevait toujours des mêmes localités du voisinage. Combien cette difficulté n'a-t-elle pas dû s'accroître depuis qu'on le reçoit des contrées les plus diverses et les plus lointaines!

Ce n'est pas tout. Aux difficultés croissantes que la nature même des choses oppose à la détermination équitable de la taxe, viennent s'ajouter les obstacles provenant de la mauvaise foi et de la fraude. Il n'est pas sans exemple que les marchands de grains se soient entendus avec les boulangers pour créer un cours fictif des farines supérieur au cours réel, et provoquer ainsi une augmentation de la taxe.

LE PROHIBITIONNISTE.

Comment cela se peut-il?

L'ÉCONOMISTE.

Rien n'est plus aisé. Les boulangers n'ont aucun intérêt à acheter le grain un peu plus ou un peu moins cher, puisque le pain est taxé en proportion du prix du grain. Quant aux marchands, ils ont naturellement intérêt à le vendre le plus cher possible. Eh! bien, en s'entendant avec les boulangers pour établir un cours nominal de 30 francs, par exemple, tandis que le cours réel ne dépasse pas 28 francs; en provoquant ainsi un exhaussement artificiel de la taxe, ne peuvent-ils pas réaliser, de compagnie, un bon supplément de profits? Voilà une combinaison frauduleuse que la taxe rend possible, et qui n'aurait aucune raison d'être, si l'autorité ne se mêlait point de fixer le prix du pain.

Rien n'est donc plus difficile que d'établir convenablement la taxe. Cependant toute erreur en plus ou en moins, dans la tarification, ne manque pas d'avoir des conséquences nuisibles.

Si la taxe est fixée trop haut, c'est le consommateur qui perd la différence.

LE PROHIBITIONNISTE.

Les boulangers sont toujours les maîtres de vendre le pain au-dessous de la taxe.

L'ÉCONOMISTE.

Oui, mais ils s'en gardent bien, dans la crainte que l'autorité ne la modifie à leur détriment.

Si le pain est taxé trop bas, les boulangers sont lésés à leur tour, mais comme dans aucun métier on ne travaille volontiers à perte, ils s'efforcent de regagner sur la qualité et sur la quantité ce qu'on leur fait perdre sur le prix. Les uns emploient des farines inférieures, parfois même des farines avariées, qu'ils blanchissent à l'aide du sulfate de cuivre...

LE PROHIBITIONNISTE.

Un poison !

L'ÉCONOMISTE.

En effet. Ils ont même eu le mérite de découvrir la propriété que possède le sulfate de cuivre de blanchir la farine, et un chimiste allemand les remerciait naguère pour ce service qu'ils ont rendu à la science.

LE PROHIBITIONNISTE.

Joli service !

L'ÉCONOMISTE.

Les autres font des pains trop légers que la légion besogneuse des acheteurs à crédit est, hélas ! trop souvent contrainte d'accepter les yeux fermés. Enfin, les plus honnêtes se contentent d'augmenter la dose d'eau et de son qu'ils fournissent à leurs pratiques, en dépit des « innovateurs ». L'autorité travaille plus ou moins activement, sans doute, à empêcher ou à réprimer ces fraudes, mais son œuvre de surveillance et de répression ne serait-elle pas fort simplifiée, si elle évitait de pousser les boulangers à la fraude, en leur imposant une tarification ruineuse ?

Mais le principal inconvénient de la taxe du pain, c'est qu'elle oppose un obstacle sérieux à la transformation progressive de la boulangerie, c'est-à-dire à l'amélioration de la qualité et à l'abaissement du prix du pain. Les capitaux et les intelligences ne se portent pas volontiers, j'ai déjà eu occasion de vous le faire remarquer, dans les industries réglementées et tarifiées. Ils préfèrent, et la chose est bien naturelle, celles où ils ont leurs coudées franches. Qu'en est-il résulté pour la boulangerie? C'est qu'elle est demeurée à peu près stationnaire, tandis que la plupart des autres branches de la production ont progressé. Le pain se fabrique encore généralement d'après le procédé primitif, à la main, quand ce n'est pas aux pieds. Sans se montrer trop délicat, ne pourrait-on pas souhaiter que ce procédé élémentaire fût désormais réservé pour le mortier et pour les briques? Combien de gens auraient encore le courage de manger leur pain, après l'avoir vu pétrir?

L'adoption des procédés mécaniques rendrait la fabrication du pain plus ragoûtante, et en même temps plus économique. Ce serait tout profit pour les consommateurs. Quant aux boulangers, ils seraient obligés de faire quelques frais pour transformer leur industrie, mais ils ne manqueraient pas d'en être récompensés par l'augmentation de leur clientèle.

LE PROHIBITIONNISTE.

Je ne vois pas trop de quelle manière leur clientèle pourrait s'augmenter. A moins qu'ils ne fournissent du pain aux campagnards...

L'ÉCONOMISTE.

Précisément. Ils finiraient, sans aucun doute, par approvisionner les campagnes aussi bien que les villes. Dans la plupart des ménages ruraux, on trouve encore avantage à fabriquer son pain soi-même. On le fabrique assez mal, cela est vrai, et l'on est obligé de manger pendant quinze jours du pain de la même fournée; mais on y trouve de l'économie, et cette considération-là l'emporte sur tout le reste. Que la boulangerie s'organise sur une échelle plus vaste, qu'elle étende ses opérations en perfectionnant ses procédés et, grâce à la facilité croissante des communications, elle fournira du pain aux campagnards comme elle en fournit aux citadins.

LE PROHIBITIONNISTE.

Il est certain que le pain est généralement fort mauvais dans les campagnes. Si quelques ménagères s'entendent à le pétrir, il y en a, en revanche, qui sont de détestables boulangères. Le pain est lourd, pâteux, malsain, et parfois il est à moitié moisi quand on le mange. Mais comment pourrait-on aller l'acheter à la ville?

L'ÉCONOMISTE.

D'abord les paysans et les paysannes qui vont au marché régulièrement ne manqueraient pas de rapporter du pain de la ville, si les boulangers le fabriquaient à meilleur marché. Ensuite les boulangers pourraient profiter des chemins de fer, dont le réseau s'étend et se complète chaque jour, pour distribuer leur pain dans la banlieue, comme ils le distribuent aujourd'hui dans les différents quartiers de la ville. Pour les campagnards qui perdent leur temps, et trop souvent leur farine, à fabriquer du pain à peine mangeable, ce serait, croyez-le bien, une notable économie. Un écrivain spécial, M. Fawtier, ne l'évaluait pas à moins de cent millions par an pour la France. Mettons-la à dix millions seulement pour la Belgique, et elle vaudra déjà bien la peine d'être prise en considération.

L'ÉMEUTIER.

Ce serait superbe. Mais vraiment les campagnards pourraient-ils trouver avantage à acheter leur pain à la ville?

L'ÉCONOMISTE.

Indubitablement, si la boulangerie urbaine travaillait mieux et avec plus d'économie. Je vais essayer de vous le prouver par analogie. A l'époque où l'industrie tout entière était assujettie au régime des corporations, les objets fabriqués coûtaient fort cher dans les villes. Qu'en résultait-il? C'est que les campagnards fabriquaient eux-mêmes la plus grande partie de leurs vêtements. Cela leur prenait beaucoup de temps, et ils étaient fort mal accoutrés; mais les étoffes coûtaient trop cher chez les marchands. Survient la liberté du travail. Les corporations cessent d'exister, et l'industrie, débarrassée de leurs entraves, se transforme d'une manière progressive. Le prix des étoffes et des façons baisse aussitôt dans une proportion telle que les campagnards trouvent désormais plus d'économie à aller acheter leurs habits dans les villes qu'à les fabriquer eux-mêmes. Eh! bien, que la taxe du pain et les règlements de la boulangerie, qui sont un vestige du régime des corporations, disparaissent à leur tour; que la boulangerie, dont cette réglementation surannée entrave les progrès, devienne manufacture, et ce qui s'est vu pour les vêtements se verra aussi pour le pain. De même que les campagnards fournissent aujourd'hui aux manufacturiers la laine et le lin qu'ils filaient, tissaient et façonnaient jadis dans leur ménage, pour en racheter une partie sous forme d'étoffe, ou même de vêtements tout confectionnés, ils fourniront leurs grains aux boulangers pour les racheter sous forme de pain. Et ce sera tout profit pour les uns comme pour les autres. Les campagnards pourront se consacrer, d'une manière exclusive, eux et leurs familles, à la production des subsistances ; les boulangers, de leur côté, pourront employer des procédés de fabrication de plus en plus économiques, grâce à l'augmentation de leur clientèle.

En définitive, savez-vous quel est le résultat le plus clair du maintien de la taxe du pain ? C'est de détourner les capitaux et les intelligences de l'industrie de la boulangerie, car les capitaux et les intelligences ne se soucient pas d'avoir maille à partir avec les règlements ; c'est de protéger l'incurie et la paresse des boulangers.

LE PROHIBITIONNISTE.

Une observation encore. A Paris et dans quelques autres villes, l'autorité a imaginé, pour venir en aide aux populations dans les années de disette, l'ingénieuse combinaison que voici. Elle s'entend avec les boulangers pour empêcher le prix du pain de s'élever au-dessus d'un certain niveau. Je suppose, par exemple, que le cours de la halle aux farines soit tel que le pain ne puisse être vendu à moins de 55 centimes le kilogramme, sous peine de causer une perte aux boulangers. Eh ! bien, l'autorité le taxe à 40 centimes, et elle tient compte aux boulangers de la différence.

L'ÉCONOMISTE.

Mais qui la paye, en dernière analyse, cette différence?

LE PROHIBITIONNISTE.

Attendez. Dans les années d'abondance, au contraire, lorsque le prix du pain descendrait à 25 centimes le kilogramme, que fait l'autorité? Elle continue à le taxer à 40 centimes et, à son tour, elle oblige les boulangers à lui payer la différence, se remboursant ainsi de l'avance qu'elle a faite dans l'année de disette. Grâce à cette combinaison ingénieuse et philanthropique, elle épargne aux populations les maux d'une cherté excessive.

L'ÉCONOMISTE.

En apparence, cette combinaison paraît, en effet, des plus séduisantes; ne vous ai-je point déjà appris à vous méfier des apparences? Sans doute il est fort agréable aux consommateurs de ne payer leur pain que 40 centimes, lorsqu'ils devraient, suivant le cours naturel des choses, y mettre 55 centimes. Ils donnent volontiers les mains à votre combinaison ingénieuse et philanthropique; mais vienne une bonne année, et ils ne se résignent pas aussi facilement à payer 40 centimes le pain qui n'en vaut plus que 25. Ils ne manquent pas d'aller l'acheter hors de la ville, quand on les laisse faire... Il faut donc prohiber le pain qui vient du dehors, et conférer ainsi à la boulangerie urbaine un monopole qui encourage son incurie et sa paresse. En même temps, il faut exercer sur les boulangers une surveillance inquisitoriale, afin qu'ils n'exagèrent pas le chiffre de leurs ventes dans les mauvaises années, et qu'ils ne l'affaiblissent pas dans les bonnes, genre de fraude qui leur serait des plus profitables et auquel votre combinaison les encourage. Cependant, si sévère que soit la surveillance, si minutieux que soient les règlements destinés à assurer cette combinaison, elle échoue toujours, en ce sens du moins que jamais l'excédent des recettes des bonnes années ne suffit pour combler le déficit des mauvaises. C'est ainsi qu'à Rome, par exemple, où existait jadis une *annona* qui maintenait le pain toujours au même prix, le déficit alla croissant d'année en année, et il aboutit à une grosse banqueroute. Le plus souvent même, on reconnaît si bien l'impossibilité de faire payer le pain au-dessus de son cours naturel dans les bonnes années, qu'on ne l'essaye même pas. C'est alors à l'impôt qu'on a recours pour combler le déficit. Or, quel est le principal impôt des villes, celui qui leur fournit la plus grosse part de leurs ressources? C'est l'octroi. Et sur quelles denrées pèse l'octroi? Sur les denrées de grande consommation, et cela doit être, car les autres ne donnent qu'un produit insignifiant, — sur les substances alimentaires de toute sorte, sur le chauffage, etc. Quel est donc le résultat final de l'opération? C'est de procurer à la population, riche ou pauvre, une économie sur son pain, en renchérissant ses autres objets de consommation. Encore si c'était simplement dans la proportion de l'économie réalisée, le mal serait insignifiant! Mais c'est dans une proportion plus forte, car la commune est obligée de payer des agents pour mettre en œuvre la combinaison en question, en surveiller l'exécution, réprimer la fraude, etc.; elle est obligée de supporter les pertes résultant des fraudes non réprimées; puis enfin ses dépenses se trouvant augmentées d'autant, elle est obligée d'étendre et d'aggraver l'octroi, partant, d'accroître le personnel destiné à percevoir cet impôt vexatoire et à en assurer le recouvrement. Bref, le résultat final, c'est que l'autorité donne, par l'intermédiaire des boulangers, 10, 15 ou 20 centimes aux mangeurs de pain, pour leur en enlever, par le mécanisme de l'impôt, 20, 30 ou 40, c'est-à-dire qu'elle les assiste, moyennant un honnête intérêt de 100 p. 100, en comptant tout au plus juste. Voilà votre combinaison ingénieuse et philanthropique. Encore une fois, méfiez-vous des apparences !

L'ÉMEUTIER.

Les pauvres gens seraient pourtant bien heureux, s'ils pouvaient avoir toujours le pain au même prix.

L'ÉCONOMISTE.

Sans aucun doute. Ce serait un immense bienfait pour eux. Seulement, ce n'est point par l'intervention des règlements qu'on peut le leur procurer; c'est au moyen de la liberté du commerce.

LE PROHIBITIONNISTE.

Toujours la liberté du commerce !

L'ÉCONOMISTE.

Partout et toujours.

L'ÉMEUTIER.

J'avoue, pour ma part, que vos raisonnements commencent à m'ébranler un peu. Je comprends bien, par exemple, qu'en réglementant et en vexant une industrie ou un commerce, on en détourne la concurrence, et qu'on crée ainsi un monopole dont les consommateurs payent les frais.

L'ÉCONOMISTE.

Enfin !

L'ÉMEUTIER.

Je conviens qu'entre le monopole qu'on crée ainsi, d'une manière artificielle, en réglementant, et...

L'ÉCONOMISTE.

... En cassant des vitres?

L'ÉMEUTIER.

En cassant des vitres, soit ! je conçois, dis-je, qu'entre ce monopole et la concurrence, on choisisse la concurrence. Mais, je le déclare, elle ne m'inspire pas encore assez de confiance pour que je lui abandonne le soin de pourvoir à la subsistance des populations. Cette grande tâche, voyez-vous, c'est le gouvernement qui doit la remplir ; c'est le gouvernement qui doit nourrir le peuple ! Voilà la vraie solution du problème des subsistances, la solution la plus simple et la plus économique.

L'ÉCONOMISTE.

En apparence. La plus compliquée et la plus chère en réalité.

LE PROHIBITIONNISTE.

Cette fois, je suis pleinement de votre avis.

L'ÉMEUTIER.

J'ai relu nos grands penseurs, et je vous avertis que vous ne me convertirez pas aisément.

L'ÉCONOMISTE.

Nous verrons bien.

QUATRIÈME CONVERSATION

LE GOUVERNEMENT QUI NOURRIT LE PEUPLE.

SOMMAIRE : Comment le gouvernement de l'Icarie nourrit son peuple. — Agréments d'un repas icarien. — Partage et distribution des mets. — Les fonctionnaires porte-corbeilles. — Que l'auteur du *Voyage en Icarie* a organisé la servitude de l'estomac. — Expérience tentée pendant la révolution française. — Comment la Convention, après avoir anéanti le commerce des grains et proscrit ceux qui le faisaient, a essayé de nourrir le peuple. — Résultats désastreux de cette expérience. — Ce que doit faire le gouvernement pour que le peuple soit nourri ; ce qu'il ne doit pas faire. — Que la liberté du commerce seule peut nourrir le peuple.

L'ÉCONOMISTE.

Notre discussion a fait un grand pas. Vous êtes tombés d'accord avec moi qu'on ne peut qu'aggraver les maux de la disette et les perpétuer en réglementant la production alimentaire et en entravant le commerce des grains.

LE PROHIBITIONNISTE.

A l'intérieur.

L'ÉCONOMISTE.

A l'intérieur, soit ! Nous examinerons plus tard ce qu'il convient de faire à l'extérieur. En attendant, nous sommes d'accord sur les règlements restrictifs des marchés, sur le *maximum*, sur la taxe du pain, sur les émentes...

L'ÉMEUTIER.

Fort bien, mais je vous avertis que si j'ai reculé, c'est pour mieux sauter. Avez-vous lu Cabet?

L'ÉCONOMISTE.

Sans doute.

LE PROHIBITIONNISTE.

Cabet, l'auteur du *Voyage en Icarie*, une rapsodie communiste! Il a fondé une communauté aux États-Unis, mais l'affaire a marché tout de travers. Une scission s'est opérée dans la communauté, et les mécontents ont traîné le fondateur de l'Icarie devant la police correctionnelle. Cabet a eu des désagréments judiciaires.

L'ÉMEUTIER.

Qu'importe! Son *Voyage en Icarie* n'en est pas moins un chef-d'œuvre.

L'ÉCONOMISTE.

Comment donc se fait-il que le spectacle du bonheur dont jouit la communauté icarienne n'ait pas encore converti les Américains au cabétisme?

L'ÉMEUTIER.

C'est que, voyez-vous, en toutes choses, les commencements sont difficiles. Et puis, il y a tant d'envieux! Cela n'empêche pas Cabet d'être un génie organisateur de premier ordre. Vous allez en juger par un simple extrait de son chapitre sur la nourriture des Icariens. Vous savez que le *Voyage en Icarie* est écrit sous la forme d'un roman.

L'ÉCONOMISTE.

C'est une forme qui me paraît judicieusement choisie.

L'ÉMEUTIER.

Un grand seigneur anglais, un lord, visite cette république idéale, dont les attraits finissent par le séduire. Voici la description qu'il donne du mécanisme merveilleux, — merveilleux de simplicité surtout, — à l'aide duquel le gouvernement icarien nourrit son peuple. Écoutez :

NOURRITURE.

Sur ce premier besoin de l'homme, comme sur tous les autres, tout, dans notre malheureux pays, est abandonné au hasard, et rempli de monstrueux abus. Ici, au contraire, tout est réglé par la raison la plus éclairée et par la sollicitude la plus généreuse.

Figure-toi, d'abord, qu'il n'y a absolument rien, dans tout ce qui concerne les aliments, qui ne soit réglé par la *loi*. C'est elle qui admet ou prohibe un aliment quelconque.

Un *comité* de savants, institué par la représentation nationale, aidé par tous les citoyens, a fait la *liste* de tous les aliments connus, en indiquant les bons et les mauvais, les bonnes ou mauvaises qualités de chacun.

Il a fait plus : parmi les bons, il a indiqué les nécessaires, les utiles et les agréables, et en a fait imprimer la liste en plusieurs volumes, dont chaque famille a un exemplaire.

On a fait plus encore, on a indiqué les préparations les plus convenables pour chaque aliment, et chaque famille possède ainsi le *Guide du cuisinier*.

La liste des bons aliments ainsi arrêtée, c'est la république qui les fait produire par ses agriculteurs et ses ouvriers, et qui les distribue aux familles ; et comme personne ne peut avoir d'autres aliments que ceux qu'elle distribue, tu conçois que personne ne peut consommer d'autres aliments que ceux qu'elle approuve.

Elle fait produire d'abord les nécessaires, puis les utiles, puis les agréables, et tous ceux-ci autant qu'il est possible.

Elle les partage entre tous également, de manière que chaque citoyen reçoit la même quantité d'un aliment quelconque, s'il y en a pour tous, et que chacun n'en reçoit qu'à son tour, s'il n'y en a, chaque année ou chaque jour, que pour une partie de la population.

Voilà comment « la loi » règle la production et le partage des aliments. Ce n'est pas tout. La loi règle aussi les repas. D'abord les Icariens font quatre repas par jour.

L'ÉCONOMISTE.

Et ceux qui n'en veulent faire que trois?

L'ÉMEUTIER.

Puisque la loi ordonne qu'on en fasse quatre! Le premier à six heures du matin et le second à neuf, dans les ateliers. Les femmes et les enfants déjeunent à la maison. Le troisième à deux heures. C'est le dîner. Il se prend en commun. Tous les habitants de la même rue dînent ensemble dans leur *restaurant républicain*. Et quel festin! Les tables, qui contiennent mille à deux mille personnes, surpassent en magnificence tout ce qu'on peut imaginer. Outre l'abondance et la délicatesse des mets, outre les décorations en fleurs et de tous autres genres, une musique suave y charme les oreilles tandis que l'odorat y savoure de délicieux parfums. Enfin, le quatrième repas se prend entre neuf et dix heures, en famille. Il consiste principalement en fruits, pâtisseries et sucreries. Car la loi a tout prévu, tout réglé. N'est-ce pas admirable?

L'ÉCONOMISTE.

Et les substances alimentaires, comment sont-elles conservées, puis distribuées entre les restaurants républicains et les familles?

L'ÉMEUTIER.

Oh! Cabet n'a rien oublié. Écoutez encore :

C'est la république, dit-il, qui fait cultiver ou produire tous les aliments, qui les reçoit et les réunit tous, et qui les dépose dans ses innombrables et immenses magasins.

Tu peux facilement concevoir des *caves* communes, comme celles de Paris et de Londres, de grands *magasins* de farines, de pain, de viandes, de poissons, de légumes, de fruits, etc.

Chaque magasin républicain a, comme un de nos boulangers ou de nos bouchers, le *tableau* des restaurants, des ateliers, des hospices et des familles qu'il doit fournir, et de la quantité qu'il doit envoyer à chacun.

Il a aussi tous les employés, tous les ustensiles, tous les moyens de transport nécessaires, et tous ces instruments sont plus ingénieux les uns que les autres.

Tout étant préparé d'avance dans le magasin, on envoie partout, à domicile, dans l'arrondissement du magasin, les grosses provisions pour l'année, ou le mois ou la semaine, et les provisions journalières.

La distribution de celles-ci a quelque chose de charmant. Je ne te parlerai pas de la propreté parfaite qui règne en tout, comme première nécessité; mais ce que je ne manquerai pas de te dire, c'est que le magasin a, pour chaque famille, une *corbeille*, un vase, une mesure quelconque marquée du numéro de sa maison, et contenant sa provision de pain, de lait, etc.; c'est qu'il a même toutes ses mesures *doubles*, de manière à porter l'une pleine et à rapporter l'autre vide; c'est que chaque maison contient à l'entrée une *niche*, disposée d'avance à cet effet, dans laquelle le distributeur trouve la mesure vide et la remplace par la mesure pleine; de manière que la distribution, toujours faite à la même heure, et d'ailleurs annoncée par un son particulier, s'opère sans déranger la famille et sans faire perdre le moindre temps au distributeur [1].

Quelle touchante sollicitude! et que voilà une organisation bien supérieure à celle des misérables sociétés où nous sommes condamnés à végéter?

L'ÉCONOMISTE.

Avez-vous jamais visité une prison?

[1] *Voyage en Icarie*, par M. Cabet, p. 52.

L'ÉMEUTIER.

Oui, pourquoi ?

L'ÉCONOMISTE.

C'est qu'il y a une ressemblance frappante entre le régime dont vous venez de reproduire la description pittoresque et le régime de nos prisons.

L'ÉMEUTIER.

Allons donc, quelle différence !

L'ÉCONOMISTE.

La différence réside dans la forme plutôt que dans le fond. La nourriture du peuple icarien est réglée par la loi, ce qui signifie, en bon français, que le peuple icarien n'est pas libre de se nourrir à sa guise. Eh ! bien, la nourriture des prisonniers est réglée aussi. Le menu de leurs repas est composé par l'autorité. Le peuple icarien mange à des heures fixées par la loi. Les heures de repas sont fixées, de même, dans les prisons. Enfin, chaque prisonnier a une corbeille dans laquelle on dépose sa pitance, et dans certaines prisons les corbeilles sont en double, de façon que le gardien, qui apporte l'une pleine, puisse remporter l'autre vide. Toujours comme en Icarie. Vous vous expliquerez, au surplus, cette similitude des deux régimes, quand vous saurez qu'avant d'avoir voyagé en Icarie, M. Cabet avait exercé les fonctions assez peu humanitaires de procureur du roi.

L'ÉMEUTIER.

Qu'importe, si c'est pour le bonheur des Icariens que la loi a tout réglé !

L'ÉCONOMISTE.

Eh ! bien, examinons de près ce beau régime. Les

Icariens ne sont pas les maîtres de manger ce qui leur convient, quand et où cela leur convient. C'est un comité...

L'ÉMEUTIER.

... De savants.

L'ÉCONOMISTE.

De savants, soit! qui décide des mets qui leur seront servis. Or, bien que les savants méritent une certaine confiance, en matière de cuisine ils ne sont pas infaillibles. D'ailleurs, quoi de plus divers et de plus variable que le goût! Vous connaissez le proverbe : *de gustibus non est disputandum*, il ne faut pas disputer des goûts. Il n'est si bon menu dont on ne se plaigne, quand on ne l'a pas choisi soi-même. Ne vaut-il pas mieux laisser à chacun pleine liberté de se nourrir à sa guise, comme on fait dans nos abominables sociétés? pleine liberté de choisir ses plats?

L'ÉMEUTIER.

Mais quels plats, en comparaison de ceux des Icariens!

L'ÉCONOMISTE.

Souvenez-vous de la fable du loup et du chien. Un loup, n'ayant que la peau sur les os, rencontre un chien gras, mafflu et reluisant. Celui-ci, le prenant en pitié, lui dépeint les douceurs de sa condition, et l'engage à venir les partager :

> Le loup déjà se forge une félicité
> Qui le fait pleurer de tendresse.
> Chemin faisant, il vit le cou du chien pelé :
> Qu'est-ce là, lui dit-il. — Rien. — Quoi, rien? — Peu de chose.
> Mais encor? — Le collier dont je suis attaché,

De ce que vous voyez est peut-être la cause.
— Attaché! dit le loup : vous ne courez donc pas
    Où vous voulez? — Pas toujours; mais qu'importe?
— Il importe si bien que de tous vos repas
    Je ne veux en aucune sorte,
Et ne voudrais pas même, à ce prix, un trésor.
Cela dit, maître loup s'enfuit, et court encor.

Eh bien! croyez-moi, chacun est un peu loup. Chacun déteste le collier... Vos Icariens ne sont donc pas les maîtres de manger ce qui leur plaît. Ils ne peuvent, non plus, choisir l'heure et l'endroit qui leur conviennent. C'est réglé!

L'ÉMEUTIER.

En vue du bonheur commun. On choisit les heures et les endroits qui conviennent à la majorité, car c'est le suffrage universel qui règle toutes choses en Icarie.

L'ÉCONOMISTE.

Et si je suis de la minorité?

L'ÉMEUTIER.

Il faudra vous soumettre à la loi.

L'ÉCONOMISTE.

C'est-à-dire qu'il faudra que je sacrifie ma convenance à celle d'autrui. Dans nos sociétés imparfaites, je dîne à mon heure; dans votre société idéale, je serai obligé de dîner à l'heure de la majorité. Agréable progrès!

Encore si vous me permettiez de dîner chez moi. Mais il faudra que j'aille dîner dans votre restaurant républicain, avec les gens de ma rue. Et s'ils ne me plaisent pas les gens de ma rue?

L'ÉMEUTIER.

Ce sont vos frères!

L'ÉCONOMISTE.

Mes frères, tant qu'il vous plaira. Et si j'aime mieux dîner seul qu'avec mes frères de la rue? Ou bien encore, si j'aime mieux dîner avec mes frères de la rue à côté?

L'ÉMEUTIER.

Ah! bah, si le dîner est bon, qu'importe la compagnie? D'ailleurs, il y a de la musique.

L'ÉCONOMISTE.

Et si je n'aime pas la musique?

L'ÉMEUTIER.

Il faut aimer la musique.

L'ÉCONOMISTE.

Mais encore, si elle m'agace les nerfs?

L'ÉMEUTIER.

Alors, tant pis pour vous, car la majorité aime la musique.

L'ÉCONOMISTE.

Au moins serai-je libre de choisir mes airs?

L'ÉMEUTIER.

Toujours, conformément au vœu de la majorité.

L'ÉCONOMISTE.

Et s'il lui convenait à votre majorité de me faire dîner à perpétuité sur l'air *des Fraises* ou sur le *Drin-drin?*

L'ÉMEUTIER.

Vous dîneriez à perpétuité sur l'air des *Fraises* ou sur le *Drin-drin.* Il faut une règle!

L'ÉCONOMISTE.

Atroce majorité! Notre société est affreusement anarchique, je vous l'accorde, mais au moins elle me permet de ne pas dîner avec mes frères de la rue. Elle me laisse le droit de choisir mes convives. Elle me laisse libre aussi de dîner avec ou sans musique.

L'ÉMEUTIER.

En revanche, combien votre menu est pauvre en comparaison d'un festin d'Icarie ! Vous êtes obligé de vous contenter de deux plats... trois au plus, tandis qu'en Icarie !...

L'ÉCONOMISTE.

Mais ce sont mes plats, et je les préfère mille fois à ceux de votre comité ou de votre majorité, tout simplement parce que ce sont mes plats et que je les mange à mes heures et avec mes gens.

Comme l'a dit spirituellement un poète :

> Mon verre n'est pas grand, mais je bois dans mon verre.

L'ÉMEUTIER.

Mais vous n'avez pas de musique ?

L'ÉCONOMISTE.

J'ai de la musique à mes heures, quand j'ai envie d'en avoir, et je choisis celle qui me plaît. Je vais au spectacle ou au concert lorsque le programme m'attire... Et si mes moyens ne me le permettent pas, je m'arrête à écouter une clarinette en plein vent ou un orgue de Barbarie.

L'ÉMEUTIER.

La belle musique !

L'ÉCONOMISTE.

Au moins, on ne me l'impose pas celle-là, je la choisis. C'est ma musique, — et j'aime mieux ma musique, fût-elle estropiée par la clarinette d'un aveugle ou par un orgue de Barbarie, que la musique de la majorité, fût-ce une symphonie de Beethoven, exécutée par l'orchestre du Conservatoire.

L'ÉMEUTIER.

Diable d'homme ! Prêchez donc la communauté et la fraternité à des êtres taillés sur ce patron-là !

L'ÉCONOMISTE.

Ils sont plus nombreux que vous ne pensez, je vous en avertis, et à moins de faire fabriquer des communistes exprès, je ne vois pas trop comment vous peuplerez votre Icarie.

L'ÉMEUTIER.

Que Cabet, emporté par son génie organisateur, n'ait point laissé une part assez large au libre arbitre de chacun, je vous l'accorde, mais admirez, du moins, son ingénieux système de rotation et de distribution des aliments !

L'ÉCONOMISTE.

Quoi ? Les corbeilles pleines et les corbeilles vides qu'on dépose dans des niches ?

L'ÉMEUTIER.

Oui, et surtout la distinction établie entre les aliments nécessaires, les aliments utiles et ceux qui sont simplement agréables. Chacun est pourvu des premiers en abondance. Quant aux autres, chacun en reçoit à tour de rôle. Comme c'est bien imaginé !

L'ÉCONOMISTE.

Qui fait ce partage et cette distribution ?

L'ÉMEUTIER.

Eh ! mais, le gouvernement donc ! puisque c'est le gouvernement qui nourrit le peuple.

L'ÉCONOMISTE.

Fort bien. Dans quelle catégorie votre gouvernement nourricier rangera-t-il les cornichons, par exemple?

L'ÉMEUTIER.

Dans la catégorie des aliments agréables apparemment, car on peut s'en passer à la rigueur.

L'ÉCONOMISTE.

On n'en aura donc qu'à tour de rôle. Une province en aura pendant un mois ou six semaines, puis ce sera le tour de la province voisine, et ainsi de suite, de façon que la récolte soit également répartie entre tous les habitants du pays. Et ceux qui aiment les cornichons tous les jours, que feront-ils?

L'ÉMEUTIER.

Ils songeront que l'Égalité et la Fraternité s'opposent à la satisfaction de cet appétit immodéré et ils se soumettront à la loi.

L'ÉCONOMISTE.

Et ceux qui ne peuvent pas souffrir les cornichons?

L'ÉMEUTIER.

Oh! on ne les forcera pas d'en manger.

L'ÉCONOMISTE.

Pourtant il faut une règle! Et voyez la difficulté qui va se présenter ici; vous me distribuez un aliment agréable... que je ne puis pas souffrir... Je ne le consomme pas. Il est donc juste que vous me donniez un autre à la place... Ceci en vertu de l'égalité des estomacs, car il me faut une part égale ou équivalente à celle de mes frères.

L'ÉMEUTIER.

Sans doute. Vous demanderez un équivalent.

L'ÉCONOMISTE.

A qui le demanderai-je?

L'ÉMEUTIER.

Au comité des aliments.

L'ÉCONOMISTE.

Je prévois que ce sera un comité bien occupé.

L'ÉMEUTIER.

Il y aura des sous-comités. Il y en aura un pour les équivalents.

L'ÉCONOMISTE.

Je doute fort qu'il suffise à sa besogne. Car on est rarement satisfait de son lot. Votre sous-comité sera accablé de demandes d'équivalents.

L'ÉMEUTIER.

Il ne satisfera que les demandes raisonnables.

L'ÉCONOMISTE.

Et comment s'assurera-t-il qu'elles le sont? Comment pourra-t-il se convaincre si je ne puis positivement pas souffrir les cornichons?

L'ÉMEUTIER.

Oh! si l'on y met de la mauvaise volonté, tant pis! Que les difficiles se soumettent. La loi ne saurait entrer dans de tels détails.

L'ÉCONOMISTE.

Allons, je vois bien que, sous peine de déranger toute l'économie de leur merveilleuse organisation sociale, vos Icariens sont condamnés à aimer les cornichons... mais sans excès, pendant un mois ou six semaines, à tour de rôle. Tant pis pour ceux qui ne les aiment pas assez, tant pis pour ceux qui les aiment trop!

L'ÉMEUTIER.

Il faut considérer un système dans son ensemble, et ne point tàtillonner sur les détails.

L'ÉCONOMISTE.

C'est qu'un ensemble se compose de détails, et que, jusqu'à présent, ceux de votre nourriture icarienne ne me paraissent pas régalants.

L'ÉMEUTIER.

Au moins vous ne trouverez rien à redire au mode de distribution des aliments. Dans notre société anarchique, chaque ménagère est obligée d'aller perdre un temps précieux chez son boucher, chez sa marchande de légumes, au marché aux poissons, etc., etc. En Icarie, on vous apporte votre nourriture dans une corbeille, et vous n'avez plus qu'à la consommer.

L'ÉCONOMISTE.

Soit! mais qui choisit le contenu de la corbeille? Est-ce le consommateur?

L'ÉMEUTIER.

Allons donc! ce serait une belle anarchie! L'administration ne saurait auquel entendre. On se battrait aux portes des magasins. C'est l'administration qui choisit le contenu de la corbeille destinée à alimenter les repas privés, comme c'est elle qui règle le menu des repas communs ; c'est l'administration qui fait tout.

L'ÉCONOMISTE.

C'est que, voyez-vous, il y a des gens qui pré-

8.

fèrent choisir leurs provisions eux-mêmes, dût-il leur en coûter un peu de peine, plutôt que de les laisser choisir par autrui. Et votre administration, de quoi se compose-t-elle ?

L'ÉMEUTIER.

Elle se compose d'administrateurs nommés par le suffrage universel.

L'ÉCONOMISTE.

Et qui vous garantit que vos administrateurs ne garderont pas pour eux les meilleurs morceaux ?

L'ÉMEUTIER.

Oh! ils en sont incapables! Des administrateurs nommés par le suffrage universel!

L'ÉCONOMISTE.

C'est juste. Le suffrage universel est infaillible... même en Icarie. Et par qui les corbeilles seront-elles portées à domicile ?

L'ÉMEUTIER.

Par des fonctionnaires préposés à cette fonction.

L'ÉCONOMISTE.

Par des fonctionnaires d'un rang inférieur ?

L'ÉMEUTIER.

I n'y a, en Icarie, ni rangs supérieurs ni rangs inférieurs. Tous les Icariens sont égaux.

L'ÉCONOMISTE.

Soit! Je suppose que le fonctionnaire porte-corbeilles de votre arrondissement vous ait pris en grippe, et qu'il ait, au contraire, une sympathie marquée pour votre voisin dont la femme ou la fille...

L'ÉMEUTIER.

Je vous répète qu'en Icarie tous les fonctionnaires sont nommés par le suffrage universel. Cette garantie-là suffit bien, ce me semble. D'ailleurs, si, contre toute attente, le fonctionnaire porte-corbeilles se montrait négligent ou infidèle, on pourrait le dénoncer à l'administration.

L'ÉCONOMISTE.

Par quelle voie?

L'ÉMEUTIER.

En adressant une plainte au sous-comité chargé des réclamations.

L'ÉCONOMISTE.

Lequel ne serait évidemment point surchargé de besogne.

L'ÉMEUTIER.

Lequel connaîtrait son devoir et saurait le remplir. La plainte serait donc reçue et examinée. Une enquête serait dressée. Si elle était défavorable au fonctionnaire, il en serait aussitôt référé au conseil d'État. Celui-ci ferait immédiatement dresser une contre-enquête, à la suite de laquelle il apprécierait, s'il y a lieu, oui ou non, d'autoriser les poursuites contre le fonctionnaire accusé de prévariquer.

L'ÉCONOMISTE.

Mais pendant ce temps-là qui porterait la corbeille?

L'ÉMEUTIER.

Vous devez bien supposer qu'on ne saurait, sur la dénonciation du premier venu, et avant d'avoir constaté les faits, suspendre un fonctionnaire que le peuple aurait investi de sa confiance.

L'ÉCONOMISTE.

Et si ce fonctionnaire, exaspéré par ma plainte, ne me nourrit plus que de pain moisi et de viande faisandée, ou même s'il ne me nourrit plus du tout, que ferai-je?

L'ÉMEUTIER.

Vous pétitionnerez! Vous pétitionnerez! C'est un droit qui vous est garanti par la constitution d'Icarie, un droit imprescriptible!

L'ÉCONOMISTE.

Elle est solide, la garantie! Vous y fieriez-vous?

L'ÉMEUTIER.

Si l'on prenait, pour appliquer ce système, des hommes corrompus par le milieu social où nous sommes, on s'exposerait, sans doute, à des mécomptes. Mais que ne peut une éducation égalitaire et fraternelle?

L'ÉCONOMISTE.

Avouez cependant qu'avant d'avoir inculqué à tous les citoyens de votre république égalitaire et fraternelle un goût égal pour l'air des *Fraises* et le *Drin-drin*, — pour les frères qu'ils ont dans la même rue, — pour les cornichons et les autres aliments agréables, elle aura de la besogne, votre éducation égalitaire et fraternelle!

L'ÉMEUTIER.

Je ne dis pas non; mais voyez donc les misères du régime actuel.

L'ÉCONOMISTE.

Tout le monde n'est pas nourri convenablement, tant s'en faut, sous le régime actuel; mais du moins les plus pauvres gens sont libres de choisir et de consommer leurs aliments à leur guise. Ils ne sont pas obligés d'obéir aux prescriptions de la loi ou aux convenances de la majorité pour les lieux, les heures et le menu de leurs repas. Ils ne sont pas non plus à la merci d'un fonctionnaire porte-corbeilles. Ils s'approvisionnent eux-mêmes chacun selon son goût ou sa fantaisie, et si leurs fournisseurs les servent mal, ils s'adressent à d'autres. C'est plus simple que de porter plainte à l'administration et de passer par la filière du conseil d'État. C'est aussi plus vite fait, croyez-moi!

Savez-vous, en définitive, ce qu'il a organisé, votre M. Cabet? Il a organisé la servitude de l'estomac.

L'ÉMEUTIER.

Et la sécurité de l'alimentation publique, la comptez-vous pour rien? Les maux de la disette ne seraient-ils pas inconnus sous ce régime, puisque le gouvernement serait responsable de la subsistance des populations? Il y aurait des abus de détail, je le veux bien, mais le peuple serait nourri, et c'est bien quelque chose!

L'ÉCONOMISTE.

Ne l'est-il pas sous le régime actuel, en dépit des émeutes, des règlements et des prohibitions? Mais je nie qu'un gouvernement quelconque puisse assurer la subsistance du peuple, dût-il soumettre les estomacs à une servitude pire encore que celle du cabétisme.

L'ÉMEUTIER.

Et sur quoi vous fondez-vous pour nier ce que tous nos grands penseurs affirment?

L'ÉCONOMISTE.

Je me fonde sur une expérience qui a été tentée par des hommes dont vous ne récuserez certes point l'autorité, par les républicains de 93.

L'ÉMEUTIER (*ôtant sa casquette*).

Salut et fraternité !

L'ÉCONOMISTE.

Eh bien! vos républicains de 93 ont voulu confier au gouvernement le soin de nourrir le peuple. Savez-vous quel a été le résultat de l'expérience? Ç'a été de réduire le peuple à la famine.

LE PROHIBITIONNISTE.

Vous devriez bien nous raconter cet épisode de la Révolution.

L'ÉCONOMISTE.

Il a déjà été raconté bien souvent; mais, hélas! il ne l'a pas été assez encore, car l'expérience qui fut tentée alors et qui échoua d'une manière si désastreuse, malgré la puissance et l'étendue des moyens employés pour la faire réussir, cette expérience est demeurée comme non avenue.

L'ÉMEUTIER.

Racontez-la donc. Mais je connais à fond mon épopée révolutionnaire, je vous en préviens, et je ne souffrirai point qu'on la calomnie.

L'ÉCONOMISTE.

Je ne la calomnierai point; je me bornerai à la raconter, et cela suffira bien.

L'ÉMEUTIER ET LE PROHIBITIONNISTE.

Nous vous écoutons.

L'ÉCONOMISTE.

Notre génération sait, par expérience, que les révolutions sont toujours accompagnées d'une crise désastreuse. Toute révolution cause un mal présent, si elle promet un bien à venir. Et ce bien est toujours acheté cher, quand il arrive... Il en fut ainsi en 1789. La nation souffrait d'abus invétérés, et elle aspirait à une rénovation politique et sociale. Des esprits prudents et sages voulaient que la réforme s'opérât sans rien précipiter, sans rien exposer ; mais, comme il arrive toujours, on n'écouta point ces esprits raisonnables, et la France se lança tête baissée dans la tourmente révolutionnaire. Dès le début de la Révolution, une crise analogue à celle dont nous avons été les témoins et les victimes en 1848, frappa toutes les branches de la production. Il en résulta aussitôt un redoublement de misère pour les classes inférieures et, pour la révolution, un redoublement de fièvre. Les ouvriers, qui ne trouvaient plus de travail dans leurs ateliers, se mirent aux gages des agitateurs, et ils formèrent l'armée permanente de l'émeute. Le mal provenant de cette crise inévitable de la production fut encore aggravé par la disette des subsistances, et celle-ci eut pour cause bien moins l'inclémence des saisons que l'ignorance des hommes.

La crise alimentaire se manifesta dès les premiers jours de la révolution. Cependant, au témoignage d'un savant agronome anglais, Arthur Young, qui voyageait alors en France, la récolte avait été bonne. D'où provenait donc la disette ? Elle provenait des mesures qui avaient été prises pour la prévenir.

M. Necker, l'auteur de l'ouvrage *Sur la législation et le commerce des blés*, était ministre. Il voulut faire l'expérience du système de restrictions commerciales et d'intervention administrative qu'il avait préconisé dans son livre. En conséquence, il ordonna aux autorités des provinces de faire une enquête sur le produit de la récolte. Cette enquête, dressée à la hâte, ayant accusé un déficit, M. Necker s'empressa de prohiber l'exportation et de réglementer le commerce intérieur. Il renouvela l'ancienne défense de vendre et d'acheter ailleurs que sur les marchés, et il autorisa les magistrats à faire approvisionner ceux-ci de gré ou de force. Ces mesures, lisons-nous dans le compte rendu qu'en publia M. Necker lui-même, étaient motivées par la nécessité d'empêcher « les achats et les accaparements entrepris uniquement en vue de profiter de la hausse des grains ». En même temps, M. Necker faisait acheter des quantités considérables de grains sur les marchés étrangers. Ces achats, qui ne coûtèrent pas moins de quarante-cinq millions au gouvernement, ne fournirent cependant à la France qu'un supplément de trois jours de subsistances.

L'ÉMEUTIER.

Eh! bien, cela valait toujours mieux que rien.

L'ÉCONOMISTE.

Je vous l'accorde. Seulement, le commerce ne se souciant point de se mettre en concurrence avec le gouvernement qui achetait pour revendre à perte, le commerce suspendit ses opérations, et le pays en fut réduit aux seules importations du gouvernement.

M. Necker, voyant que le mal allait croissant, fit publier alors qu'on ne servait plus que du pain bis sur la table royale. Or, remarque Arthur Young, quelle conséquence le peuple devait-il tirer de cette assertion, si ce n'est que le pays était en danger de famine? L'alarme devint donc universelle, et bientôt les populations ameutées interceptèrent le transport des grains à l'intérieur, comme le gouvernement l'avait intercepté au dehors. La cherté ne manqua point de redoubler, et le prix du blé monta jusqu'à 50 ou 57 livres le setier, ce qui était un prix de famine, dans une année où la récolte avait été ordinaire.

L'assemblée constituante, au sein de laquelle la liberté du commerce comptait des défenseurs éclairés et influents, l'assemblée constituante essaya de réparer les fautes de M. Necker, en faisant respecter la liberté de la circulation des grains à l'intérieur. Mais tout était alors en pleine désorganisation. La garde nationale, à laquelle on faisait jurer de protéger les convois de subsistances[1], était la première à les arrêter; elle se rendait en armes sur leur passage et se faisait céder les blés au-dessous du prix courant. Le commerce des grains, entravé et dépouillé par ceux-là mêmes qui avaient mission de le protéger, ralentit ses opérations, et les subsistances devinrent de plus en plus rares dans les villes. Selon leur coutume, les masses ne manquèrent point d'accuser les « accapareurs » de causer le mal, et de réclamer des pénalités draconiennes contre ces « as-

---

[1] C'était un des articles du serment fédératif.

sassins du peuple ». En vain, les hommes éclairés de l'assemblée constituante et de l'assemblée législative essayèrent de lutter contre l'entraînement des préjugés populaires. Ils échouèrent, et sous la Convention, les faiseurs d'émeutes devinrent législateurs à leur tour.

Comme ils étaient convaincus que la disette qui avait régné en permanence depuis le commencement de la révolution était causée par les accapareurs, ils exhumèrent et remirent à neuf, en l'appuyant sur des pénalités formidables, toute la gothique réglementation du commerce des grains. Telle fut la célèbre loi des subsistances, décrétée le 4 mai 1793.

En vertu de cette loi, tout marchand, propriétaire ou cultivateur, était tenu de déclarer à la municipalité les quantités de grains qu'il possédait. Les fausses déclarations étaient punies de la confiscation des grains. Les ventes ne pouvaient avoir lieu ailleurs que dans les marchés, sous peine d'une amende de 300 à 1,000 livres, qui était encourue par le vendeur et l'acheteur. Les corps administratifs et municipaux étaient autorisés à requérir, chacun dans son arrondissement, tous marchands, cultivateurs ou propriétaires à garnir les marchés. Ils pouvaient également requérir les ouvriers pour battre les gerbes, en cas de refus des propriétaires. Nul ne pouvait, sous peine de confiscation, se soustraire aux réquisitions, à moins de prouver qu'il ne possédait pas assez de grain pour sa propre consommation jusqu'à la récolte. Tout individu se livrant au commerce des grains était obligé d'en faire la déclaration à la municipalité. On lui délivrait un extrait de cette déclaration, qu'il était tenu d'exhiber dans les marchés, où des officiers publics écrivaient en marge les quantités qu'il avait achetées. Il était obligé aussi de tenir des registres portant les noms des personnes à qui il avait acheté et vendu. Dans les lieux où il achetait, on lui délivrait un acquit à caution signé du maire et du procureur de la commune. Dans les lieux de vente, on lui en donnait une décharge avec les mêmes formalités; après quoi il était tenu de représenter son acquit à caution dans les lieux d'achat; le tout sous peine de confiscation et de 300 à 1,000 livres d'amende. Enfin, la loi ordonnait l'établissement d'un *maximum*. Pour fixer ce *maximum*, les directeurs des districts avaient adressé à ceux des départements les mercuriales des marchés de leur arrondissement depuis le 1er janvier jusqu'au 1er mai. Le prix moyen devait servir de *maximum*. Le *maximum* devait décroître ensuite dans les proportions suivantes : au 1er juin, il devait être réduit d'un 10e, d'un 20e sur le prix restant au 1er juillet, d'un 30e au 1er août, d'un 40e au 1er septembre. Tout citoyen convaincu d'avoir vendu ou acheté au-dessus du *maximum* était passible d'une amende de 300 à 10,000 livres. Telle était, dans ses principales dispositions, la loi du 4 mai 1793, que les montagnards, Robespierre en tête, firent voter par la Convention. Qu'en résulta-t-il ? L'abondance reparut-elle ? Non. Les maux de la disette redoublèrent, au contraire, et cela se conçoit. Faire le commerce des grains sous un tel régime, c'eût été se mettre, de gaieté de cœur, sous le couteau de la guillotine. Le peu de commerce qui subsistait encore s'arrêta donc, et les villes en furent désormais réduites aux subsistances que les municipalités y faisaient apporter de gré ou de force. Cependant les auteurs de la loi du 4 mai, ne pouvant admettre que cette œuvre de leur sagesse eût aggravé le mal, s'en prirent plus que jamais aux accapareurs, dont Collot-d'Herbois, ex-comédien passé législateur, se chargea de dresser l'acte d'accusation.

L'ÉMEUTIER.

Et c'est un fier morceau d'éloquence, allez! Je le sais par cœur.

L'ÉCONOMISTE.

Quelle mémoire pernicieuse vous avez!

L'ÉMEUTIER.

Ce n'est pas long; mais comme c'est fort! Quelle moelle de lion! Écoutez plutôt.

CITOYENS,

La commission que vous avez créée pour s'occuper de l'agiotage et des accaparements a fixé constamment son attention sur ces deux fléaux, dont les ravages se multiplient de la manière la plus effrayante. Occupée à porter le flambeau dans toutes les sinuosités, dans tous les détours à la faveur desquels les agioteurs se dérobent à l'œil des lois et où ils se retranchent sans cesse occupés de la ruine de la patrie, la commission propose des moyens sûrs pour que ces animaux astucieux et féroces, enfermés dans cet affreux labyrinthe, se trouvent pris dans leurs propres pièges et se fassent eux-mêmes victimes des crimes qu'ils ont préparés. Mais une loi sur les accapareurs est de toutes la plus pressante; la douleur du peuple la sollicite; la différer un instant ce serait être complice de tous les maux dont le peuple souffre.

Ici, l'orateur fait remarquer que les agioteurs et les accapareurs ont toujours voulu « dévorer » les républiques naissantes, et il cite l'exemple de l'Amérique du Nord ; puis il continue :

Et quoi de plus nuisible, citoyens, que cette légion barbare qui médite jour et nuit tous les genres d'assassinats et surtout l'assassinat des pauvres! Car c'est assassiner le pauvre que de lui ôter, par d'horribles spéculations, les moyens de pourvoir à ses besoins les plus pressants : la nourriture et le vêtement. La nature est abondante et libérale, et les accapareurs s'efforcent continuellement, par des attentats sacrilèges, à la rendre stérile et impuissante. La nature a souri à notre révolution et l'a sans cesse protégée ; et les accapareurs, d'accord avec les tyrans, nos ennemis, machinent chaque jour des calamités et des moyens de contre-révolution ; ils craignent que le véritable ami de la liberté, le vertueux indigent, n'ait trop de sang à verser pour cette belle cause ; ils s'épuisent en conspirations pour en tarir les sources dans ses veines généreuses. Plus l'humanité parle haut en faveur de celui qui souffre, plus ils voudraient que la société fût dure à son égard ; c'était là l'axiome favori de nos tyrans. Citoyens, c'est à vous de faire tonner la voix des hommes libres ; il vous appartient de réduire au désespoir et au silence toutes ces passions viles, les plus cruelles ennemies d'une nation franche et généreuse. Un petit nombre d'hommes influents, coalisés au milieu de nous pour nous affamer et ruiner toutes nos ressources, peut-il être longtemps redoutable? Conserveront-ils longtemps, ces vampires, le droit de mettre un impôt immense et journalier sur nos consommations?...

L'ÉCONOMISTE.

Aurez-vous bientôt fini ?

L'ÉMEUTIER.

Comment, vous êtes insensible au mérite de ce style?

L'ÉCONOMISTE.

Il me guillotine les oreilles, votre style ! Encore s'il n'avait jamais guillotiné autre chose. Mais, hélas ! autant de phrases, autant de têtes coupées.

Mais arrivons à la conclusion du rapport de Collot-d'Herbois. Cette conclusion, c'est un décret (rendu le 27 juillet 1793) par lequel l'accaparement était déclaré crime capital. Le tiers du produit des marchandises dénoncées appartenait aux dénonciateurs. Tout détenteur de marchandises de première nécessité était tenu, en vertu du même décret, de les déclarer à la municipalité et d'en afficher le tableau devant sa porte.

En conséquence de ce décret, on se mit à courir sus aux accapareurs. Savez-vous combien on découvrit de ces animaux astucieux et féroces, de ces vampires ? On n'en découvrit pas un seul.

L'ÉMEUTIER.

Cela n'est pas croyable.

L'ÉCONOMISTE.

Cela est ainsi cependant, les documents officiels du temps en font foi. Et cela se conçoit. Personne n'osait plus faire le commerce des grains. Où donc aurait-on pu trouver des accapareurs ?

Mais il fallait bien que les grains fussent mis à la portée des consommateurs, et comme les négociants terrifiés par les décrets de la Convention n'osaient plus remplir cette fonction nécessaire, ce fut le gouvernement qui s'en chargea.

L'ÉMEUTIER.

Enfin !

L'ÉCONOMISTE.

Ce fut le gouvernement qui se chargea de nourrir le peuple français. Voici comment il s'y prit. Une commission, dite des subsistances et des approvisionnements, fut instituée avec la mission de pourvoir à l'alimentation du pays, soit par des achats de gré à gré, soit par des achats forcés ou réquisitions. Cette commission eut bientôt plus de dix mille employés sous ses ordres, et elle dépensa jusqu'à trois cents millions par mois. Elle acheta à l'étranger des masses de grains qu'elle revendit à perte, en sorte qu'au bout de quinze mois elle était en déficit de 1,400 millions.

Au moins avait-elle rempli sa tâche? Avait-elle nourri le peuple? Hélas! le peuple, nourri par le gouvernement, mourait littéralement de faim. Les choses en vinrent au point que Barrère, ne sachant plus quel expédient invoquer, proposa à la Convention « d'ordonner « un jeûne général et un carême civique ».

Voilà à quoi aboutit en France le système du gouvernement qui nourrit le peuple! Pourtant ce ne furent ni la bonne volonté ni la force qui manquèrent au gouvernement révolutionnaire pour faire réussir ce système. Délations, confiscations, guillotinades, il mit tout en œuvre. Aucun scrupule ne l'arrêta ; il ne recula devant rien. Et pour aboutir à quoi? A un jeûne général et à un carême civique.

Après le 9 thermidor, lorsque la France eut été débarrassée de la tyrannie de Robespierre, on renonça à ce système dont l'impuissance n'était que trop constatée et l'on en revint à la liberté du commerce des grains. On supprima le *maximum*, on rapporta la loi sur les accapareurs et l'on recommença à protéger efficacement les transports des grains, au lieu de les laisser arrêter et piller. Qu'en résulta-t-il?

C'est que l'abondance renaquit comme par enchantement et qu'il ne fut plus question de jeûne général ni de carême civique.

LE PROHIBITIONNISTE.

L'expérience est concluante, avouez-le.

L'ÉMEUTIER.

Oh! un échec ne prouve rien.

L'ÉCONOMISTE.

Soit! Mais croyez-vous qu'où le gouvernement révolutionnaire a échoué, malgré sa puissance formidable, un autre gouvernement puisse aisément réussir?

L'ÉMEUTIER.

Je ne dis pas que ce soit facile. Voyez cependant l'Icarie.

L'ÉCONOMISTE.

L'Icarie n'existe que sur le papier, vous le savez bien. L'Icarie n'est qu'un rêve, et il s'agit ici de réalités. Non! un gouvernement ne saurait nourrir le peuple. Un gouvernement a pour mission de faire régner la justice, de garantir la sécurité des personnes et des propriétés, et c'est là, croyez-moi, une tâche bien assez vaste et assez ardue. *Qui trop embrasse, mal étreint.*

L'ÉMEUTIER.

Vous voulez donc que le gouvernement se croise les bras?

L'ÉCONOMISTE.

Faire régner la justice, protéger les personnes et les propriétés, est-ce se croiser les bras?

L'ÉMEUTIER.

Et si le peuple souffre?

L'ÉCONOMISTE.

C'est une raison pour ne pas aggraver ses souffrances.

L'ÉMEUTIER.

Mais encore, le gouvernement et les communes ne sont-ils pas tenus de prendre des mesures pour assurer la subsistance des populations aux époques de disette? Ne peuvent-ils, par exemple, acheter des grains pour les revendre au prix coûtant, ou même au-dessous du prix coûtant? Le gouvernement ne peut-il encore allouer des primes à l'importation des substances alimentaires?

L'ÉCONOMISTE.

M. Necker avait fait acheter pour quarante-cinq millions de blés à l'étranger, et il les faisait revendre au-dessous du prix coûtant. Quel a été cependant le résultat de cette mesure philanthropique? Ç'a été d'aggraver le mal. Pourquoi? Parce que le commerce, ne se souciant pas de se mettre en concurrence avec un gouvernement qui vend à perte, ralentit ses opérations à mesure que le gouvernement multiplie les siennes. Or, l'expérience démontre que l'intervention du gouvernement ne supplée qu'imparfaitement à celle du commerce; l'expérience démontre que les populations perdent plus au ralentissement du commerce des subsistances, qu'elles ne gagnent à ce que le gouvernement se fasse marchand de grains.

LE PROHIBITIONNISTE.

N'y aurait-il pas moyen cependant de combiner

l'action du gouvernement et des communes avec celle du commerce, pour soulager les populations aux époques de disette ?

L'ÉCONOMISTE.

Non ; ce n'est pas possible. De deux choses l'une, en effet : ou le gouvernement et les communes débitent des aliments au même prix que le commerce et, dans ce cas, leur intervention est inutile ; ou bien le gouvernement et les communes débitent des aliments au-dessous des prix du commerce et, dans ce cas, les commerçants ne tardent pas à suspendre ou à ralentir leurs opérations. Alors, le gouvernement et les communes restent à peu près seuls chargés du soin de nourrir le peuple, et vous avez pu juger s'ils sont capables de s'acquitter de ce soin.

Quant aux primes d'importation, elles ne sont pas condamnées, d'une manière moins décisive, par l'expérience. Chaque fois qu'on en a distribué, on a pu se convaincre qu'elles n'aboutissaient qu'à faire hausser les subsistances sur les marchés d'approvisionnement, et qu'elles constituaient ainsi un véritable cadeau fait aux producteurs et aux négociants étrangers.

Encore une fois, ce que les gouvernements et les communes ont de mieux à faire, dans les années de disette comme dans les années d'abondance, c'est de s'abstenir de toucher au commerce des grains, soit en l'entravant, soit en lui faisant concurrence, soit même en l'encourageant.

L'ÉMEUTIER.

Quoi ! toujours laisser faire et ne rien faire ?

L'ÉCONOMISTE.

Attendez ! Je dis que le gouvernement et les communes doivent rigoureusement s'abstenir d'intervenir dans le commerce des grains ; mais ils peuvent, ils doivent même écarter tous les obstacles qui entravent ses opérations. Tels sont, par exemple, les droits de douane et d'octroi qui grèvent les grains, les légumes, la viande, le poisson et, en général, tous les aliments, à l'entrée du pays ou à l'entrée des villes. Il convient d'affranchir même les aliments de luxe. Car si les classes aisées peuvent satisfaire leur appétit avec des aliments de luxe, elles demanderont une moindre quantité des aliments qui entrent dans la consommation générale, et ce sera toujours autant de gagné. Voilà ce que peuvent, ce que doivent faire les gouvernements et les communes dans les années de disette.

L'ÉMEUTIER.

Est-ce tout ? Si le gouvernement et les communes ne peuvent se mêler sans inconvénient du commerce des grains, si, comme vous l'affirmez, leur intervention en décourageant le commerce a pour résultat de diminuer les ressources alimentaires des populations au lieu de les augmenter, ne peuvent-ils, du moins, mettre les classes pauvres en état d'acheter du pain, en leur distribuant des secours ou du travail ?

L'ÉCONOMISTE.

Il faut sans doute que la charité publique fasse des sacrifices exceptionnels dans les années de disette. Mais en la dispensant, on doit veiller surtout à ce que ses secours soient convenablement distribués, à ce qu'ils n'encouragent pas la fainéantise et l'imprévoyance comme cela n'arrive que trop souvent. Quant aux secours en travail, le gouvernement et les communes doivent éviter encore d'empiéter sur le domaine de l'industrie privée, sinon ils s'exposent à ravir aux classes ouvrières plus de travail qu'ils ne peuvent lui en distribuer.

Il est bien entendu que la charité privée peut contribuer, dans une large mesure, à soulager les maux de la disette ; mais encore doit-elle éviter, à son tour, de faire concurrence à l'industrie et au commerce, sous peine de troubler, aux dépens de ceux-là mêmes qu'elle veut soulager, le grand mécanisme de la production et de la distribution des richesses. Que des personnes charitables s'associent donc pour distribuer des aliments ou des secours à l'aide desquels les aliments s'achètent, mais qu'elles évitent de faire du commerce à perte, car c'est le vrai moyen de détruire le commerce régulier et, je le répète, la destruction ou le ralentissement du commerce régulier est ce qu'il y a de plus funeste aux populations. Car la charité publique ou privée, si active qu'elle soit, n'a jamais pu et ne pourra jamais suppléer au commerce.

L'ÉMEUTIER.

Toujours le commerce ! C'est donc le commerce qui se chargera de soulager les populations ?

L'ÉCONOMISTE.

Vous l'avez dit. Seulement, c'est à la condition que le commerce jouisse d'une entière liberté au dedans aussi bien qu'au dehors ; c'est qu'il ne soit entravé ni par des émeutes, ni par des prohibitions à la sortie. Cela étant, je vous garantis que les écarts excesssifs de la surabondance et de la disette cesseront de se produire ; je vous garantis que les prix des subsistances finiront par former une moyenne, également éloignée d'un bas prix ruineux pour les agriculteurs, et d'une cherté funeste aux consommateurs.

LE PROHIBITIONNISTE.

Bref, ce sera l'âge d'or.

L'ÉCONOMISTE.

Ce ne sera pas l'âge d'or, car l'âge d'or ne régnera sur la terre qu'après que nous serons guéris de notre ignorance et de nos vices.

LE PROHIBITIONNISTE.

Alors, ce sera long.

L'ÉCONOMISTE.

J'en ai peur. Mais la stabilité des prix que nous procurera la liberté du commerce n'en sera pas moins un immense bienfait.

LE PROHIBITIONNISTE.

Ce serait un bienfait immense, en effet, tout le monde s'accorde à le dire. En revanche, bien des gens nient, — et je suis de ces gens-là, ne vous déplaise, — que le liberté du commerce puisse nous le procurer.

La prohibition à la sortie, dans les années de disette, *l'échelle mobile*, en tous temps, voilà ce qu'il y a de mieux pour prévenir les écarts excessifs des prix en hausse ou en baisse.

L'ÉCONOMISTE.

Il nous reste donc à examiner encore la prohibition à la sortie et l'échelle mobile. Ce sera l'affaire de deux séances.

LE PROHIBITIONNISTE.

Oh ! il vous en faudra bien quarante, si vous voulez me convertir, je vous en avertis.

L'ÉCONOMISTE.

Deux me suffiront, si vous êtes de bonne foi.

LE PROHIBITIONNISTE.

Qu'est-ce à dire ?

L'ÉCONOMISTE.

C'est-à-dire si vous n'en faites point une affaire de parti, — autrement, je ne vous convertirai ni en deux séances, ni en quarante.

LE PROHIBITIONNISTE.

Soit ! je laisserai la politique de côté.

L'ÉCONOMISTE.

Alors, va pour deux séances.

CINQUIÈME CONVERSATION

LA PROHIBITION A LA SORTIE.

Sommaire : Que la prohibition à la sortie équivaut à une confiscation. — Effets de la prohibition à la sortie du drap, du travail,
des houilles, des denrées alimentaires. — Le droit aux lapins.
— Les prohibitionnistes et les sauvages de la Louisiane.

LE PROHIBITIONNISTE.

On me dira ce qu'on voudra, mais je n'admettrai
jamais que le meilleur moyen d'amener l'abondance
dans un pays, ce soit d'en laisser sortir les grains.
Le bon sens avant tout !

L'ÉCONOMISTE.

C'est précisément à votre bon sens que je veux
m'adresser. C'est votre bon sens que je veux convertir à la liberté du commerce. Pourquoi demandez-vous la prohibition à la sortie des grains?

LE PROHIBITIONNISTE.

Belle question! Pour préserver nos populations de
la disette.

L'ÉCONOMISTE.

Vous croyez donc que la prohibition à la sortie
ramènera l'abondance dans le pays?

LE PROHIBITIONNISTE.

Une abondance relative. Je crois que la prohibition à la sortie mettra un terme au renchérissement des choses nécessaires à la vie. Sans cela, pourquoi la demanderais-je?

L'ÉCONOMISTE.

Fort bien. La prohibition à la sortie est, à vos yeux, un procédé qui sert à arrêter le renchérissement et à ramener dans le pays une abondance relative.

Ce procédé est assurément des plus simples et des moins coûteux. Hier, les grains et les autres aliments pouvaient être transportés hors du pays. Aujourd'hui, une ordonnance en quatre lignes est insérée au *Moniteur*, et demain, cette nuit même, le commerce des grains se trouve arrêté à toutes les frontières. C'est encore plus simple et plus économique que l'émeute.

LE PROHIBITIONNISTE.

Vous nous assimilez à des émeutiers? C'est indécent!

L'ÉMEUTIER.

Comment! Mais il me semblait que nous poursuivions le même but.

LE PROHIBITIONNISTE.

Allons donc!

L'ÉMEUTIER.

Ne voulez-vous pas faire baisser le prix des grains?

LE PROHIBITIONNISTE.

Assurément.

L'ÉMEUTIER.

Nous aussi.

LE PROHIBITIONNISTE.

Mais quelle différence dans les procédés!

L'ÉMEUTIER.

Où la voyez-vous, cette différence? Nous entravons le commerce des grains à l'intérieur, vous l'entravez à la frontière, voilà tout.

LE PROHIBITIONNISTE.

Mais vous portez atteinte à la propriété, vous autres...

L'ÉCONOMISTE.

Et vous, la respectez-vous davantage? Savez-vous ce que c'est qu'une prohibition? C'est une confiscation.

LE PROHIBITIONNISTE.

Vous vous moquez.

L'ÉCONOMISTE.

C'est une confiscation, vous dis-je. Soyez-en juge plutôt. N'avez-vous pas une part d'intérêt dans une fabrique de drap?

LE PROHIBITIONNISTE.

J'y suis associé pour une moitié.

L'ÉCONOMISTE.

Et où avez-vous votre clientèle?

LE PROHIBITIONNISTE.

Un peu partout. Dans le pays d'abord; puis en Allemagne, en Italie, en Turquie, aux États-Unis. Notre clientèle est fort éparpillée.

L'ÉCONOMISTE.

Eh bien! je suppose que le gouvernement, considérant la rigueur de l'hiver et la cherté du drap et voulant donner un témoignage de sa sollicitude aux pauvres travailleurs que cette cherté oblige à aller vêtus de méchantes blouses de coton, je suppose que le gouvernement prohibe le drap à la sortie.

LE PROHIBITIONNISTE.

Le gouvernement n'est pas, grâce au ciel, stupide à ce point. Prohiber la sortie du drap, mais ce serait absurde et odieux!

L'ÉCONOMISTE.

Ce serait une confiscation, n'est-il pas vrai?

LE PROHIBITIONNISTE.

Assurément.

L'ÉMEUTIER.

Comment! N'auriez-vous pas toujours la ressource de vendre votre drap dans le pays? Vous vêtiriez nos pauvres travailleurs, qui pourraient échanger leur blouse de coton, dans laquelle ils grelottent, contre un paletot bien chaud. Cela vaudrait un peu mieux que de vêtir les nababs américains et les pachas turcs. Où donc serait la confiscation?

LE PROHIBITIONNISTE.

Vous n'avez pas le sens commun. Si le gouvernement prohibe mon drap à la sortie, il me prive de ma clientèle du dehors. Or, cette clientèle, j'ai fait des sacrifices pour l'acquérir et elle constitue une partie de ma propriété, car que vaut une fabrique ou un magasin sans clientèle? Il me dépouille donc d'une partie de ma propriété, il me la confisque (s'exaspérant), tranchons le mot, il me la vole; oui, il me la vole!

L'ÉMEUTIER.

Mais le marché intérieur?

LE PROHIBITIONNISTE.

Que m'importe le marché intérieur! Je le possède

déjà. Et si je ne fournis point de drap aux travailleurs dont vous me parlez, c'est tout simplement parce qu'ils n'ont pas les moyens d'en acheter.

L'ÉMEUTIER.

Ou parce que votre drap est trop cher. Mais qu'on le prohibe à la sortie, et il baissera de prix.

LE PROHIBITIONNISTE.

Oui, il baissera jusqu'à ce que les draps qui ont été fabriqués pour le débouché extérieur et que votre loi de confiscation, de spoliation, obligera les fabricants d'écouler dans le pays même, jusqu'à ce que ces draps soient vendus. Mais croyez-vous qu'on les remplacera? Croyez-vous que les fabricants se résigneront à produire à perte? Non! les hommes intelligents qui sont à la tête de l'industrie drapière se tourneront vers une autre branche de la production. Ils se mettront à fabriquer un produit qui ne soit pas exposé à la confiscation, un produit qu'ils puissent toujours exporter librement. Que s'il n'en existe point dans le pays, que si la lèpre de la confiscation s'étend à toutes choses, ils transporteront leur industrie et leurs capitaux dans une contrée où la propriété soit plus sûrement garantie, où ils n'aient aucune spoliation à redouter. Voilà ce qu'ils feront, n'en doutez pas, si vos théories communistes viennent à prévaloir.

L'ÉMEUTIER.

Communistes, en quoi?

LE PROHIBITIONNISTE.

En quoi? Vous me le demandez! C'est bien clair pourtant; c'est trop clair. Si vous m'obligez à vous vendre mon drap, sous le prétexte que vous en avez besoin, tandis que je pourrais le vendre plus avantageusement aux étrangers, que faites-vous? Vous établissez sur moi un impôt égal à la différence du prix auquel je vous vends mon drap et de celui auquel je pourrais le vendre aux étrangers. C'est un impôt qui me dépouille pour vous enrichir. Or, prendre aux uns pour donner aux autres, qu'est-ce faire? C'est faire du communisme, et le communisme, on l'a dit avec raison, c'est l'esclavage et le vol.

L'ÉMEUTIER.

Phrases que cela! A quoi me servirait d'être votre compatriote, si je n'avais pas le droit de consommer vos produits avant les étrangers?

LE PROHIBITIONNISTE.

Et moi, à quoi me servirait d'être le vôtre, si c'était pour vous gratifier de mes produits, quand je pourrais les vendre plus cher aux étrangers? Serviteur! Je me soucierais bien vraiment d'une communauté dans laquelle vous auriez les avantages et moi les charges, dans laquelle je payerais l'impôt et vous le percevriez. Au moins, admettez-vous la réciprocité?

L'ÉMEUTIER.

Comment l'entendez-vous?

LE PROHIBITIONNISTE.

Voici. Aujourd'hui, vous êtes le maître de porter votre travail où bon vous semble. Vous, par exemple, qui êtes ouvrier ébéniste, vous pouvez aller travailler à Paris, si l'on vous y offre un salaire plus avantageux qu'à Bruxelles.

L'ÉMEUTIER.

En effet. On me l'a même proposé, et peut-être accepterai-je les offres qui m'ont été faites, car les salaires sont plus élevés à Paris qu'à Bruxelles. Plusieurs de mes anciens camarades travaillent dans les ateliers du faubourg Saint-Antoine, et ils s'en trouvent bien. J'ai été déjà plusieurs fois sur le point d'aller les rejoindre.

LE PROHIBITIONNISTE.

Admettez-vous que le gouvernement ait le droit de vous en empêcher ?

L'ÉMEUTIER.

Le droit de m'empêcher de porter mon travail où bon me semble ? Je voudrais bien voir ça, morbleu ! Sachez que le travail est de toutes les propriétés la plus sacrée, la plus imprescriptible, et que nous avons acheté assez cher le droit d'en disposer.

LE PROHIBITIONNISTE.

Vous n'admettez donc pas que le gouvernement ait le droit de prohiber la sortie des travailleurs ?

L'ÉMEUTIER.

Non, mille fois non. Si l'on m'oblige à demeurer à Bruxelles, quand je pourrais obtenir un salaire plus avantageux à Paris, on me spolie, on me vole...

LE PROHIBITIONNISTE.

Oui, mais n'est-ce pas au profit de vos concitoyens ? Ne leur devez-vous pas votre travail ?

L'ÉMEUTIER.

Qu'ils me le payent aussi cher que les étrangers, et je le leur donnerai ; sinon, non. Mes compatriotes n'ont aucun droit sur mon travail.

LE PROHIBITIONNISTE.

Alors, pourquoi prétendez-vous avoir un droit sur le drap de vos compatriotes ?

L'ÉCONOMISTE.

Bravo ! Bien touché ! Il faut, en effet, que les droits soient réciproques. Ceux-ci sont fabricants, ils vendent du drap et ils achètent du travail. Ceux-là sont ouvriers, ils vendent du travail et ils achètent du drap. Si vous admettez que les ouvriers ont un droit sur le drap des fabricants, il faut admettre aussi que les fabricants ont un droit sur le travail des ouvriers. Sinon, vous spoliez les uns au profit des autres.

L'ÉMEUTIER.

Oui, mais accorder aux fabricants un droit sur le travail des ouvriers, n'est-ce pas rétablir l'esclavage ?

L'ÉCONOMISTE.

Je n'ai jamais prétendu le contraire. Voilà pourquoi on a dit, avec raison, que la communauté, c'est l'esclavage. On a dit aussi, avec non moins de raison : la communauté, c'est le vol ! car prendre aux uns pour donner aux autres, n'est-ce pas voler ?

LE PROHIBITIONNISTE.

Oui, l'esclavage et le vol, voilà la quintessence du communisme, et la prohibition à la sortie du drap, c'est un pas dans la route du communisme. Aussi, je vous le répète bien haut, si vos doctrines sauvages venaient à prévaloir, si le gouvernement s'avisait de toucher à notre propriété, en prohibant la sortie du drap, nous porterions notre industrie et nos capitaux à l'étranger. Qu'auriez-vous gagné alors ? Vous auriez ou sans doute du drap à vil prix pendant une saison, mais ensuite ?

L'ÉMEUTIER.

Eh bien ! ensuite ?

LE PROHIBITIONNISTE.

Vous auriez privé le pays d'une source abondante de travail et de richesse, et vous payeriez le drap plus cher que jamais.

L'ÉMEUTIER.

Comment cela ?

LE PROHIBITIONNISTE.

C'est bien facile à comprendre. Tout fabricant travaille en vue de ses débouchés. Mais voici que les doctrines communistes se propagent dans le pays et qu'on demande la prohibition à la sortie du drap. La prohibition est décrétée. Aussitôt les fabricants qui travaillaient pour l'Allemagne, l'Italie, la Turquie, les États-Unis, émigrent ou s'appliquent à une autre industrie. Qu'en résulte-t-il ? C'est que la fabrication du drap ne dispose plus du même nombre d'intelligences, ni de la même somme de capitaux ; c'est qu'elle se trouve, en conséquence, arrêtée ou ralentie dans sa marche progressive. Il y a pis encore : la fermeture d'une partie de ses débouchés doit inévitablement la ramener en arrière, en la contraignant de renoncer à des procédés et à des méthodes économiques, dont l'application exige un débouché étendu.

L'ÉCONOMISTE.

En effet, un débouché étendu permet de diviser davantage le travail et d'employer des machines plus puissantes.

LE PROHIBITIONNISTE.

Précisément. La fabrication s'opère donc d'après des procédés moins perfectionnés, à l'aide de machines moins puissantes. Le drap revient plus cher, et il ne manque pas de hausser de prix. Il est aussi plus mal fabriqué, car les manufacturiers les plus intelligents et les ouvriers les plus habiles ont abandonné cette industrie que la confiscation a frappée, que le communisme a desséchée. Quels sont donc, en définitive, les résultats de votre prohibition à la sortie? C'est, d'une part, d'avoir tari une source de travail et de richesse, c'est d'avoir amoindri la somme des ressources dont les classes ouvrières pouvaient disposer pour se vêtir; c'est, d'une autre part, d'avoir augmenté le prix des vêtements.

L'ÉCONOMISTE.

Vous parlez vraiment comme un économiste pur sang. Vous êtes donc un ennemi de la prohibition à la sortie?

LE PROHIBITIONNISTE.

Entendons-nous. Je suis un ennemi de la prohibition à la sortie du drap; mais pour les denrées alimentaires, c'est une autre affaire. Je ne suis pas un esprit absolu, Dieu merci.

L'ÉCONOMISTE.

Comme il vous plaira; mais revenons à notre point de départ. Vous accusiez avec raison les émeutiers de porter atteinte à la propriété. A mon tour je vous ai fait remarquer que la prohibition à la sortie des grains n'est autre chose qu'une confiscation, c'est-à-dire une atteinte à la propriété; car enfin, si vous admettez qu'en prohibant la sortie du drap, on mette la main sur la propriété des manufacturiers, on commette une confiscation, une spoliation...

LE PROHIBITIONNISTE.

... Inique et infâme !

L'ÉCONOMISTE.

Eh ! bien, ne devez-vous pas admettre aussi qu'en prohibant la sortie des denrées alimentaires, on porte atteinte à la propriété des agriculteurs, et on commet, à leur détriment, une confiscation, une spoliation ?

LE PROHIBITIONNISTE.

Quelle différence ! En prohibant la sortie du drap, on en décourage la production et on la renchérit, tandis qu'en prohibant la sortie des grains, on fait baisser, au profit de tous, le prix des aliments nécessaires à la vie.

L'ÉCONOMISTE.

En est-ce moins une confiscation? Pourquoi l'agriculteur vend-il ses denrées au dehors, si ce n'est parce qu'il y trouve un prix plus avantageux qu'à l'intérieur? Si vous l'empêchez de les y vendre, ne le dépouillez-vous pas de la différence? C'est une confiscation, ou bien la chose que ce mot signifie change de nature avec l'objet auquel il s'applique. Ce qui est une confiscation lorsqu'il s'agit du drap n'en est plus une lorsqu'il s'agit du blé.

LE PROHIBITIONNISTE.

Je ne dis pas cela ; mais l'une est une confiscation utile, tandis que l'autre est une confiscation nuisible.

L'ÉCONOMISTE.

Pourquoi?

LE PROHIBITIONNISTE.

Parce que le drap n'est pas un objet de première nécessité, parce qu'on peut se passer de drap, tandis qu'on ne peut se passer de blé.

L'ÉCONOMISTE.

Et c'est pour cela que la prohibition à la sortie du drap est nuisible, tandis que la prohibition à la sortie des grains est utile?

LE PROHIBITIONNISTE.

Sans doute. Ce qui est vrai pour une industrie ne l'est pas toujours pour une autre. Il n'y a pas de principes absolus. Ainsi, par exemple, je vous disais que la prohibition à la sortie du drap pourrait provoquer l'émigration de l'industrie drapière. On ne court pas le même risque avec l'agriculture, car les cultivateurs ne sauraient exporter la terre.

L'ÉCONOMISTE.

Voilà donc les deux motifs qui permettent, selon vous, de toucher à la propriété des agriculteurs ; le premier, c'est que le blé est une denrée de première nécessité ; le second, c'est que les agriculteurs ne sauraient emporter la terre à l'étranger.

Ne me disiez-vous pas dernièrement que vous aviez pris des actions dans les charbonnages du bassin de Charleroy ?

LE PROHIBITIONNISTE.

En effet, et j'ai fait là une affaire d'or. Elles haussent tous les jours, mes actions.

L'ÉCONOMISTE.

D'où cela vient-il ?

LE PROHIBITIONNISTE.

Cela vient de ce que nos houilles sont de plus en plus demandées, surtout en France. La Belgique, vous le savez, ne fournit pas aujourd'hui moins de 2 à 3 millions de tonnes de houille à la France, sur une extraction totale de 7 à 8 millions de tonnes. C'est un magnifique débouché, et qui s'agrandit tous les jours.

L'ÉCONOMISTE.

Pourquoi donc ne demandez-vous pas qu'on le ferme et qu'on prohibe la sortie de la houille?

LE PROHIBITIONNISTE.

Prohiber la sortie de la houille! !Êtes-vous fou? Et mes actions?

L'ÉCONOMISTE.

J'aime à croire que si vos intérêts privés étaient en opposition avec l'intérêt général, vous les sacrifieriez sans hésiter, dût-il vous en coûter la moitié de votre fortune.

LE PROHIBITIONNISTE.

Sans doute, sans doute.

L'ÉMEUTIER.

Homme désintéressé et généreux!

L'ÉCONOMISTE.

Eh ! bien, l'occasion est favorable pour mettre votre désintéressement à l'épreuve. Le combustible est horriblement cher, et il hausse tous les jours. Qu'on en prohibe la sortie, et il baissera infailliblement, puisque les 2 à 3 millions de tonnes qui s'exportent annuellement en France reflueront sur le marché intérieur. Cet approvisionnement supplémentaire fera régner chez nous l'abondance et le bon marché du combustible.

L'ÉMEUTIER.

Et ce sera un bienfait immense, car dans notre pays froid et humide, on ne peut se passer de houille. C'est un objet de première nécessité. Jugez donc de la misère et des souffrances de tant de pauvres familles qui sont obligées de payer aujourd'hui moitié plus cher la nourriture et le chauffage, sans que leur revenu ait augmenté. Tant que la bonne saison a duré, elles pouvaient encore subsister; mais à présent elles sont réduites à la misère la plus affreuse, aux extrémités les plus navrantes. Hâtez-vous donc de pétitionner en faveur de la prohibition à la sortie de la houille. Je vous appuierai, et si une petite émeute est nécessaire pour manifester le vœu du peuple...

LE PROHIBITIONNISTE.

Voulez-vous bien vous taire ! Que je pétitionne en faveur de la prohibition à la sortie de la houille, moi ! Mais ce serait insensé.

L'ÉMEUTIER.

La houille n'est-elle pas un objet de première nécessité ?

LE PROHIBITIONNISTE.

J'en conviens, mais...

L'ÉMEUTIER.

Les charbonnages pourraient-ils émigrer? les propriétaires de houillères pourraient-ils emporter leurs gisements de combustible en France, en Angleterre ou en Allemagne? Pétitionnez donc sans crainte.

LE PROHIBITIONNISTE.

Avez-vous fini? Me croyez-vous assez fou pour sacrifier ainsi mes intérêts... et les intérêts du pays?

L'ÉMEUTIER.

Homme dur et égoïste! On vous propose une mesure qui aurait pour résultat assuré de faire baisser le prix d'un objet de première nécessité, sans en compromettre la production, puisqu'on ne saurait exporter à l'étranger nos gisements de combustible, et vous refusez!

LE PROHIBITIONNISTE.

Je refuse, et j'ai mille fois raison de refuser. Supposons qu'on prohibe la sortie de la houille, qu'en résultera-t-il? On consomme actuellement dans notre pays les cinq huitièmes environ des produits de nos charbonnages, cinq millions de tonnes sur huit. La prohibition à la sortie est décrétée...

L'ÉMEUTIER.

... Et huit millions de tonnes deviennent disponibles pour la consommation intérieure.

LE PROHIBITIONNISTE.

Soit! Mais la houille tombant aussitôt à vil prix, par suite de l'accroissement subit et extraordinaire de l'approvisionnement intérieur, on en extraira moins. Les capitaux cesseront de se porter vers la production du combustible, et ceux qui y sont engagés s'en retireront peu à peu, en sorte que les consommateurs belges, après avoir eu, pendant un an tout au plus, huit millions de tonnes de houille à leur disposition, n'en auront plus ensuite que cinq ou six millions, et qu'ils finiront, selon toute apparence, par en avoir moins qu'ils n'en ont aujourd'hui.

L'ÉCONOMISTE.

C'est parfaitement exact. La prohibition à la sortie de la houille aurait pour résultat inévitable d'en diminuer la production et de rétrécir ainsi la carrière ouverte au travail et aux capitaux de la nation, sans abaisser le prix du combustible. Au contraire, le combustible finirait par coûter plus cher, puisque l'exploitation s'effectuerait sur une plus petite échelle, avec des procédés moins économiques.

L'ÉMEUTIER.

Je vous l'accorde. Aussi m'en tiendrais-je à un moyen terme. Je ne demanderais pas une prohibition permanente de l'exportation des houilles. Je me contenterais de demander une prohibition temporaire, aux époques où le combustible serait par trop cher. Je soulagerais ainsi le consommateur, sans nuire au producteur.

LE PROHIBITIONNISTE.

Allons donc, vous divaguez. Comment voulez-vous qu'une industrie se développe en présence d'un risque semblable? Croyez-vous que moi, extracteur de houille, j'irais consacrer un capital considérable à l'extension de mon exploitation, si j'étais exposé à ce qu'on me ravît mon débouché, au moment même où il m'est le plus profitable?

L'ÉMEUTIER.

On vous le restituerait plus tard.

LE PROHIBITIONNISTE.

En attendant, j'en serais privé, à mon grand dommage. Au moins aurais-je la certitude de le récupérer? En aucune façon, car les consommateurs français ne s'exposeraient pas volontiers une seconde fois à manquer de combustible, et ils remplaceraient les houilles belges par les houilles anglaises ou prussiennes.

L'ÉCONOMISTE.

C'est encore exact. Vous parlez plus que jamais comme un livre d'économie politique. Eh! bien ce que vous venez de dire de la production du drap et de la houille s'applique parfaitement à celle des denrées alimentaires. La prohibition à la sortie des denrées alimentaires, fût-elle même purement temporaire, aurait pour résultat inévitable d'en diminuer la production et, par conséquent, de réduire d'une manière permanente la masse du travail et la masse des aliments disponibles dans le pays.

LE PROHIBITIONNISTE.

Encore une fois, c'est une comparaison que je ne saurais admettre.

L'ÉCONOMISTE.

Pourquoi?

LE PROHIBITIONNISTE.

C'est bien simple. Parce que nous exportons habituellement du drap et de la houille, tandis que nous ne produisons pas assez de grain pour notre consommation et que nous sommes obligés d'en acheter habituellement au dehors. Le bon sens le plus vulgaire ne nous conseille-t-il pas avant tout de garder le nôtre?

L'ÉCONOMISTE.

Il y a bien des produits que nous exportons habituellement et dont nous sommes obligés cependant d'acheter au dehors des quantités plus ou moins considérables. Les fils et les tissus de laine, de coton, de soie, le fer, la houille même, sont dans ce cas. Nous en importons et nous en exportons tout à la fois. Faudrait-il donc interdire l'exportation ?

LE PROHIBITIONNISTE.

Cela n'aurait pas le sens commun.

L'ÉCONOMISTE.

Vous convenez donc qu'il serait absurde de prohiber l'exportation de nos produits manufacturiers et minéraux, sous le prétexte que nous sommes obligés d'importer des produits similaires ?

LE PROHIBITIONNISTE.

Assurément.

L'ÉCONOMISTE.

Eh ! bien, j'ajoute qu'il serait absurde de prohiber l'exportation de nos denrées alimentaires, sous le prétexte que nous sommes obligés d'importer des denrées similaires.

LE PROHIBITIONNISTE.

Vous direz ce que vous voudrez, il n'en est pas moins déplorable qu'un pays comme le nôtre ne produise pas assez de grains pour sa consommation et, malgré tous vos raisonnements, je persiste à croire qu'avant d'en exporter, il doit combler son déficit.

L'ÉCONOMISTE.

Comment vous expliquez-vous qu'un pays comme le nôtre ne produise pas toute la quantité de grains nécessaire à sa consommation? Que faut-il pour produire des grains? Des terres, des capitaux et des bras, n'est-il pas vrai? Manquons-nous des uns ou des autres?

LE PROHIBITIONNISTE.

Non, à coup sûr. Nous avons des terres en friche, des capitaux sans emploi et des bras inoccupés.

L'ÉCONOMISTE.

Comment donc se fait-il qu'on ne les emploie pas à produire le supplément de subsistances qui nous est nécessaire?

LE PROHIBITIONNISTE.

Le sais-je, moi? C'est qu'on préfère généralement l'industrie et le commerce à l'agriculture.

L'ÉCONOMISTE.

Et pourquoi? Je vous l'ai dit; parce que l'agriculture est assujettie à des charges plus lourdes, à des entraves plus nombreuses que les autres branches de la production. Je suppose maintenant que l'on prohibe les grains à la sortie, c'est-à-dire que l'on ajoute une nouvelle entrave à toutes celles qui mettent déjà l'agriculture à la gêne, sera-ce bien un moyen d'engager les capitaux à s'y porter?

LE PROHIBITIONNISTE.

Non, j'en conviens.

L'ÉCONOMISTE.

Si donc nous ne produisons pas assez de denrées alimentaires pour notre consommation, ce n'est pas la prohibition à la sortie qui nous en fera produire davantage. Au contraire! Je vais plus loin, et j'ajoute que si nous souffrons actuellement d'un déficit, la faute en est surtout aux entraves que l'on a continué d'apporter à la liberté des exportations.

Nous parlions tout à l'heure du drap et de la houille. Croyez-vous que si l'on avait pris l'habitude de prohiber l'exportation du drap et de la houille, aux époques où les vêtements et le combustible renchérissent, ces deux productions se fussent beaucoup développées dans notre pays?

LE PROHIBITIONNISTE.

Non, cela est évident. Les capitaux s'en seraient détournés pour se diriger de préférence vers les industries qui auraient pleinement joui de la liberté de l'exportation.

L'ÉCONOMISTE.

En sorte que nous ne produirions pas aujourd'hui, selon toute apparence, le drap et la houille nécessaires à notre consommation, et que nous serions obligés d'en acheter régulièrement à l'étranger pour combler notre déficit?

LE PROHIBITIONNISTE.

Cela me paraît indubitable.

L'ÉCONOMISTE.

Eh! bien, il en est de même pour la production agricole. Que nos grains et nos autres substances alimentaires puissent librement sortir en tout temps, comme le peuvent la houille et le drap, et vous verrez la production agricole se développer à son tour, de manière à rendre l'importation de moins en moins nécessaire.

L'ÉMEUTIER.

Il se pourrait bien que vous eussiez raison. Cependant il y a une chose qui me choque plus que je ne saurais le dire, c'est de voir la masse de subsistances de toute sorte que nous exportons depuis quelques années en Angleterre. Les Anglais viennent faire rafle sur notre beurre, notre fromage, nos œufs, nos volailles, notre gibier, nos légumes, nos fruits. Je me promenais, il y a quelque temps, sur le quai d'Anvers. On était en train d'embarquer pour l'Angleterre d'énormes caisses toutes remplies de pommes, de poires, de noix et d'oignons. Cela faisait saigner le cœur... et l'estomac. A côté de ces caisses, je remarquai, chose lugubre! un amas de cercueils. Je m'en approchai, poussé par je ne sais quel sentiment de curiosité inquiète, et j'en soulevai un que, naturellement, je croyais vide... il était rempli.

LE PROHIBITIONNISTE.

Rempli? achevez...

L'ÉMEUTIER.

Je reculai d'épouvante, et je demandai à un douanier où l'on expédiait tous ces cercueils... Il me répondit : En Angleterre. — Pourquoi en Angleterre ? — Pour nourrir les Anglais. C'est la chair que les ouvriers des manufactures préfèrent. C'est leur régal!

LE PROHIBITIONNISTE.

Horreur! Voilà donc où le libre échange a conduit les Anglais. Doctrine infâme! Peuple abominable!

L'ÉMEUTIER.

Je le pensai comme vous, et je regardai le douanier d'un air hagard... Figurez-vous que cet homme se mit à rire à se tordre les côtes. Je me détournai indigné, et mes regards se portèrent sur un des cer-

cueils dont la planche de dessus s'était brisée. Quel
ne fut pas mon étonnement lorsque j'aperçus, quoi?

LE PROHIBITIONNISTE.

Les restes d'un de vos proches, peut-être ! la dépouille d'un être qui vous fut cher...

L'ÉMEUTIER.

Non. Des lapins. Le cercueil était rempli de lapins.

LE PROHIBITIONNISTE.

Est-ce possible? Des lapins !

L'ÉMEUTIER.

Et de fameux encore.

LE PROHIBITIONNISTE.

Mais pourquoi ces cercueils?

L'ÉMEUTIER.

On les utilise en Angleterre, et ça diminue d'autant les frais de transport des lapins.

LE PROHIBITIONNISTE.

Ah ! les Anglais, les Anglais !

L'ÉMEUTIER.

Pour moi, je leur abandonne volontiers le contenant, mais le contenu, halte-là ! De quel droit les
Anglais viennent-ils nous dépouiller de nos œufs, de
nos volailles, de nos fruits, de nos lapins ?

L'ÉCONOMISTE.

Ils les payent, j'imagine.

L'ÉMEUTIER.

Et cher encore, car je connais de bienheureux propriétaires qui ne tiraient presque aucun produit de
leurs vergers et de leurs basses-cours, avant que l'importation des fruits, des œufs et de la volaille devînt
libre en Angleterre, et dont c'est maintenant un des

principaux revenus. Mais ce n'en est pas moins un scandale.

L'ÉCONOMISTE.

Qu'est-ce qui est un scandale?

L'ÉMEUTIER.

De voir les produits de nos vergers et de nos basses-cours s'en aller en Angleterre. Cela ne devrait pas être toléré. Nous autres consommateurs nationaux, n'avons-nous pas un droit imprescriptible sur les produits du sol national?

LE PROHIBITIONNISTE.

C'est ce que je me tue à dire.

L'ÉCONOMISTE.

Soit ; je vous l'accorde. Vous avez droit aux fruits et aux légumes, droit aux volailles, droit aux lapins que produisent ou que nourrissent les agriculteurs du pays. Mais vous devez reconnaître, en retour, que les agriculteurs ont droit aux cotonnades, droit au drap, droit à la toile que produisent les manufacturiers, droit à la houille qu'extrait le mineur ; enfin, droit au travail que fournit l'ouvrier ; sinon, l'équilibre serait rompu. Ou il ne faut aucune prohibition, où il faut une prohibition universelle.

L'ÉMEUTIER.

Je me moque de l'équilibre, et je demande à être nourri avant les Anglais.

L'ÉCONOMISTE.

C'est pour cela que vous demandez qu'on inscrive dans notre Constitution le droit aux fruits et aux légumes, le droit à la volaille, le droit aux lapins...

L'ÉMEUTIER.

Plaisantez tant que vous voudrez. Les produits du sol national doivent appartenir, avant tout, aux consommateurs nationaux. Je ne sors pas de là.

L'ÉCONOMISTE.

La houille est-elle un produit du sol national?

L'ÉMEUTIER.

Oui, sans doute.

L'ÉCONOMISTE.

Autant que les lapins?

L'ÉMEUTIER.

Autant que les lapins, cela va sans dire.

L'ÉCONOMISTE.

Fort bien. Et de quoi pensez-vous que le peuple puisse le plus aisément se passer, de houille ou de lapins?

L'ÉMEUTIER.

Mais puisque la prohibition à la sortie de la houille serait nuisible à notre industrie...

LE PROHIBITIONNISTE.

Parfaitement répondu.

L'ÉCONOMISTE.

Eh! croyez-vous donc que la prohibition à la sortie des fruits et des légumes, de la volaille et des lapins ne serait pas nuisible à notre agriculture? Lorsqu'un grand homme d'État, Robert Peel, a établi en Angleterre la libre entrée des subsistances de toute sorte, qu'est-il arrivé? Que l'Angleterre est devenue pour nos agriculteurs un débouché régulier, stable, qu'ils se sont empressés d'exploiter. Ils ont fourni aux Anglais des masses croissantes de produits de leurs vergers et de leurs basses-cours. Ils leur ont fourni aussi des grains, mais en moindre quantité. Pourquoi? Parce que nos grains ne soutiennent qu'avec peine sur les marchés anglais la concurrence des grains de Russie, de Turquie et d'Amérique. Mais il en est autrement pour les produits de nos vergers et de nos basses-cours, qui sont de plus en plus recherchés en Angleterre, et que nos agriculteurs y vendent à gros bénéfice. C'est une source nouvelle et abondante de revenu que la liberté du commerce leur a procurée...

L'ÉMEUTIER.

Aux dépens de nos consommateurs.

L'ÉCONOMISTE.

Aux dépens de personne; au profit de tous. Sans doute, la production de nos vergers et de nos basses-cours n'a pu se développer immédiatement, de manière à augmenter son offre en proportion de la demande, et il en est résulté une hausse dans le prix de ses produits. C'était là un mal inévitable; mais c'était aussi un mal essentiellement temporaire. Nos agriculteurs n'ont pas manqué d'augmenter une production qui leur donnait des profits extraordinaires et, en peu d'années, ils ont accru et perfectionné les produits de leurs vergers et de leurs basses-cours, beaucoup plus qu'ils ne l'avaient fait auparavant en un siècle. Aviez-vous jamais vu des fruits, des volailles et des lapins comparables à ceux de nos dernières expositions agricoles? Le progrès eût été plus rapide et plus sensible encore, si le nouveau débouché, qui fournissait à nos agriculteurs les moyens de dévelop-

per ainsi leur production, leur eût été pleinement
garanti, s'ils n'avaient pas eu à redouter la prohibition à la sortie, par exemple ; alors ils se seraient
mis promptement en mesure de subvenir à toutes
les demandes, et la rareté dont vous vous plaignez
aurait déjà fait place à l'abondance. Nous aurions
déjà, nous autres consommateurs nationaux, des
fruits, des légumes, du beurre, des œufs, de la volaille et des lapins, en plus grande quantité et en
meilleure qualité. C'est absolument comme pour le
drap et la houille.

L'ÉMEUTIER.

Vous croyez donc que si le débouché de l'Angleterre venait à être fermé à nos agriculteurs, ils produiraient moins de fruits, de légumes, de beurre,
d'œufs, de volailles et de lapins ?

L'ÉCONOMISTE.

Comme les fabricants de Verviers produiraient
moins de drap si on leur fermait le débouché des
États-Unis ; comme les propriétaires de charbonnages du Hainaut extrairaient moins de houille si
on leur fermait le débouché de la France.

L'ÉMEUTIER.

Oui ; mais en attendant que nos agriculteurs eussent restreint la production de leurs vergers et de
leurs basses-cours, nous aurions en plus grande
abondance, et à meilleur marché, les fruits, les légumes, le beurre, les œufs, la volaille et les lapins.

L'ÉCONOMISTE.

En attendant, soit ; mais combien de temps cela
durerait-il ? Connaissez-vous la définition que

Montesquieu donne du gouvernement despotique?

« Quand les sauvages de la Louisiane veulent avoir des fruits, dit-il, ils coupent l'arbre au pied et cueillent les fruits. Voilà le gouvernement despotique[1] ».

Couper l'arbre pour avoir les fruits, telle est, selon Montesquieu, la pratique des despotes. Eh bien ! c'est aussi la pratique des prohibitionnistes. Ils enlèvent à une industrie un débouché qu'elle avait acquis, souvent à grands frais et à grand'peine, en vue de faire refluer ses produits sur le marché intérieur. Ils réussissent, sans aucun doute, à créer ainsi pendant quelques jours une abondance artificielle. Ils cueillent le fruit, mais la branche est morte.

[1] *Esprit des lois*, liv. V, chap. XIII.

SIXIÈME CONVERSATION

L'ÉCHELLE MOBILE ET LA LIBERTÉ DU COMMERCE.

Sommaire : Le salon-souricière. — Comment, en prohibant la
sortie des grains, on fait obstacle aux importations. — Que les
résultats de la prohibition à la sortie sont analogues à ceux du
maximum. — Bilan de la prohibition à la sortie. — De l'échelle
mobile. — Son mécanisme. — Que l'échelle mobile n'est bienfaisante qu'en apparence, qu'elle est nuisible en réalité. —
Comment elle trouble les opérations du commerce. — Résumé.
— Ce qui arriverait si la liberté du commerce des grains cessait
d'être entravée. — Qu'il en résulterait une assurance universelle contre les excès du bon marché et de la cherté. — Un
apologue indien.

L'ÉCONOMISTE AU PROHIBITIONNISTE.

Arrivez donc. Vous êtes en retard.

LE PROHIBITIONNISTE.

Ne m'en parlez pas. Je suis furieux. Je sors d'une
maison où l'on a imaginé la combinaison la plus
absurde pour retenir les gens. Les invités peuvent
entrer quand bon leur semble ; mais une fois entrés,
ils ne peuvent plus sortir. On ne les lâche pas avant
la fin de la soirée.

L'ÉMEUTIER.

C'est donc une souricière, cette maison-là ?

LE PROHIBITIONNISTE.

A peu près. C'est, du reste, ou plutôt c'était une

maison des plus agréables. La dame est gracieuse, spirituelle et jolie; elle joue du piano comme Mᵐᵉ Pleyel, elle chante comme...

L'ÉCONOMISTE.

Peste, quel feu! A la place du mari, je sais bien ce que je ferais.

LE PROHIBITIONNISTE.

Que feriez-vous?

L'ÉCONOMISTE.

Je vous prohiberais à l'entrée.

LE PROHIBITIONNISTE.

Allons donc! Un homme de mon âge, un homme sérieux! Vous me faites injure. Donc la dame est ravissante et le mari est un excellent homme. En outre, le thé est de première qualité, et il y a toujours profusion de gâteaux et autres menues friandises. Enfin, le salon est élégant et coquet. Toutes les attractions y semblent réunies. Eh bien! croiriez-vous qu'on n'y rencontre jamais personne? Si; deux ou trois vieilles douairières et pareil nombre de leurs contemporains.

L'ÉCONOMISTE.

Comment cela se fait-il? La dame n'aime donc pas le monde?

LE PROHIBITIONNISTE.

Elle? Si on peut lui adresser un reproche, c'est de trop aimer l'éclat, le bruit, la foule. Sa passion serait d'avoir un salon toujours rempli, et il est toujours vide.

L'ÉCONOMISTE.

Alors comment vous expliquez-vous ce phéno-

mène? La dame placerait-elle des billets de loteries?
Ou bien aurait-elle des enfants prodiges?

LE PROHIBITIONNISTE.

Nullement. Jamais elle ne prélève le moindre
impôt sur ses invités, et elle n'a qu'un enfant,
une charmante petite fille, que l'on avait naguère
encore l'excellente habitude de coucher à sept
heures.

L'ÉCONOMISTE.

Parfait. Mais s'il en est ainsi, par quelle fatalité...?

LE PROHIBITIONNISTE.

Voici. Le mal vient précisément de ce que la
dame tient à avoir toujours foule. Dans les premiers
temps, on allait beaucoup chez elle, mais comme
ses salons sont vastes, elle trouvait qu'on ne s'y
étouffait pas assez. Or, elle avait remarqué que
beaucoup de gens ne faisaient que d'y passer; qu'ils
entraient, lorgnaient çà et là et, ne trouvant pas ce
qu'ils cherchaient, décampaient sans tambour ni
trompette; que d'autres, accoutumés à se coucher
de bonne heure ou à finir leur soirée à l'estaminet
ou au cercle, s'en allaient régulièrement au coup
de 10 heures, et elle se dit : Si j'empêchais tous ces
gens-là de sortir, après qu'ils sont entrés, mes salons seraient toujours remplis, rien n'est plus sûr.
Essayons... Ayant fait ce beau raisonnement, elle
imagina toute une série de formalités et de compli-
cations, destinées à rendre la sortie presque impossible, avant la fin de la soirée. C'est ainsi qu'elle
exigea qu'on vînt prendre congé d'elle en s'en
allant. Il fallut donc guetter un moment où la dame

ne fût pas engagée dans une conversation, en train d'écouter ou de chanter un morceau, de donner des ordres aux valets, etc., etc., et Dieu sait si ce moment propice se faisait attendre ! Ensuite, il y avait trois portes à traverser pour sortir. Elles furent fermées à clef et munies de sonnettes. Il fallut se les faire ouvrir et, le plus souvent, les valets étaient obligés d'en chercher les clefs. Quand elles s'ouvraient, les sonnettes ne manquaient pas de faire un tintamarre affreux. Enfin, les chiens étaient lâchés dans la cour, jusqu'à l'heure officiellement fixée pour la sortie, et ils happaient les déserteurs aux mollets. Je crois, Dieu me pardonne, qu'ils y étaient dressés. Que si l'on s'en plaignait au valet, il répondait d'un air narquois : Dame, pourquoi Monsieur s'en va-t-il de si bonne heure ? Monsieur ne s'est donc pas amusé ?

L'ÉCONOMISTE.

Bon. Et le résultat ?

LE PROHIBITIONNISTE.

Oh ! la maîtresse du logis a pu se convaincre, par une triste expérience, que son calcul était erroné. Dès qu'on n'a plus eu la liberté de sortir de chez elle à son heure et à son aise, on n'a plus voulu y entrer. Ceux-là mêmes qui d'habitude s'en allaient les derniers, ont déserté... On n'y va plus que de loin en loin, quand on ne sait où tuer le temps, sauf deux ou trois vieux gourmands, qui y sont attirés par les gâteaux. Voilà le fond de la société. La dame est aigrie, le mari est soucieux et désorienté, les valets ont des airs de croque-morts, les chiens

11.

sont féroces ; quant à la petite fille, on ne la couche plus, et ce soir on lui a fait jouer une sonate... Aussi, n'ai-je pas hésité. Aux premières notes, j'ai été prendre congé de la dame, qui m'a rendu mon salut avec un sourire âpre comme la bise, je me suis fait ouvrir les trois portes en agitant les trois sonnettes, j'ai traversé la cour en exécutant un moulinet prolongé avec mon parapluie, et me voici.

L'ÉCONOMISTE.

Quand y retournerez-vous ?

LE PROHIBITIONNISTE.

Jamais, Dieu merci ! J'étais pourtant un des fidèles. Mais je ne vais volontiers que dans les endroits d'où je puis sortir quand et comme ça me plaît.

L'ÉCONOMISTE.

En un mot, vous n'aimez pas les prohibitions à la sortie. Eh bien ! les marchands de grains sont de votre avis.

LE PROHIBITIONNISTE.

Il ne s'agit pas ici des marchands de grains.

L'ÉCONOMISTE.

Pardon. Je vous disais, dans notre dernière conversation, que la prohibition à la sortie mettait obstacle aux importations. Ce que je vous disais, vous venez de le prouver.

L'ÉMEUTIER.

C'est parbleu vrai ! Vous vous êtes pris vous-même dans votre salon-souricière.

LE PROHIBITIONNISTE.

Allons donc ! Quelle analogie pouvez-vous établir entre un salon où l'on va pour son agrément, et un

pays où l'on porte ses grains en vue de son intérêt?

L'ÉCONOMISTE.

C'est précisément à cause de cela. Quand les négociants américains, prussiens ou russes, expédient
des grains dans l'Europe occidentale, quel est leur
but? C'est de réaliser le plus gros bénéfice possible
sur leur marchandise. Or, est-ce bien en expédiant
directement leurs grains dans le pays où la sortie
est prohibée qu'ils peuvent atteindre ce but? Non.
Car si l'on vient à leur en offrir un prix plus élevé
dans un pays voisin, ils ne pourront profiter de
cette offre, puisque leurs grains, une fois entrés,
ne peuvent plus sortir. Que feront-ils donc? Ils se
garderont bien d'envoyer leurs grains dans les pays
à souricières commerciales. Ils les enverront dans
ceux où ils demeurent toujours les maîtres de disposer de leur denrée à leur guise, de la vendre pour
la consommation, ou de la réexporter si on leur en
offre ailleurs un prix plus avantageux.

Voilà ce que ne manqueront pas de faire les négociants des pays producteurs de grains, et vous en
feriez autant à leur place. Qu'en résulte-t-il? Que
les pays où la sortie est libre comme l'entrée, sont
toujours mieux approvisionnés que ceux où l'exportation est prohibée; qu'ils comblent leurs déficits
plus promptement et à de meilleures conditions.
C'est ainsi que l'Angleterre est devenue, depuis
l'abolition de ses lois-céréales, l'entrepôt des grains
du monde entier, et que les autres pays ne sont plus
approvisionnés qu'après elle.

LE PROHIBITIONNISTE.

Vous auriez raison peut-être si les grains étrangers, après être entrés dans le pays, ne pouvaient plus en sortir. Mais il n'en est pas ainsi; la prohibition à la sortie ne frappe, en réalité, que les grains nationaux. Quant aux grains étrangers, on peut les déclarer en entrepôt; on en est quitte pour quelques frais et quelques formalités de plus.

L'ÉCONOMISTE.

Fort bien. Mais ne savez-vous pas que le commerce a horreur des frais et des formalités? Ne savez-vous pas qu'il se porte toujours de préférence dans les endroits où on lui en impose le moins? Sans doute, les pays qui établissent des prohibitions à la sortie continuent à recevoir des grains étrangers, mais ils en reçoivent d'une manière plus tardive et à des conditions moins favorables. Le commerce attend, pour y porter ses denrées, que les prix y soient assez élevés pour compenser les frais d'entrepôt et les formalités supplémentaires qu'on lui fait subir, en sorte que ces frais et ces formalités retombent, en définitive, sur le consommateur.

Le meilleur moyen d'attirer les grains dans un pays, c'est de laisser à ceux qui les vendent pleine liberté d'en disposer à leur guise, comme le meilleur moyen d'attirer la foule dans un salon, c'est de permettre à chacun de sortir quand bon lui semble. Lâcher des douaniers sur les grains qui vont chercher au dehors un prix plus avantageux, cela revient à lâcher des chiens sur les invités qui désertent avant l'heure. Tout obstacle apporté à la sortie obstrue du même coup l'entrée. Car, ainsi que vous le disiez si bien tout à l'heure, on ne va volontiers que dans les endroits d'où l'on peut librement sortir.

L'ÉMEUTIER.

J'avoue que ceci me paraît péremptoire. Je ne vois pas trop ce qu'on pourrait y répondre.

LE PROHIBITIONNISTE.

Hum! Que la prohibition à la sortie fasse obstacle, dans une certaine mesure, à l'importation des grains étrangers, je le veux bien; mais, au moins, elle empêche les grains nationaux de sortir; elle oblige, en conséquence, ceux qui les détiennent et qui ne peuvent plus les exporter, à les céder à plus bas prix. Les consommateurs éprouvent ainsi un soulagement notable.

L'ÉMEUTIER.

Vous avez parbleu raison! La prohibition à la sortie amène la baisse, et c'est l'essentiel.

L'ÉCONOMISTE.

En êtes-vous bien sûr? La question est plus complexe que vous ne le croyez, je vous en avertis.

Sans doute, la prohibition empêche les blés de sortir du pays, et c'est le seul bon résultat qu'elle puisse donner au point de vue de l'intérêt immédiat du consommateur.

LE PROHIBITIONNISTE.

C'est un résultat qui a bien sa valeur, convenez-en.

L'ÉCONOMISTE.

C'est, au contraire, un résultat à peu près nul.

En effet, quand la récolte est mauvaise dans un pays, quand la production intérieure ne suffit pas à la consommation, quand, sous l'influence de ce déficit, les prix s'élèvent, l'exportation n'est pas fort à redouter. Supposons, par exemple, que la récolte soit mauvaise dans l'Europe occidentale, en Angleterre, en France, en Belgique, en Allemagne, tandis qu'elle est bonne en Amérique, en Turquie, en Égypte; où donc chacun des pays en déficit ira-t-il chercher la quantité supplémentaire dont il a besoin? Sera-ce dans les contrées où existe un déficit analogue? Non, à coup sûr. Chacun ira s'approvisionner dans les pays où les grains abondent et non dans ceux où ils manquent. Pourquoi? Parce qu'ils sont à bon marché dans ceux-là, tandis qu'ils sont chers dans ceux-ci. Les négociants anglais ne viendront pas faire de gros achats de grains en Belgique, où les prix sont élevés, quand ils peuvent aller en acheter en Amérique, où les prix sont bas.

LE PROHIBITIONNISTE.

Ils y viennent cependant.

L'ÉCONOMISTE.

Oui, dans les moments où nos prix sont un peu plus bas que chez eux, comme à notre tour nous allons acheter en Angleterre dans les moments où les prix y sont un peu plus bas que chez nous. Mais consultez les statistiques du commerce des grains, et vous vous convaincrez que *toujours* ce commerce ne déplace que des quantités insignifiantes, entre les pays qui souffrent simultanément d'un déficit. Et cela se conçoit sans peine, puisque dans ces pays les

ix sont à peu près au même niveau, et que le com-
erce ne se soucie pas d'acheter pour revendre sans
néfice. C'est, dans ce cas, l'intérêt même du
mmerce qui sert de préservatif contre les exportions.

LE PROHIBITIONNISTE.

Supposons cependant que deux pays soient limi-
ophes, que l'un soit grand, l'autre petit ; ne pourra-
il pas arriver que le premier accapare à son profit
subsistance du second ?

L'ÉMEUTIER.

Voilà le danger !

L'ÉCONOMISTE.

Voilà la chimère ! L'épuisement des subsistances
ppartient à la même famille que l'épuisement du
uméraire dont les partisans de la balance du commerce menacent les pays qui négligent de protéger
eurs manufactures. C'est un conte bleu !

LE PROHIBITIONNISTE.

Un conte bleu, l'épuisement du numéraire ! Com-
nent ! vous n'admettez pas qu'un pays qui achète
lus qu'il ne vend soit obligé de payer la différence
n numéraire, et qu'il finisse inévitablement par être
épouillé de ses métaux précieux ?

L'ÉCONOMISTE.

Où donc a-t-on vu qu'un pays ait été dépouillé de
son numéraire pour avoir importé plus de marchandises qu'il n'en exportait ? Citez-m'en un seul qui ait
été victime d'une catastrophe de cette espèce. Vous
vous taisez. C'est qu'en effet l'épuisement du numéraire est une pure chimère ; c'est qu'il est impossible

qu'un pays soit dépouillé de son numéraire.

L'ÉMEUTIER.

Pourquoi cela?

L'ÉCONOMISTE.

Pour la raison fort simple qu'aussitôt qu'on ex
porte du numéraire, le numéraire hausse comm
toute autre marchandise, et qu'on cesse alors de trou
ver profit à en exporter. Voilà pourquoi on ne sau
rait citer un seul pays qui ait jamais été épuisé d
son numéraire. On n'en pourrait non plus, et pour l
même raison, citer un seul qui ait été dépouillé d
sa subsistance. « L'épuisement des subsistances
n'est qu'un argument ridicule, un de ces monstre
en papier peint dont se servent les soldats chinoi
pour terri. er des adversaires aussi poltrons qu'eux
mêmes, mais qui excitent simplement la risée d
ceux qui en connaissent l'étoffe.

LE PROHIBITIONNISTE.

Soit; mais du moins la prohibition empêche tou
jours une certaine quantité de grains de sortir du
pays, surtout après la récolte. Elle provoque ainsi
une baisse au commencement de l'hiver, ce qui ras
sure les populations et leur donne confiance dans
l'avenir. Voilà un résultat matériel et un résultat mo
ral qui ont bien leur valeur.

L'ÉCONOMISTE.

Eh bien! examinons de près ce résultat matériel et
ce résultat moral de la prohibition à la sortie.

Le résultat matériel d'abord. Quand la récolte a été
mauvaise dans un pays, quand ce pays a un déficit
que l'importation doit combler, est-il bon d'y faire

baisser artificiellement le prix des grains au début
de la saison ? Voilà la question. Je vous ai parlé du
maximum et de ses effets.

LE PROHIBITIONNISTE.

Qu'a de commun le *maximum* avec la prohibition à
la sortie ?

L'ÉCONOMISTE.

Vous allez le savoir. Le *maximum* était établi pour
empêcher les cultivateurs et les marchands de vendre leurs grains au-dessus du prix tarifé par l'administration. Ce prix était donc plus bas que celui
qui se serait établi naturellement si l'administration
n'était pas intervenue. Qu'en résultait-il ? C'est que
le *maximum* fixé par l'administration n'offrant pas
aux marchands étrangers un bénéfice égal à celui
qu'ils pouvaient trouver ailleurs, le déficit ne se
comblait pas. Les populations jouissaient, à la vérité,
d'un bon marché relatif et d'une sécurité temporaire,
mais ce bon marché était périlleux, cette sécurité
était trompeuse, car le déficit subsistait toujours. Il
n'était pas comblé, il n'était que masqué par le
maximum. Le moment finissait par arriver où la récolte se trouvait consommée, et ce moment arrivait
d'autant plus vite que le *maximum* avait été fixé plus
bas, car les populations mettent toujours plus
ou moins d'économie dans leur consommation, selon
que les subsistances sont plus ou moins chères. Donc
la récolte se trouvait consommée et le déficit n'était
pas comblé. Qu'arrivait-il alors ? Que la population,
au lieu de souffrir de la pénurie et de la cherté, était
décimée par la famine, que l'équilibre entre l'appro-

visionnement et la consommation, n'ayant pu s'établir par l'augmentation de la quantité des subsistances, s'établissait par la diminution du nombre des consommateurs ; que la mort se chargeait finalement de résoudre ce problème que le *maximum* avait imprudemment ajourné. Voilà quels étaient les résultats du *maximum!*

Eh bien ! la prohibition à la sortie agit exactement comme le *maximum*. Elle occasionne parfois, je vous l'accorde, une baisse artificielle dans le prix des grains; mais elle ne comble pas le déficit, elle le masque ! Si elle n'existait pas, les prix s'élèveraient peut-être davantage au début de la saison, mais cette hausse naturelle serait bienfaisante.

LE PROHIBITIONNISTE.

Une hausse bienfaisante !

L'ÉCONOMISTE.

N'oublions pas que nous avons un déficit, et qu'il faut de deux choses l'une : ou que ce déficit se comble, ou que le nombre des consommateurs diminue. Or, l'importation seule peut le combler. Quelle est donc la meilleure politique à suivre? Est-ce de décourager et de ralentir l'importation, ou de l'encourager et de l'activer?

L'ÉMEUTIER.

Cela ne saurait faire l'objet d'un doute. Plus tôt un déficit est comblé, mieux cela vaut.

L'ÉCONOMISTE.

Eh bien ! lorsqu'une nation a un déficit et qu'elle le masque au moyen d'une prohibition à la sortie, dont le résultat immédiat est d'occasionner une baisse ou de ralentir l'essor naturel de la hausse, qu'arrive-t-il? Que le commerce ne s'occupe point de combler ce déficit; qu'il porte ses denrées dans les pays où l'on a eu la sagesse de laisser les choses suivre leur cours naturel, où l'on n'a provoqué aucune baisse artificielle des subsistances. Il en résulte que ces pays sont approvisionnés les premiers et au meilleur marché possible. Mais la prohibition à la sortie n'ayant pas eu la vertu de combler le déficit existant dans le pays où elle a été décrétée, les prix ne manquent pas d'y hausser de nouveau. Malheureusement, cette hausse, qui aurait pu être efficace si elle s'était produite au début de la saison, cette hausse vient trop tard. Il faut du temps et des navires pour aller chercher des grains aux lieux de provenance, en Amérique, en Égypte, en Russie. Or, le temps manque et les navires sont rares. D'ailleurs, la meilleure part des approvisionnements disponibles a été expédiée dans les pays où l'on s'est gardé de troubler imprudemment le cours naturel des choses. Il faut donc aller acheter là de seconde main, et à un prix excessif, le supplément de subsistances dont on a besoin, et presque toujours les quantités que l'on peut se procurer ainsi demeurent insuffisantes. Alors, les les approvisionnements ne pouvant s'augmenter assez, c'est le nombre des consommateurs qui diminue. La Belgique en a fait, pour sa part, la douloureuse expérience en 1847. Dans cette année néfaste, la prohibition à la sortie a ralenti la hausse au début de la saison, et les prohibitionnistes de s'en féliciter ! Malheureusement leur joie a été courte. Le déficit n'ayant pu se combler, on a eu au printemps des prix de famine et une mortalité exceptionnelle. En 1853, au contraire, le gouvernement ayant réussi à maintenir la liberté du commerce, en dépit des clameurs prohibitionnistes, le déficit a été entièrement comblé, et les prix n'ont atteint nulle part un taux de famine.

Voilà pour le résultat matériel de la prohibition à la sortie.

Voici maintenant pour le résultat moral. Elle rassure les populations, dites-vous ; elle leur donne confiance dans l'avenir. Oui, mais pour aggraver leur situation et leur faire subir, un peu plus tard, une déception cruelle.

Une baisse artificielle survenant après une mauvaise récolte ne ralentit pas seulement les importations, elle contribue encore à augmenter la consommation. Les populations, rassurées sur l'avenir, ne mettent pas dans leur consommation toute l'économie que les circonstances exigent, et elles aggravent ainsi le déficit. Mais le moment arrive où la hausse éclate de nouvau, et ce moment arrive d'autant plus vite que la confiance a été plus grande, que les populations ont été mieux rassurées. Alors l'abattement, le désespoir, l'irritation, succèdent à la confiance. On souffre cruellement, car l'hiver a épuisé les ressources et, au lieu d'une amélioration que l'on attendait, c'est un redoublement de malaise que l'on éprouve. On se plaint amèrement d'avoir été trompé et l'on ne manque pas de s'en prendre au gouvernement. On l'accuse de n'avoir pas fait ce qu'il aurait dû faire, peut-être même d'avoir été de connivence avec les accapareurs, et les mécontents ont beau jeu. N'oublions pas que la révolution de 1848 a éclaté après deux mauvaises années, que des mesures prohibitionnistes avaient rendues désastreuses. Voilà pour le résultat moral !

Si donc nous dressons le bilan de la prohibition à la sortie, que trouvons-nous ? D'abord, qu'elle décourage la production intérieure, qu'elle l'empêche de s'étendre et de se perfectionner ; qu'elle ralentit le développement des ressources alimentaires du pays ; ensuite, qu'elle affaiblit et retarde le mouvement des importations aux époques de disette. A la vérité, elle rassure les populations, en éloignant le fantôme d'un épuisement des subsistances ; mais la sécurité qu'elle leur donne est illusoire, et elle aboutit à une déception cruelle. Tel est le bilan de la prohibition à la sortie.

LE PROHIBITIONNISTE.

Mon Dieu ! il se peut que vous ayez raison en principe. La prohibition à la sortie est un expédient, pas autre chose. Il se peut que cet expédient soit mauvais, qu'il aggrave le mal au lieu de l'atténuer. Mais les populations croient à son efficacité. C'est une satisfaction qu'on ne peut leur refuser. Les préjugés ont quelquefois la valeur des faits.

L'ÉCONOMISTE.

Au moyen âge, les populations attribuaient la disette aux maléfices des sorciers, et elles demandaient qu'on brûlât ces suppôts de l'enfer, conjurés contre l'espèce humaine. Était-on bien excusable de céder à leurs préjugés, en envoyant au bûcher les prétendus jeteurs de sorts ?

LE PROHIBITIONNISTE.

On aurait mieux fait d'y résister assurément ; mais il n'y a aucune analogie entre les deux situations. La prohibition à la sortie ne fait brûler personne.

L'ÉCONOMISTE.

Non ; mais elle allonge les listes de la mortalité ; elle remplit le pays de misère et de deuil, comme cela s'est vu en 1847. Elle cause du mal, surtout à ceux-là mêmes qui l'invoquent dans leur ignorance. Or, je vous le demande, n'est-ce pas le devoir des classes éclairées de résister à un préjugé qu'elles reconnaissent nuisible ? De quel droit retiendrions-nous donc les classes inférieures dans un état de minorité politique, si c'était pour les gouverner aussi mal qu'elles pourraient le faire elles-mêmes ? Se courber devant la prétendue nécessité de céder aux préjugés populaires, n'est-ce pas plaider la cause du suffrage universel ? Mais laissons cela. D'après ce que vous venez de me dire, il me semble que je vous ai à peu près converti.

LE PROHIBITIONNISTE.

Moi ? Allons donc !

L'ÉMEUTIER.

Il est certain que vous avez lâché pied.

LE PROHIBITIONNISTE.

Je vous ai accordé que la prohibition à la sortie n'est qu'un expédient d'une efficacité contestable, soit ; mais ne croyez pas pour cela que je sois devenu partisan de la liberté commerciale. Dieu m'en préserve !

L'ÉCONOMISTE.

Vous m'abandonnez la prohibition à la sortie, et cependant vous ne voulez pas de la liberté du commerce. Que demandez-vous donc ?

LE PROHIBITIONNISTE.

Ce que je demande ? Voulez-vous le savoir ?

L'ÉCONOMISTE.

Parbleu ! Est-ce donc un mystère ?

LE PROHIBITIONNISTE.

Eh bien ! je demande le rétablissement de l'*échelle mobile*. Le mot est lâché. La prohibition à la sortie n'est pour moi qu'un moyen d'arriver au rétablissement de l'échelle mobile, que je considère comme notre seule planche de salut.

L'ÉCONOMISTE.

En ce cas, gare la culbute !

LE PROHIBITIONNISTE.

Oh ! je sais bien que le régime de l'échelle mobile n'a pas vos sympathies. Ce n'en est pas moins le seul régime qui, en protégeant tour à tour l'agriculteur contre la surabondance et le consommateur contre la disette, puisse assurer à l'un un prix rémunérateur, à l'autre une subsistance suffisante. L'échelle mobile est le plus merveilleux des mécanismes.

L'ÉMEUTIER.

J'ai entendu parler bien souvent de l'échelle mobile, j'en ai parlé moi-même ; mais, s'il faut être franc, j'avoue que je ne sais pas bien au juste ce que c'est.

LE PROHIBITIONNISTE.

Je vais vous l'apprendre. Le régime de l'échelle mobile consiste en un double système de droits croissants et décroissants à l'entrée et à la sortie des grains.

Quand la récolte est abondante, quand les grains sont en baisse, les droits s'élèvent progressivement à l'importation et ils diminuent à l'exportation. Si la baisse persiste, un moment arrive où, grâce à ce double jeu de l'échelle mobile, l'importation est empêchée par un droit prohibitif pur et simple, tandis que l'exportation n'est plus grevée que d'un droit de balance.

Quand la récolte est mauvaise, au contraire, quand les grains sont en hausse, les droits s'élèvent à la sortie jusqu'à devenir prohibitifs, et ils s'abaissent à l'entrée jusqu'à ce qu'ils finissent par disparaître.

On ne saurait évidemment imaginer une combinaison plus ingénieuse. Dans les années de surabondance, l'échelle mobile vient en aide aux agriculteurs, en leur permettant de se débarrasser de leur excédent au moyen de l'exportation et en empêchant les étrangers de venir leur faire concurrence. Dans les années de disette, elle vient en aide aux consommateurs en leur permettant de compléter librement leurs approvisionnements à l'étranger et en empêchant les grains de sortir du pays. Ce sont deux grands intérêts qu'elle concilie en les satisfaisant tour à tour.

L'ÉCONOMISTE.

Sur le papier. Mais, dans la pratique, les choses se

passent d'une manière fort différente. Le but du régime de l'échelle mobile, c'est de prévenir les écarts extrêmes des prix en hausse et en baisse.

LE PROHIBITIONNISTE.

Précisément.

L'ÉCONOMISTE.

Eh bien ! l'expérience atteste que ce but du régime de l'échelle mobile n'a été atteint nulle part. L'expérience atteste, au contraire, que les fluctuations des prix n'ont jamais été plus fréquentes et plus sensibles que sous ce régime. C'est ainsi qu'en Angleterre, par exemple, la différence entre le cours le plus élevé et le cours le plus bas a été de 30 p. 100 en 1832, de 27 p. 100 en 1834, de 19 p. 100 en 1835, de 42 p. 100 en 1836, de 31 p. 100 en 1837 et de 60 p. 100 en 1838. En France et en Belgique, les variations des prix n'ont été ni moins brusques ni moins profondes. L'expérience a donc fait justice du régime de l'échelle mobile considéré comme régulateur des prix.

LE PROHIBITIONNISTE.

Avouez cependant qu'empêcher la sortie tout en permettant l'entrée, et *vice versa*, selon que la récolte est insuffisante ou surabondante, c'est le moyen le plus efficace de prévenir les écarts excessifs des prix. C'est clair...

L'ÉCONOMISTE.

Comme l'eau de la Senne [1]. Comment donc se fait-il que le régime de l'échelle mobile ait donné, dans

---

[1] Petite rivière bourbeuse qui traverse Bruxelles.

l'application, un résultat diamétralement opposé à celui-là ?

LE PROHIBITIONNISTE.

Les circonstances, les événements...

L'ÉCONOMISTE.

... N'y sont pour rien. La cause véritable, c'est que l'échelle mobile n'accorde, aux consommateurs aussi bien qu'aux producteurs, que *l'apparence* ou *l'illusion* de la protection, tandis qu'elle entrave *en réalité*, le commerce, qui seul peut leur venir efficacement en aide.

LE PROHIBITIONNISTE.

Comment cela ?

L'ÉCONOMISTE.

Dans les années de surabondance, l'échelle mobile empêche ou entrave l'importation des grains étrangers, et elle semble ainsi protéger les agriculteurs ; mais les protège-t-elle en réalité ? Quand les grains surabondent dans un pays, les importations ne s'arrêtent-elles pas d'elles-mêmes ? Est-ce qu'on va porter de l'eau à la rivière ? Les droits croissants à l'importation sont donc inutiles dans ce cas. Il y a pis encore. En étalant aux yeux des agriculteurs le mirage séduisant de la protection, ils les encouragent à développer leur production et à augmenter ainsi l'excédent qui provoque l'avilissement des prix. C'est notamment ce qui est arrivé en France après le rétablissement de l'échelle mobile en 1831. Cette protection illusoire cause donc un mal positif à l'agriculture.

Examinons maintenant de quelle manière l'échelle

mobile vient en aide aux consommateurs. Elle empêche les grains de sortir dans les années de disette, cela est vrai ; mais est-ce bien nécessaire? Le commerce a-t-il l'habitude d'aller faire ses approvisionnements dans les pays où les denrées sont à haut prix? A-t-il l'habitude d'acheter cher pour revendre à bon marché? Le consommateur n'est-il pas suffisamment protégé par l'élévation des prix combinée avec celle des frais de transport sur une denrée lourde et encombrante comme le grain? Les droits croissants à l'exportation n'ont donc qu'une efficacité illusoire. Je me trompe. Ils servent à donner aux consommateurs une fausse sécurité, qui finit par aggraver leur situation, en les empêchant de s'approvisionner à temps.

Vous le voyez, la protection dont l'échelle mobile semble couvrir tour à tour le producteur et le consommateur est purement illusoire. Savez-vous ce qui est réel? C'est l'obstacle qu'elle apporte au développement du commerce international des subsistances, obstacle qui a précisément pour résultat de provoquer ou de rendre plus graves les fluctuations désastreuses que l'échelle mobile a pour objet de prévenir.

Accompagnez-moi un instant dans un pays où fonctionne la législation de l'échelle mobile, et examinons ensemble l'influence qu'elle exerce sur les opérations du commerce. Tous les quinze jours, parfois même toutes les semaines, le taux des droits s'y modifie, selon que les grains ont haussé ou baissé. Voyons ce qui en résulte.

Supposons qu'il y ait surabondance et que le prix

soit tombé à 16 francs par hectolitre. A ce taux, l'exportation est généralement permise. Les négociants qui connaissent un autre pays où le prix est de 22 francs et où, en défalquant 4 francs pour les frais de transport, etc., ils peuvent, en conséquence, obtenir un bénéfice de 2 francs par hectolitre, les négociants achètent à ce prix de 16 francs des quantités plus ou moins considérables, et ils se félicitent de leur opération. Mais ils ont compté sans l'échelle mobile. Par le fait même de leurs achats, les grains haussent; ils atteignent, par exemple, le taux de 17 ou 18 francs. Rappelez-vous la loi qui préside aux variations des prix, et vous vous assurerez qu'il suffit, pour cela, du déplacement d'une très faible quantité. — Qu'importe! objecterez-vous peut-être; si les négociants ont acheté à 16 francs, la hausse ne saurait les atteindre; elle ne peut entraver que les opérations à venir. — Détrompez-vous. La hausse les atteint, car elle provoque aussitôt l'établissement d'un droit progressif d'exportation. Supposons que ce droit soit de 2 francs quand le blé s'élève à 18 francs, voilà le bénéfice de l'opération absorbé. — Vous allez me dire : Que les négociants prennent la précaution d'exporter leurs blés avant que les droits aient subi l'influence de la hausse occasionnée par leurs achats. — Mais est-ce toujours possible? Si les achats ont été effectués dans l'intérieur et si les voies de communication sont en mauvais état, les grains peuvent-ils être transportés à la frontière d'une manière instantanée? Trouve-t-on toujours aussi des navires prêts à les charger? Enfin, les armateurs ou les patrons de navires qui connaissent le risque auquel le négociant est exposé ne doivent-ils pas être tentés d'en profiter pour augmenter leurs exigences ?

Cela étant, le commerce qui ne se soucie point d'être pris au trébuchet des droits croissants à la sortie, le commerce ne va point s'approvisionner dans les pays où fonctionne la législation de l'échelle mobile; ou, s'il y va, ce n'est que plus tard, lorsque les grains y ont subi une dépréciation assez forte pour couvrir le risque particulier que les fluctuations de l'échelle mobile lui font courir. Or, qui paye la *prime* de ce risque? Est-ce le commerce étranger que l'on entrave? Non; c'est l'agriculture nationale que l'on protège.

En résumé, l'échelle mobile qui fonctionne dans les années de surabondance pour empêcher les importations n'entrave, en réalité, que les exportations. Voilà comment elle protège les agriculteurs!

Examinons enfin quelle est son influence dans les années de disette. Je suppose que le prix des grains soit monté à 30 francs et qu'à ce taux l'importation soit permise en franchise. Dans un autre pays, le prix n'est que de 24 francs, plus 4 francs de frais de transport, etc., ce qui laisse un bénéfice de 2 francs à l'importateur. Ce bénéfice paraît suffisant au commerce, et des importations plus ou moins considérables s'effectuent. Mais la seule annonce de ces importations suffit pour faire baisser les prix. Admettons qu'ils tombent à 28 francs, alors...

LE PROHIBITIONNISTE.

C'est une opération nulle.

12.

L'ÉCONOMISTE.

Non pas seulement nulle, mais mauvaise, désastreuse. Car, à 28 francs, l'importation cesse d'être franche. Elle est grevée d'un droit de 2 francs, par exemple, en sorte que le négociant, au lieu de gagner 2 francs par hectolitre en perd autant. Supposons qu'il ait importé 100,000 hectolitres, ce sera une perte de 200,000 francs. Si la baisse est de 4 francs, la perte pourra s'élever à 700,000 ou 800,000 francs, à cause de la progression des droits; bref, ce sera la ruine. Or, croyez-vous que les négociants soient disposés à courir gratuitement un pareil risque? Non pas. Ils s'abstiennent donc jusqu'à ce que le prix ait atteint 35 ou 40 francs, c'est-à-dire un taux assez élevé pour couvrir ce risque supplémentaire auquel les expose le jeu de l'échelle mobile.

En résumé encore, l'échelle mobile qui fonctionne dans les années de disette pour empêcher les exportations, n'entrave, en réalité, que les importations. Voilà comment elle protège les consommateurs!

LE PROHIBITIONNISTE.

Comment donc se fait-il qu'un système qui vous paraît si détestable ait été successivement adopté par les peuples les plus éclairés de l'Europe?

L'ÉCONOMISTE.

Vous devriez ajouter, ce me semble, qu'il a été successivement abandonné par la plupart d'entre eux. C'est ainsi qu'en Angleterre l'échelle mobile a été supprimée, grâce à l'agitation suscitée par la Ligue contre les lois-céréales et que jamais les consommateurs n'ont été mieux garantis contre les rigueurs de la disette. Dégagé des entraves de l'échelle mobile, le commerce des grains a pris un développement gigantesque ; il a mis la terre entière à contribution pour nourrir le peuple anglais. Quarante pays différents apportent à l'Angleterre un supplément de subsistances dans les mauvaises années, et le même commerce qui préserve le consommateur de l'excès de la cherté, garantit aussi le producteur contre une dépréciation ruineuse de sa denrée, car les exportations demeurant permises en tous temps, elles ont lieu chaque fois que les prix s'avilissent. Aussi, malgré les mauvaises saisons, les révolutions et les guerres, les fluctuations des prix n'ont-elles jamais été moindres. Que serait-ce donc si l'exemple de l'Angleterre était partout suivi et si le commerce des grains était partout rendu pleinement libre ?

L'ÉMEUTIER.

Je croyais cependant que l'Angleterre était continuellement affamée.

L'ÉCONOMISTE.

L'Angleterre est aujourd'hui le pays le mieux approvisionné du globe. En voulez-vous la preuve ? Comparez les prix des marchés anglais avec ceux des marchés des pays avoisinants, avant et après l'abolition des lois-céréales. Vous trouverez que les premiers sont aujourd'hui régulièrement plus bas que les seconds, tandis qu'ils étaient autrefois régulièrement plus élevés. Quelle preuve pourrait être plus concluante ?

LE PROHIBITIONNISTE.

Votre description du jeu de l'échelle mobile m'a donné à réfléchir, je l'avoue. Je n'avais jamais envisagé la question à ce point de vue.

L'ÉCONOMISTE.

Vous n'avez pas suffisamment examiné la question, vous en convenez, et vous signez cependant des pétitions pour arriver au rétablissement d'un système qui aurait pour résultat inévitable d'aggraver les souffrances de nos populations.

LE PROHIBITIONNISTE.

Dam ! il faut bien faire quelque chose.

L'ÉCONOMISTE.

Soit ; mais encore faudrait-il savoir ce que l'on fait.

L'ÉMEUTIER.

Vive la liberté !

L'ÉCONOMISTE.

Allons ! je vois que je n'ai point perdu ma peine. Quelques mots encore pour finir.

Supposons que le commerce des grains cesse d'être entravé par les lois restrictives et les préjugés populaires ; suppons qu'il reçoive, en conséquence, son développement utile, ne se chargera-t-il pas, sous l'impulsion de son intérêt, de répartir toujours les subsistances conformément aux besoins des populations ?

L'ÉMEUTIER.

Comment cela ?

L'ÉCONOMISTE.

Quel est l'intérêt des marchands de grains ? C'est

d'acheter à bon marché pour revendre cher. C'est, en conséquence, de s'approvisionner dans les pays et dans les années où les grains sont à bas prix, où il y a *excédent*, pour les revendre dans les pays et les années où il y a *déficit*. Voilà, n'est-il pas vrai, quel est l'intérêt des marchands de grains? Eh! bien, cet intérêt actif, persistant, infatigable, n'est-il pas le meilleur levier dont on puisse faire usage pour établir partout et toujours l'équilibre entre l'offre et la demande des subsistances, et préserver ainsi les populations des maux qui résultent tour à tour de la surabondance et de la disette?

Cette *assurance mutuelle*, si nécessaire pour faire régner la stabilité dans les approvisionnements et dans les prix, il dépend à la fois des gouvernements et des peuples d'en réaliser le bienfait en peu d'années. Il leur suffira pour cela de laisser désormais au commerce des grains ses coudées franches ; il leur suffira de le *laisser faire* et de le *laisser passer*. Voilà tout !

Malheureusement, ni les gouvernements ni les peuples n'ont une confiance suffisante dans l'*organisation naturelle* de la société. Ils croient tous plus ou moins à la nécessité d'y suppléer à l'aide d'un appareil artificiel, qui a pour objet de diriger la production et le commerce des subsistances de la manière la plus utile, mais dont le résultat final est d'en restreindre le développement, au grand dommage des populations qu'il s'agit de protéger.

Parce que les mesures restrictives exercent parfois une influence temporaire; parce qu'en empêchant les grains de se déplacer, les gouvernements font baisser immédiatement les prix dans les endroits où ce déplacement est empêché, ils croient avoir remédié au mal, et ils se scandalisent fort quand on leur dit qu'ils l'ont aggravé, en rendant le déficit plus difficile à combler. Plus tard, lorsque le mal redouble, on se garde bien de rattacher à ses véritables causes l'aggravation des souffrances des populations. On a trop bonne opinion de soi-même pour admettre un seul instant que la situation ait empiré par suite des mesures que l'on a prises, des lois que l'on a faites. On attribue donc les progrès du mal tantôt aux sorciers, tantôt aux accapareurs, tantôt même aux économistes, qui se font les complices des accapareurs sinon des sorciers, et pendant des siècles on s'obstine à adopter les mêmes errements qui engendrent régulièrement les mêmes maux.

Écoutez cet apologue emprunté à un conteur indien, et tâchez d'en tirer profit, vous qui faites des émeutes pour entraver la circulation des grains à l'intérieur, vous aussi qui votez des lois prohibitives pour l'entraver à l'extérieur.

Un mariage venait d'être célébré dans le pays des rats, et une bande nombreuse de conviés se disposait à fêter cet événement par des danses joyeuses. Les musiciens, en attendant l'heure du bal, s'étaient dispersés aux environs, après avoir déposé leurs instruments à l'orchestre. Ne les voyant point revenir, quelques-uns des convives s'avisèrent de monter à l'orchestre et de faire de la musique à leur manière en rongeant les cordes des violons. Les autres convives qui commençaient à craindre pour leurs plaisirs, se rassurèrent en entendant ce bruit plus ou moins harmonieux. Mais dès que les cordes furent rongées, la musique cessa. On appela alors les musiciens à grands cris. Ceux-ci accoururent, mais ils déclarèrent qu'ils ne pouvaient jouer sans cordes. Les gens de la noce s'en retournèrent donc tristement chez eux, en attribuant leur déconvenue, à qui? — A eux-mêmes, sans doute? — Ah! que vous connaissez mal l'esprit des rats! En l'attribuant aux musiciens.

Eh bien! croyez-moi, quand on veut se substituer à la Providence dans le gouvernement des affaires humaines, quand on veut mettre sa petite réglementation, son petit système à la place de l'ordre merveilleux qu'elle a établi, on fait de la législation, — comme les rats qui rongent les cordes d'un violon font de la musique.

SECONDE PARTIE

TRENTE ANS APRÈS

[1885]

TEMPS D'ABONDANCE

PREMIÈRE CONVERSATION

L'INONDATION DES BLÉS ÉTRANGERS.

Sommaire : L'inondation des blés étrangers et les progrès qui
l'ont facilitée. — Faut-il compenser les obstacles naturels que
les progrès ont supprimés par des obstacles artificiels? — La
liberté des importations a-t-elle ruiné l'agriculture? — Progrès
réalisés sous ce régime : augmentation de la production agricole,
hausse des salaires, accroissement progressif et excessif de la
valeur des terres et de la rente du sol. — La crise actuelle. —
Que cette crise est générale. — Le droit à l'assistance. — Est-il
juste et raisonnable d'assister les propriétaires aux dépens de
toutes les autres classes de la population?

L'Économiste (Il a fortement grisonné). — Un Protectionniste
(jeune homme élégant). Député. Siège au centre. — Un Collectiviste (entre deux âges). Ouvrier peintre décorateur, orateur de
club.

(Sont réunis à une table de la *Taverne du bagne*. Cette taverne,
nouveau style, est installée au rez-de-chaussée d'une vaste ba-
raque en bois, construite en équerre, le long du boulevard extérieur. Sur la façade on lit cette inscription dantesque : *Lasciate
ogni speranza voi ch'intrate*. Au-dessous : *Grand arrivage
d'huîtres de Toulon*. Sur la chaussée une file de fiacres alternant
avec des voitures de maître. A l'intérieur, des tables, des bancs
et des chaises en bois. Les murailles sont ornées de portraits en
pied des héros de la Commune, la plupart en costume de bagne,
et de tableaux représentant le ferrement des condamnés, une
évasion, une exécution, etc. Affiches et annonces diverses : Un
nouméa; 30 centimes, *soda canaque*, 60 centimes. Les garçons
sont habillés en forçats : pantalon jaune, casaque et bonnet
rouges. Sur la casaque les lettres T F se détachent en noir; à la
partie antérieure du bonnet, une plaque de cuivre portant un

numéro d'ordre. Boulet creux suspendu par une chaînette à la ceinture. Quelques gardes-chiourmes escortent les arrivants, en criant : Avancez, les condamnés ! On sert les consommations en délivrant aux « condamnés » un ticket rouge, intitulé : Certificat de libération. Artistes ambulants, marchandes de bouquets. On crie : la *Gazette du bagne*, 10 centimes. Public mêlé, ouvriers en costume de travail, femmes du peuple en cheveux ou en bonnet. Messieurs en cravate blanche, paletot boutonné, quelques dames élégantes, cocottes, bons bourgeois du quartier, provinciaux et étrangers, l'air ahuri, assis ou debout. Ils contemplent la galerie ou font cercle autour des artistes. Des consommateurs, rassasiés de ce spectacle, se dirigent vers la porte. On crie : *Allons, les condamnés ! Place aux libérés !* Un garde-chiourme les délivre en faisant glisser un gros verrou et en ouvrant la porte de sortie après avoir pointé le certificat. La taverne est éclairée par des lanternes rouges.)

L'ÉCONOMISTE.

Oui, bien des choses ont changé depuis trente ans. (S'adressant au protectionniste.) Votre grand-père et moi nous passions en ce temps-là nos soirées dans un estaminet flamand, où se réunissaient les bons bourgeois de Bruxelles. On raconte qu'ils y allaient même le soir de leurs noces. Maintenant on va au bagne.

LE PROTECTIONNISTE.

C'est le progrès !

LE COLLECTIVISTE.

C'est un progrès qui en vaut bien un autre. Les bourgeois ne se sont-ils pas chargés de réhabiliter le bagne, en y envoyant les défenseurs du peuple ?

L'ÉCONOMISTE.

Laissons de côté les bourgeois et les défenseurs du peuple. Nous avons mieux à faire. En ce temps-là, il y a trente ans (s'adressant au collectiviste), votre père, un brave ouvrier ébéniste, faisait des émeutes en cassant des vitres, parce que le pain était cher. Aujourd'hui, on fait de l'agitation dans les campagnes parce que le pain est à bon marché. Il y a trente ans, on ne se contentait pas de demander la libre entrée des grains pour remédier à l'insuffisance de la récolte; (au protectionniste) on réclamait la prohibition à la sortie. Aujourd'hui, vous demandez au contraire la prohibition à l'entrée du blé et de la viande, du moins quelque chose d'approchant.

LE PROTECTIONNISTE.

N'exagérez pas. La Chambre a voté un droit de 3 francs sur le blé, et relevé en proportion les droits sur le bétail[1]. C'est insuffisant. Nous demandons

---

[1] Voici le texte des deux lois du 28 mars 1885 modifiant le tarif général des douanes en ce qui concerne les céréales et le bétail.

Céréales. — Art. 1er. A partir de la promulgation de la présente loi, le tableau A, tarif d'entrée, du tarif général des douanes, établi par la loi du 7 mai 1881, est modifié comme suit :

	Produits d'origine européenne ou importés directement d'un pays hors d'Europe. fr. c.	Produits d'origine extra-européenne importés des entrepôts d'Europe. fr. c.
Froment, épeautre et méteil.. { grains 100 kil.	3	6 60
{ farines	6	9 60
Avoine, seigle et orge en grains................	1 50	5 10
Malt....................	1 90	5 50

Art. 2. Les nos 69 et 70 du tarif général des douanes sont modifiés de la manière suivante :

« Les biscuits de mer, les gruaux, semoule ou gruau (grosse farine), les grains perlés ou mondés payeront un droit de 5 fr. 50.

« La surtaxe d'entrepôt reste applicable à ces produits. »

Art. 3. Les grains étrangers dont les importations justifieront,

5 francs, quelques-uns de nos amis vont jusqu'à 8 francs et même 10 francs, peut-être ne faudrait-il pas moins pour relever notre agriculture ; mais, moi, je me contente de 5 francs ; n'est-ce pas modéré ?

L'ÉCONOMISTE.

Un droit de 3 francs, c'est 14 à 15 p. 100 ; un

dans les quinze jours de la promulgation de la loi, qu'ils ont été embarqués antérieurement au 30 novembre 1884, directement pour un port français, seront admis aux conditions de la législation en vigueur le jour de leur embarquement.

Bétail. Article unique. Le tableau A, tarif d'entrée, du tarif général des douanes, établi par la loi des 7-8 mai 1881, est modifié comme suit :

MATIÈRES ANIMALES. — ANIMAUX VIVANTS.

Nos	Bestiaux.	Par tête.
4.	Bœufs	25 fr.
5.	Vaches	12
6.	Taureaux	12
7.	Bouvillons, taurillons et génisses	8
8.	Veaux	4
9.	Béliers, brebis, moutons	3
10.	Agneaux	1
11.	Boucs, chèvres et chevreaux	1
12.	Porcs	6
13.	Cochons de lait, autres que ceux pesant moins de 8 kilogrammes	1

Produits et dépouilles d'animaux.

		Les 100 kilog.
16.	Viandes fraîches de boucherie	7
18.	Viandes salées	8 50

Fait à Paris, le 28 mars 1885.

Jules GRÉVY.

Par le Président de la République :

Le ministre de l'agriculture,

J. MÉLINE.

droit de 5 francs, c'est 25 p. 100; un droit de 10 francs, ce serait 50 p. 100. Que diriez-vous si on proposait de supprimer l'impôt foncier et de le remplacer par une taxe de 25 p. 100 ou de 50 p. 100 sur les grains ?

LE PROTECTIONNISTE.

Ce serait une infamie. Jamais de la vie je ne voterais cela.

L'ÉCONOMISTE.

Pas même si on y ajoutait des taxes de 15 à 30 p. 100 sur la viande de boucherie, bœuf, veau, mouton et porc ?

LE PROTECTIONNISTE.

Oh ! je connais votre tactique. Vous essayez de nous rendre impopulaires, en nous accusant de vouloir renchérir le pain et la viande.

L'ÉCONOMISTE.

Alors, que voulez-vous ?

LE PROTECTIONNISTE.

Nous voulons protéger l'agriculture, en assurant à l'ouvrier du travail et du pain.

LE COLLECTIVISTE.

Ne parlons pas de l'ouvrier ! Bourgeois, exploiteurs que vous êtes !

LE PROTECTIONNISTE.

Phrase de club ! Nous sommes les protecteurs naturels des ouvriers.

LE COLLECTIVISTE.

Leurs pères !

LE PROTECTIONNISTE.

Oui, leurs pères !

LE COLLECTIVISTE.

Comme Ugolin était le père de ses enfants.

L'ÉCONOMISTE.

Voyons, calmez-vous. Nous ne sommes pas ici à la Chambre. Nous sommes au Bagne ; n'appelons pas sur nous l'attention des gardes-chiourmes. Discutons paisiblement ; (au protectionniste) pourquoi voulez-vous protéger l'agriculture ?

LE PROTECTIONNISTE.

La belle question ! Parce que l'agriculture agonise. Tâchez donc, vous autres théoriciens, de tenir compte des faits. Vous me dites qu'il y a trente ans, mon digne grand-père, que Dieu ait son âme ! demandait la prohibition à la sortie des grains et vous essayez de me mettre en contradiction avec lui parce que je veux empêcher l'importation ? Mais, je vous le demande, la situation est-elle aujourd'hui ce qu'elle était il y a trente ans ? On souffrait alors de la disette, on souffre maintenant de l'abondance. Nos pères n'avaient pas assez de blé et de viande. Nous en sommes inondés. Il nous en vient des États-Unis, du Canada, de la Californie, du Chili, de l'Australie, de l'Inde, sans parler de la Hongrie, de la Roumanie, de la Russie. Vous verrez qu'il nous en viendra bientôt du Congo. C'est un débordement de subsistances.

L'ÉCONOMISTE.

Qui nous expose à mourir de faim.

LE PROTECTIONNISTE.

Vous l'avez dit. Comment voulez-vous que notre agriculture ne succombe pas sous l'invasion de ces masses énormes et continuellement croissantes de blé, de bétail et même de viandes abattues qui nous arrivent de pays où on les produit presque sans frais sur des terres vierges, où le cultivateur et l'éleveur n'ont pas de rente à payer, et d'où on les transporte, moyennant un prix dérisoire, sur nos marchés ? Non ! dans ces conditions, la lutte n'est pas possible. Si nous n'opposons pas une barrière à l'inondation, notre agriculture sera submergée. Nous serons obligés de laisser nos champs en friche et alors que deviendront nos fermiers et nos métayers ? Qui nourrira nos ouvriers ?

LE COLLECTIVISTE.

Ne parlons pas des ouvriers. Ils sont à nous, les ouvriers.

LE PROTECTIONNISTE.

Pour les ouvriers comme pour les bourgeois, pour tout le monde, croyez-moi, ce sera la ruine. Est-ce que nous ne sommes pas tous intéressés à la conservation de notre agriculture ?

L'ÉCONOMISTE.

Sans aucun doute. C'est un point sur lequel tout le monde est d'accord. Seulement, il s'agit de savoir quel est le meilleur moyen de conserver notre agriculture.

LE PROTECTIONNISTE.

Parbleu ! c'est de la protéger.

LE COLLECTIVISTE.

C'est de supprimer les propriétaires et de nationaliser le sol.

L'ÉCONOMISTE.

Nous verrons bien. Commençons par la protection ; protéger, c'est empêcher les grains et le bétail étrangers d'arriver sur nos marchés.

LE PROTECTIONNISTE.

Vous l'avez dit.

L'ÉCONOMISTE.

Eh bien ! nous ne sommes pas loin d'être d'accord. Moi aussi je veux empêcher les grains et le bétail étrangers de supplanter les nôtres. Nous n'en différons que sur les moyens.

LE PROTECTIONNISTE.

Tous les moyens sont bons.

L'ÉCONOMISTE.

C'est à savoir ; que pensez-vous des corsaires barbaresques ? N'êtes-vous pas d'avis qu'on a eu tort de les supprimer ?

LE PROTECTIONNISTE.

La belle question ! Je pense que la suppression des corsaires a été un progrès manifeste. Je pense que la France en s'emparant d'Alger, ce nid de pirates, a rendu, selon ses habitudes, un immense service au commerce et à la civilisation. Seriez-vous par hasard d'un autre avis ?

L'ÉCONOMISTE.

Pourtant, les corsaires barbaresques protégeaient notre agriculture. Ils empêchaient les cargaisons de blé de la mer Noire d'arriver à Marseille. Ils étaient un obstacle à l'importation.

LE PROTECTIONNISTE.

Il y a obstacle et obstacle.

L'ÉCONOMISTE.

Soit; je vous abandonne celui-là. Mais que pensez-vous du percement de l'isthme de Suez ?

LE PROTECTIONNISTE.

Je pense que c'est une des plus belles œuvres du siècle, une œuvre immortelle ! Et c'est encore à la France qu'on la doit. Les Anglais eux-mêmes reconnaissent aujourd'hui le service que M. de Lesseps leur a rendu — malgré eux — en creusant le canal de Suez. Les économistes constesteraient-ils par hasard la gloire de M. de Lesseps, le grand Français !

L'ÉCONOMISTE.

Non, Dieu merci !

LE PROTECTIONNISTE.

A la bonne heure ! Pour moi, j'ai des actions de Suez et même de Panama, et je m'honore de contribuer ainsi, pour ma faible part, à la suppression des obstacles que la nature avait opposés au développement du commerce et au rapprochement des peuples.

L'ÉCONOMISTE.

Voilà de bonnes actions et de beaux sentiments. Mais comment les accordez-vous avec vos théories protectionnistes ? C'est par le canal de Suez que nous recevons les blés de l'Inde, et le canal de Panama ne manquera pas de faciliter l'inondation des blés de la Californie et de l'Australie.

LE PROTECTIONNISTE.

J'en conviens, mais les meilleures choses ont leurs inconvénients.

L'ÉCONOMISTE.

Et quelle est votre opinion sur Christophe Colomb et la découverte de l'Amérique ?

LE PROTECTIONNISTE.

Vous moquez-vous ? Même dans notre siècle de paradoxe, personne ne s'est encore avisé de contester la gloire de Christophe Colomb et les bienfaits de la découverte de l'Amérique. Sans doute, cela a été un malheur pour les Indiens.

L'ÉCONOMISTE.

Et pour les agriculteurs ! Si Christophe Colomb n'avait pas eu la malencontreuse idée de chercher une nouvelle route pour aller aux Indes, s'il n'avait pas découvert l'Amérique, nous ne serions pas exposés à l'inondation des blés et du bétail américains.

LE PROTECTIONNISTE.

C'est vrai, mais quelle impulsion énorme la découverte de l'Amérique a donnée au commerce de l'Europe ! Quel essor elle a imprimé à la navigation ! Quelles matières premières et quelles découvertes de consommations précieuses elle nous a values : le coton, le sucre, le café, le tabac, sans parler de l'or et de l'argent !

L'ÉCONOMISTE.

Mais l'inondation du blé et du bétail ?

LE PROTECTIONNISTE.

Certainement, c'est un mal ; mais, après tout, on peut l'empêcher.

L'ÉCONOMISTE.

Ce n'est pas aussi facile que vous le croyez. Il y a

cinquante ans peut-être, on y serait parvenu. Il fallait alors six semaines ou deux mois pour traverser l'Océan. Aujourd'hui, grâce à la vapeur, on le traverse en huit jours; mettez trois ou quatre jours de plus pour les émigrants qui vont défricher le sol vierge du *far west*, autant pour les blés qu'ils ont cultivés et qui servent de cargaison de retour. Cela fera encore moins de temps qu'il n'en fallait autrefois pour transporter le blé de la Beauce et le bétail du Cotentin à Paris. Songez aussi que l'électricité s'est jointe à la vapeur pour faciliter l'inondation. Le câble transatlantique renseigne de jour en jour, que dis-je? d'heure en heure, les marchands de blé et de viande de New-York et de Chicago sur les fluctuations de nos marchés. Vient une hausse de nos mercuriales; on fait descendre mécaniquement le blé des élévateurs dans la cale des navires à quai, et on nous submerge. Et ce qui est triste à dire, c'est que vous-même, oui, vous messieurs les protectionnistes, vous employez l'argent des contribuables, l'argent des agriculteurs accablés d'impôts et qui ploient sous le faix, à faciliter l'inondation.

LE PROTECTIONNISTE.

Allons donc! C'est une calomnie.

L'ÉCONOMISTE.

Ce n'est pas une calomnie, c'est la pure vérité. N'avez-vous pas voté une subvention à la compagnie des paquebots transatlantiques? Ne votez-vous pas tous les ans les primes à la marine marchande, c'est-à-dire, pour la subvention et les primes, de 25 à 30 millions par an?

LE PROTECTIONNISTE.

Sans doute. Il faut bien mettre nos lignes nationales de bateaux à vapeur en état de lutter avec les lignes anglaises et allemandes. Il faut bien aussi protéger la marine marchande.

L'ÉCONOMISTE.

Mais quel est l'objet, sinon toujours l'effet, des subventions et des primes? C'est de permettre à nos paquebots à vapeur et à nos navires à voiles de réduire le prix des frets et, par conséquent, de transporter à meilleur marché les blés et les viandes d'Amérique, aussi bien que les émigrants qui vont les produire. C'est de contribuer à abaisser le prix du blé, dérision! avec l'argent de nos agriculteurs. S'ils le savaient!

LE PROTECTIONNISTE.

Oui, mais ils ne s'en doutent pas. D'ailleurs, nous les protégeons aussi, et nous allons renforcer encore leur protection. Nous allons élever la muraille des droits protecteurs au-dessus du niveau des flots destructeurs de l'inondation. Tiens! mais voilà une phrase qui ne manque pas d'allure. Je la garde pour mes électeurs.

L'ÉCONOMISTE.

Heureux électeurs! Mais voyons, que diriez-vous d'un propriétaire qui dépenserait tous les ans une partie de son revenu à construire des routes dans ses domaines, et une autre partie à les obstruer?

LE PROTECTIONNISTE.

Je dirais qu'il est fou à lier et j'engagerais sa famille à le faire interdire.

L'ÉCONOMISTE.

Que diriez-vous donc des gouvernements et de vous-même? Calculez ce que les gouvernements ont dépensé et les sacrifices qu'ils ont imposés aux contribuables depuis deux ou trois siècles pour rendre les communications plus sûres et plus faciles sur terre et sur mer, pour secourir et conquérir de nouveaux marchés, pour élargir les anciens, et vous arriverez à un total énorme; vous vous demanderez même si les gouvernements n'y ont pas mis un excès de zèle; s'ils n'auraient pas mieux fait de laisser aux intéressés eux-mêmes le soin de construire à leurs frais des routes, des canaux et des chemins de fer, de subventionner des lignes de navigation à vapeur et de fonder des colonies; mais enfin, vous les excuserez; car, après tout, ils ont rempli une mission civilisatrice en facilitant les rapports pacifiques des peuples, l'échange de leurs produits et de leurs idées; en revanche, que penserez-vous d'eux lorsque vous les verrez exhausser leurs murailles douanières en même temps qu'ils s'appliqueront à ouvrir de nouvelles routes au commerce et à élargir les anciennes; bref, lorsque vous les verrez payer des douaniers pour obstruer les routes du commerce après avoir payé des hommes de guerre, des marins, des diplomates, puis des ingénieurs pour les ouvrir? Cette conduite bizarre ne vous semblera-t-elle pas le comble de la déraison? Et pour en revenir à l'agriculture, ne trouverez-vous pas qu'il est véritablement insensé d'empêcher les blés de l'Inde, de l'Amérique et d'ailleurs d'arriver sur nos marchés pendant qu'on subventionne les navires qui les apportent, et qu'on s'évertue à conclure des traités de commerce avec les pays qui les fournissent? Toute cette politique prétendue commerciale n'est-elle pas un tissu de contradictions et d'insanités?

LE PROTECTIONNISTE.

Je n'y contredirai pas. Mais que voulez-vous? Il faut bien protéger l'agriculture. Elle agonise. La liberté commerciale, si imprudemment inaugurée en 1860, lui a porté un coup funeste et peut-être mortel.

L'ÉCONOMISTE.

En êtes-vous bien sûr?

LE PROTECTIONNISTE.

Comment n'en serais-je pas sûr? Tout le monde le dit.

L'ÉCONOMISTE.

Ce ne serait pas la première fois que tout le monde aurait dit une sottise.

LE PROTECTIONNISTE.

Allons donc! Vous prétendez que la liberté des importations n'a pas ruiné notre agriculture?

L'ÉCONOMISTE.

Je le prétends. Je vais plus loin encore, je prétends que la liberté des importations a été un bienfait pour notre agriculture.

LE PROTECTIONNISTE.

Voilà un paradoxe.

(L'économiste tirant de sa poche l'*Annuaire de*

l'économie politique, des Rapports officiels et des brochures, le protectionniste et le collectiviste donnent des signes d'effroi.)

L'ÉCONOMISTE.

Oh! rassurez-vous, je n'en abuserai pas. Mais que voulez-vous? Vous nous reprochez d'être des théoriciens et de ne tenir aucun compte des faits. Eh bien! je vais vous en fournir des faits et même des chiffres.

LE PROTECTIONNISTE.

Oui, mais il y a chiffres et chiffres. Où avez-vous pris les vôtres?

L'ÉCONOMISTE.

Je les ai pris dans les Rapports de M. Georges Graux, — un protectionniste, — sur les conclusions duquel la Chambre a voté un droit protecteur de 3 francs sur les blés, qu'il s'agit maintenant de porter à 5 francs, à 8 francs ou même à 10 francs. Ce Rapport vous inspire-t-il confiance?

LE PROTECTIONNISTE.

Certainement (tirant sa montre); mais il est tard et je...

L'ÉCONOMISTE.

Oh! je ne vous retiendrai pas longtemps. Avez-vous donc peur de vos propres statistiques?

LE PROTECTIONNISTE.

Non! mais c'est terrible, la statistique.

L'ÉCONOMISTE.

Soyez tranquille, je vous ai promis de n'en pas abuser. Je vous en donnerai tout juste ce qui est nécessaire, pour vous prouver que la liberté des importations a été un bienfait pour notre agriculture.

D'abord elle a eu pour premier effet d'augmenter la production agricole.

LE PROTECTIONNISTE.

D'augmenter?

L'ÉCONOMISTE.

Parfaitement. Sous le régime de la loi du 15 juin 1860 qui a supprimé l'échelle mobile et établi la liberté de l'importation des blés — sauf un droit de 60 centimes par quintal métrique — les surfaces cultivées en blé ont toujours augmenté. Elles étaient en 1821 de 4,753,000 hectares et, en 1861, de 6,754,000 hectares ; elles sont montées, en 1884, à 6,976,000, malgré la perte de l'Alsace et de la Lorraine.

LE PROTECTIONNISTE.

Oui, mais les rendements?

L'ÉCONOMISTE.

Les rendements ne se sont pas moins accrus. Ils n'étaient que de 11 hectolitres 57 par hectare de 1815 à 1835, de 13 hectolitres 30 de 1836 à 1855 ; ils sont actuellement de 13 hectolitres 25. C'est-à-dire qu'ils se sont accrus beaucoup plus sous le régime de la libre importation qu'ils ne l'avaient fait sous le régime de la protection. Ils se sont accrus au point de dépasser les rendements américains. Aux États-Unis, le rendement moyen par hectare de blé, pendant la période de 1871 à 1881, n'a été que de 10 hectolitres 98; soit de près d'un tiers inférieur au rendement de notre agriculture.

Maintenant, quel a été le résultat? Sous la double influence de l'accroissement des surfaces cultivées et de l'augmentation progressive du rendement, la production du blé, loin de décliner, s'est élevée de 57,337,000 hectolitres de 1815 à 1835, à 77,464,000 de 1836 à 1855 et, finalement, de 1856 à 1875, à 99,328,000 hectolitres. En 1840, sous le régime de l'échelle mobile, notre sol ne produisait que pour 2,116 millions de francs de céréales; en 1876, sous le régime de la libre importation, il en produisait pour 4,042 millions, le double à peu près. Singulière façon de décliner!

LE PROTECTIONNISTE.

On peut augmenter sa production et travailler à perte. Cela dépend des prix.

L'ÉCONOMISTE.

Eh bien! voyons les prix. Sous le régime de l'échelle mobile, de 1841 à 1861, le prix moyen de l'hectolitre de froment a été de 20^f, 89; sous le régime de la libre importation, de 1861 à 1880, il s'est élevé à 22^f, 28. De plus, dans la première période, il est descendu à 13^f, 37 en 1849, à 14^f, 32 en 1850, à 14^f, 48 en 1851 pour monter, à la vérité, jusqu'à 30^f, 75, prix de disette en 1856, tandis que, dans la seconde période, il n'est pas descendu au-dessous de 17^f, 58 en 1864, et 16^f, 41 en 1865, et il n'est pas monté au-dessus de 26^f, 64 en 1868. Bref, la moyenne a été plus élevée et les écarts ont été moindres, au double avantage des producteurs et des consommateurs.

Je conviens que la consommation du blé —je parle

du froment — s'est accrue encore dans une progression plus rapide que la production. Ainsi, de 1821 à 1830, l'excédent des importations annuelles de grains et farines sur les exportations n'avait été que de 260,070 quintaux métriques, tandis qu'il s'est élevé à 7,800,000 de 1870 à 1880. D'après les calculs de M. Blaise des Vosges, la consommation du pain de froment a monté de 138 kilogrammes ou 377 grammes par jour en 1821, à 205,6 kilogrammes ou 563 grammes par jour en 1881. En revanche, on a consommé moins de méteil et de seigle; on a remplacé le pain noir par du pain blanc. Est-ce que vous regrettez ce progrès-là?

LE PROTECTIONNISTE.

Encore moins que vous, Dieu merci!

L'ÉCONOMISTE.

Voilà pour le pain. Nous nous trouvons en présence d'un progrès analogue pour la viande. D'après les statistiques officielles, relevées par M. Hautefeuille (*les Droits sur le bétail étranger*), la production de la viande, qui ne dépassait pas en France 835 millions de kilogrammes en 1856, s'élevait, vingt ans plus tard, grâce au stimulant de la liberté d'importation, à 1200 millions de kilogrammes. Elle s'était augmentée de 43,72 p. 100. A la vérité, dans le même intervalle, la consommation, développée de son côté par le merveilleux accroissement d'activité et de prospérité de l'ensemble des branches de la production, sous le régime libéral inauguré par les traités de commerce de 1860, la consommation de la viande s'est augmentée de 51 p. 100, plus de moitié ! Il a donc fallu accroître les importations de bétail étranger ; mais, chose curieuse, sous l'influence de l'augmentation de la consommation, les prix ont monté encore plus vite. « Le prix de la viande, dit M. Hautefeuile, a suivi dans la période de 1856 à 1883 une marche ascendante plus accentuée encore que celui de l'importation. La hausse a été de 50,89 p. 100 pour le bœuf, de 58,16 p. 100 pour la vache, de 57,39 p. 100 pour le veau, de 57,62 p. 100 pour le mouton, de 25,18 p. 100 pour le porc. En sorte que, pour fixer une proportion, le cultivateur qui vendait en 1856 pour 100 francs de viande, en vend aujourd'hui pour plus de 230 francs, en raison de l'augmentation de la production et du prix de vente. » Avouez que le producteur de viande n'a pas eu trop à se plaindre de la liberté du commerce. Quant au consommateur qui ne mangeait par an que 23 kilogrammes de viande sous le régime de la protection, il a pu en manger 35 kilogrammes malgré la hausse du prix sous le régime de la liberté. Contestez-vous mes chiffres ?

LE PROTECTIONNISTE.

Non ; mais il n'est pas moins avéré que l'agriculture souffre, et que les agriculteurs font entendre des cris de détresse.

L'ÉCONOMISTE.

Pas les agriculteurs, les propriétaires.

LE PROTECTIONNISTE.

C'est la même chose.

L'ÉCONOMISTE.

Nous allons bien voir. Il y a trois catégories de

personnes directement intéressées à l'agriculture :
les ouvriers agricoles, les fermiers ou les métayers,
enfin les propriétaires cultivant eux-mêmes ou af-
fermant leurs terres. Les ouvriers agricoles forment
la catégorie la plus nombreuse. Leurs salaires ont-ils
baissé sous le régime de la liberté d'importation des
grains? Non ; vous le savez bien, car c'est un sujet
de plaintes sur lequel vous ne tarissez pas. Ils ont
été continuellement en hausse.

LE PROTECTIONNISTE.

C'est vrai. Les prétentions des ouvriers sont absolument déraisonnables.

LE COLLECTIVISTE (que la statistique a légèrement endormi, se
réveillant :)

Hein ! Que dit-on ?

L'ÉCONOMISTE.

On ne dit rien ; attendez, je vais avoir fini. M. Ris-
ler, le savant directeur de l'Institut agronomique,
évalue ainsi la progression des salaires agricoles :

De 1840 à 1860, sous le régime de l'échelle mobile,
le salaire de l'ouvrier nourri était par jour de 1 franc,
de l'ouvrier non nourri de 2 francs; de 1875 à 1884,
sous le régime de la libre importation, le salaire de
l'ouvrier nourri a été porté à 2^{fr},10, de l'ouvrier non
nourri à 3^{fr},50. La classe des ouvriers agricoles, qui
fournit la plus grosse part du contingent de l'armée,
n'a donc pas eu à se plaindre de la libre importation. Les salaires ont doublé !

LE PROTECTIONNISTE.

Mais les fermages, mais les rentes, mais le prix
des terres ont-ils haussé ?

L'ÉCONOMISTE.

Je n'ai pas le relevé de la situation de la propriété
agricole dans les différentes parties de la France.
Je suis réduit à me servir des renseignements et
des chiffres de votre rapporteur protectionniste,
M. Graux. Ces renseignements et ces chiffres concernent uniquement le département de l'Aisne.

LE PROTECTIONNISTE.

C'est le plus cruellement éprouvé de tous !

L'ÉCONOMISTE.

C'est bien possible, à l'exception pourtant des
départements vinicoles, ravagés par le phylloxera.
Eh bien ! oui ; les prix des fermages et la valeur de
la terre ont sensiblement baissé depuis quelques
années dans le département de l'Aisne. |

LE PROTECTIONNISTE.

Et ailleurs.

L'ÉCONOMISTE.

Et ailleurs. Non pas uniquement en France, mais
en Angleterre, en Belgique, en Allemagne. Seulement, ce que vous oubliez d'ajouter, c'est qu'ils ont
baissé après une période de hausse continue et extraordinaire. Grâce à l'augmentation naturelle de
la population, qui s'est accrue de 7 millions d'individus en France depuis 1821, au développement
de l'industrie, à la multiplication des chemins
de fer, la valeur moyenne de l'hectare, estimée à
700 francs en 1815, atteignait 1276 francs en 1851-
1853, et l'évaluation du revenu foncier faite en
1879-1881 par l'administration des domaines l'a portée à 1830 francs. La valeur des terres labourables

notamment s'est élevée depuis 1881, principalement sous le régime de la libre importation, de 1479 francs à 2,197 francs l'hectare. Une portion de cette plus-value énorme, dont les propriétaires ont profité depuis 1815, est en train de disparaître, mais une portion seulement. Même dans le département de l'Aisne, la plus-value acquise est loin d'avoir disparu. L'hôpital de Soissons par exemple, qui avait vu ses rentes monter de 28 p. 100 de 1831 à 1880, ne les a vues diminuer que de 19 p. 100 de 1881 à 1884.

En résumé, d'après vos propres statistiques, la production agricole n'a pas cessé de s'augmenter et de s'améliorer sous le régime de la libre importation; elle a obtenu un prix supérieur à ceux du régime de l'échelle mobile; ces prix ont été plus réguliers, le prix de la viande s'est augmenté de 50 p. 100 et les salaires agricoles ont doublé. On ne peut donc pas prétendre que l'agriculture ait été mise en péril par la libre importation, ni qu'elle ait décliné. Les fermages sont en baisse, — encore n'est-ce pas d'une manière générale, — la plus-value du sol est entamée, voilà tout !

LE PROTECTIONNISTE.

N'est-ce rien ? Et les propriétaires n'ont-ils pas raison de se plaindre ?

L'ÉCONOMISTE.

Mais croyez-vous donc que la propriété agricole seule ait baissé de valeur? Consultez les registres de la chambre des notaires. Vous trouverez que la propriété urbaine s'est dépréciée à Paris depuis deux ou trois ans bien autrement que la propriété agricole. Cependant, elle n'a pas été exposée à la concurrence de l'Amérique ou de l'Inde. Consultez encore la cote de la Bourse. Toutes les valeurs n'ont-elles pas baissé ? Les rentiers de l'État, les actionnaires des chemins de fer, des banques, des sociétés foncières et autres n'ont-ils pas vu leurs propriétés se déprécier ? Les industriels, les négociants, les artistes mêmes n'ont-ils pas vu diminuer leurs profits ?

LE PROTECTIONNISTE.

J'en conviens ; mais nous n'y pouvons rien.

L'ÉCONOMISTE.

Voilà une parole pleine de sagesse. Et si les rentiers, les actionnaires, les industriels, les négociants, les artistes, en un mot tous les Français dont les revenus ont diminué, dont la propriété ou l'industrie a subi une dépréciation, venaient vous dire que c'est le devoir de l'État de faire remonter leurs revenus et là valeur de leurs propriétés au niveau qu'ils avaient atteints avant la baisse, que leur répondriez-vous ?

LE PROTECTIONNISTE.

Je leur répondrais qu'ils n'ont pas le sens commun. Je leur répondrais qu'il n'est pas au pouvoir de l'État de faire la hausse ou d'empêcher la baisse et de garantir tous les Français contre les dépréciations de leurs propriétés ou de leurs revenus.

L'ÉCONOMISTE.

Vous avez mille fois raison, et cette fois nous sommes bien d'accord. Mais que diriez-vous si une classe particulière de propriétaires ou d'actionnaires, d'industriels, de négociants, d'artistes ou d'ouvriers venait vous demander de faire une exception en sa faveur? Si dans un moment où la baisse et la détresse sont générales, elle venait vous demander de prendre, sur les propriétés et les revenus de toutes les autres, de quoi relever les siens?

LE PROTECTIONNISTE.

Je dirais... Je dirais que c'est une demande déraisonnable, injuste.

L'ÉCONOMISTE.

Et si cette classe particulière invoquait son droit?

LE PROTECTIONNISTE.

Son droit? Quel droit? Le droit à l'assistance, peut-être?

LE COLLECTIVISTE (tout à fait réveillé).

Vous savez bien que les bourgeois de l'Assemblée nationale de 1848 l'ont refusé aux ouvriers, ce droit-là?

L'ÉCONOMISTE.

Parfaitement. Et j'ajoute que l'Assemblée nationale a fait preuve de sagesse en le refusant.

LE COLLECTIVISTE.

Parbleu! elle n'avait garde de l'accorder au peuple, cette Assemblée de propriétaires et d'exploiteurs! Proudhon disait : « Donnez-moi le droit à l'assistance et je vous abandonne le droit de propriété. » Et il avait raison, le grand penseur. Si nous avions le droit à l'assistance, nous saurions bien obliger les propriétaires à nous assister. Barbès proposait de leur demander un milliard pour commencer. Ce n'était pas trop.

LE PROTECTIONNISTE.

Oui, le droit à l'assistance, c'est la porte ouverte au socialisme, au communisme. Mais il n'existe pas, Dieu merci! dans notre législation, et ce n'est pas nous qui l'y mettrons.

L'ÉCONOMISTE.

Êtes-vous bien sûr de ne l'y avoir pas mis?

LE PROTECTIONNISTE.

Par exemple! Faites-moi le plaisir de me dire comment et quand? Nous ne sommes pas des socialistes!

L'ÉCONOMISTE.

C'est ce que nous allons voir. Supposons, dis-je, qu'une classe particulière de Français exige, dans un moment de crise et de gêne générales, qu'on prélève sur toutes les autres un impôt d'un milliard pour combler le déficit de ses revenus.

LE PROTECTIONNISTE.

C'était la proposition de Barbès.

L'ÉCONOMISTE.

Vous l'avez dit. Supposons encore que cette classe soit la plus riche de toutes...

LE PROTECTIONNISTE.

Voyons! Vos suppositions sont par trop invraisemblables. Discutons sérieusement.

L'ÉCONOMISTE.

Je n'ai pas envie de plaisanter, croyez-le bien. Ce que vous appelez une hypothèse, vous en avez fait une réalité. Qu'a demandé la classe particulière des propriétaires? Elle a demandé l'assistance de la loi pour relever la valeur de ses propriétés et le taux do ses fermages. Qu'avez-vous fait? Vous lui avez reconnu le droit d'être assistée, et vous lui avez accordé aux dépens de toutes les autres catégories de Français une assistance d'un demi-milliard, que vous allez porter bientôt à un milliard, car elle l'a jugée insuffisante...

LE PROTECTIONNISTE.

Que voulez-vous dire? Nous aurions, nous, voté un impôt d'un demi-milliard au profit des propriétaires et nous irions le porter à un milliard ! Vous rêvez. Cet impôt que nous avons voté au profit d'une classe, dites-vous, sur quoi l'avons-nous établi? Qui le payera? Je ne serais pas fâché de l'apprendre; car, en vérité, je n'en sais rien.

L'ÉCONOMISTE.

Cela prouve que vous ne savez pas toujours ce que vous faites. Cet impôt d'un demi-milliard, que vous allez porter à un milliard, vous l'avez établi sur la nourriture, sur le pain et sur la viande; il est payé chaque jour par tous les Français, y compris les plus pauvres, au profit des plus riches.

LE PROTECTIONNISTE.

Allons donc ! Parce que nous avons accordé à l'agriculture une protection nécessaire, nous avons reconnu le droit à l'assistance...

LE COLLECTIVISTE.

Aux propriétaires, après l'avoir refusé aux gens sans propriété. Infamie !

LE PROTECTIONNISTE.

Ce serait une infamie, je vous l'accorde. Mais cette infamie, nous ne l'avons pas commise, nous ne la commettrons jamais, car nous sommes d'honnêtes gens. Parce que nous avons protégé l'agriculture, il ne s'ensuit pas que nous ayons établi un impôt sur le pain et la viande. Ceux qui prétendent que nous avons voulu augmenter le prix des nécessités de la vie sont de vils calomniateurs. Oui, des calomniateurs qui veulent nous empêcher d'être réélus.

L'ÉCONOMISTE.

Votre indignation fait honneur à vos sentiments, sinon à votre intelligence. Mais si je vous prouvais que vous n'avez pu « protéger l'agriculture » comme vous le dites, qu'à la condition d'augmenter le prix du pain et de la viande ; si je vous prouvais encore que la somme que la protection extrait tous les jours — sans qu'ils le sachent, je le veux bien, mais non sans qu'ils le sentent — des poches de la généralité des Français riches et pauvres ; si je vous prouvais, dis-je, que cette somme servira uniquement à grossir les revenus de la portion la plus riche ou la plus aisée de la classe des propriétaires, qu'elle ira enrichir les grands propriétaires aux dépens des petits consommateurs, que diriez-vous ?

LE PROTECTIONNISTE.

Je dirais… Je dirais… mais non, je ne dirais rien. Cela n'est pas vrai. C'est impossible. Ce sont des billevesées d'économistes.

L'ÉCONOMISTE.

Va pour des billevesées. Eh bien ! accordez-moi encore un quart d'heure, et je me charge de vous prouver…

(En ce moment, onze heures sonnent à l'horloge

14.

de la taverne du Bagne. Grand remue-ménage d'assiettes. On sert aux condamnés la soupe aux gouzganes et les huîtres de Toulon). Décidément, je regrette mon vieil et paisible estaminet flamand.

LE COLLECTIVISTE.

Je comprends que vous vous sentiez mal à l'aise dans la Taverne du peuple. Bourgeois!

L'ÉCONOMISTE.

Conduire le peuple au bagne. Voilà donc le progrès!

LE PROTECTIONNISTE.

Ça pue la commune ici. Allons plutôt au *Chat-Noir*.

L'ÉCONOMISTE.

Comme vous voudrez. Est-ce encore une taverne, nouveau style?

LE PROTECTIONNISTE.

Tout ce qu'il y a de plus nouveau style. On y est servi par des académiciens.

LE COLLECTIVISTE (farouche).

J'aime mieux les forçats.

L'ÉCONOMISTE.

On ne peut pas disputer des goûts. Mais venez-y quand même. La question que nous discutons a une importance vitale pour le peuple. Elle doit vous intéresser.

LE COLLECTIVISTE.

Moi! Pas du tout. Le libre échange et la protection sont des questions bourgeoises. Il n'y a qu'un remède aux maux du peuple, c'est la révolution so-

ciale, qui nationalisera le sol et établira le collecti-
visme. J'irai vous entendre simplement pour mon
agrément. C'est toujours amusant de voir les bourgeois se manger entre eux.

L'ÉCONOMISTE.

A demain donc. Au *Chat-Noir!*

DEUXIÈME CONVERSATION

LES DROITS COMPENSATEURS.

Sommaire : Les petits pains des boulangers et les rentes des propriétaires. — Les inégalités naturelles des conditions de la production agricole en France et à l'étranger. — Celles de la production des logements à Paris et dans la banlieue. — Moyen de compenser les unes et les autres. — L'inégalité des impôts. — Pouvons-nous reporter sur les étrangers le fardeau de nos impôts ? — Que les charges des agriculteurs ne peuvent être compensées qu'aux dépens des autres classes de la population. — Ce que coûte la protection agricole. — Ce qu'elle rapporte et à qui elle rapporte.

(La taverne du *Chat-Noir*. Vitrages colorés. Entrée décorée de plantes exotiques et d'un buste de Molière. Un suisse en grande livrée, culotte rouge, hallebarde, introduit les clients. Salle moyen âge au rez-de-chaussée. Portrait en pied du poète-voleur François Villon. — Chats miaulant à la lune. Garçons en costume d'académiciens. — Autres salons aux étages. Un piano et un guignol. Des poètes récitent des vers. Des artistes chantent des morceaux de leur composition avec accompagnement de piano.)

LE PROTECTIONNISTE.

À la bonne heure ! On est mieux ici qu'au bagne. La clientèle a bon air.

LE COLLECTIVISTE.

Peuh ! Des artistes et des gens de lettres qui méprisent les bourgeois et qui sont des bourgeois.

L'ÉCONOMISTE.

(Interpellant un académicien.) Garçon, des bocks ! Asseyons-nous et causons.

LE PROTECTIONNISTE.

Oui, causons. Certainement, Paris est une ville agréable et les Parisiens ont des inventions ingénieuses. Nous n'aurions pas l'idée, nous autres provinciaux, de nous faire servir de la bière par des académiciens. Malheureusement, la vie est par trop chère. Et comme on est volé !

L'ÉCONOMISTE.

Volé ?

LE PROTECTIONNISTE.

Le commerce parisien est un brigandage. Ce matin, j'ai eu l'idée de vérifier la note de mon boulanger. Tous les jours, je mange trois petits pains à mon déjeuner. Il m'en comptait quatre.

L'ÉCONOMISTE.

C'est un boulanger indélicat; mais de quoi vous plaignez-vous ? Il suivait votre exemple.

LE PROTECTIONNISTE.

Mon exemple ! Que voulez-vous dire ?

L'ÉCONOMISTE.

N'allez-vous pas voter bientôt une loi qui a pour objet d'augmenter de cinq francs le prix du quintal métrique de blé, ou, ce qui revient au même, de permettre aux propriétaires de fournir trois quintaux de blé et de s'en faire payer quatre ?

LE PROTECTIONNISTE.

Je ne comprends pas. Il n'y a aucune analogie entre les deux cas. Existe-t-il par hasard une loi qui autorise les boulangers à compter quatre petits pains à leur client quand ils leur en fournissent trois ? C'est un simple vol !

L'ÉCONOMISTE.

J'en tombe d'accord avec vous. Mais que faudrait-il penser d'une loi qui autoriserait les propriétaires à vendre trois quintaux de blé et à en faire payer quatre ?

LE PROTECTIONNISTE.

Jamais un parlement qui se respecte ne voterait une loi pareille.

L'ÉCONOMISTE.

C'est pourtant une loi pareille que vous allez voter. Un droit de 5 francs par quintal de blé équivaut à 25 p. 100. Donc, votre loi autorisera bien les propriétaires à augmenter le prix de leur blé dans la même proportion que votre boulanger augmente le prix de ses petits pains.

LE PROTECTIONNISTE.

Soit ! mais le boulanger grossit sa note au moyen d'une fraude, tandis que le propriétaire jouira du bénéfice légitime d'une loi protectrice de l'agriculture.

L'ÉCONOMISTE.

Le procédé sera différent, mais le résultat sera le même. Si votre boulanger était autorisé à ajouter 25 p. 100 au prix de ses petits pains, ne seriez-vous pas obligé de lui payer exactement la même somme q'il vous a comptée ? Le prix de votre déjeuner ne sera-t-il pas augmenté dans une proportion égale ? Mais que penseriez-vous d'une loi qui permettrait à votre boulanger d'augmenter de 25 p. 100 le prix de ses petits pains ?

LE PROTECTIONNISTE.

Ce serait une loi absurde et injustifiable.

LE COLLECTIVISTE.

Je ne conseillerais pas aux boulangers de le demander. On aurait bientôt démoli leurs boutiques et on les enfournerait eux-mêmes dans leurs fours; après quoi, on confisquerait les boulangeries privées et on établirait des boulangeries communales. C'est la marche naturelle du progrès. Et c'est pourquoi nous ne sommes pas fâchés, nous autres collectivistes, de voir les propriétaires faire voter une loi qui leur permettra d'augmenter de 25 p. 100 le prix du blé. Cela nous conduira plus vite à la reprise de la propriété foncière par la communauté, à la nationalisation du sol.

LE PROTECTIONNISTE.

Oh! oh! Comme vous y allez! Mais, je vous le répète, il n'y a aucune analogie entre la situation des propriétaires et celle des boulangers. Les propriétaires sont ruinés par la concurrence inégale de l'étranger.

L'ÉCONOMISTE.

En quoi inégale?

LE PROTECTIONNISTE.

Vous le demandez? Les conditions de la production sont-elles les mêmes en Amérique, dans l'Inde, en Australie et en France? La terre ne coûte rien ou presque rien dans les pays neufs. On peut se procurer aux États-Unis et au Canada un *homestead* de 160 acres (64 hectares) moyennant une somme insignifiante de 10 dollars. On n'a pas d'impôt à payer, tandis que nos agriculteurs sont accablés de charges de tout genre. Notre grand orateur, M. Pouyer-Quertier, a évalué à la somme énorme de 956 millions, près d'un milliard, l'ensemble des impôts qui pèsent sur l'agriculture, et l'on sait que M. Pouyer-Quertier n'a pas l'habitude d'exagérer. Est-il juste de laisser entrer en France des blés et du bétail qui ont été produits dans des conditions si inégales ? N'est-ce pas notre devoir de compenser la différence des frais de production et des impôts en France et à l'étranger ? Les droits sur les blés et le bétail ne sont pas des droits protecteurs, ce sont des droits compensateurs.

L'ÉCONOMISTE.

Fort bien. Je pourrais rectifier vos renseignements sur le prix des terres en Amérique, et vous prouver que les terres en culture, de bonne qualité et bien situées, ne s'y donnent pas pour rien ; mais je vous accorde qu'elles coûtent moins cher qu'en France.

LE PROTECTIONNISTE.

Enfin, vous en convenez.

L'ÉCONOMISTE.

J'en conviens. Mais parce qu'on peut acheter ou louer des terres en Amérique à meilleur marché qu'en France, s'ensuit-il qu'il faille compenser la différence au moyen d'un droit de douane ?

LE PROTECTIONNISTE.

C'est strictement juste.

L'ÉCONOMISTE.

C'est à savoir. Quoique vous arriviez de la province,

vous n'ignorez pas que les terrains sont autrement chers dans l'intérieur de Paris que dans la banlieue. Il y a sur le boulevard, dans le quartier de la Bourse et ailleurs, des terrains qui se vendent encore aujourd'hui 1500 francs, 2000 francs le mètre et davantage, tandis qu'on peut avoir dans la banlieue des terrains à bâtir, à 10 francs le mètre et même moins.

Vous n'ignorez pas non plus que les loyers sont actuellement en pleine baisse dans l'enceinte de Paris et que la dépréciation des immeubles va jusqu'à 50 p. 100 dans certains quartiers ?

LE PROTECTIONNISTE.

Oui, c'est une ruine ! Un propriétaire de mes amis a été obligé même de consentir à louer pour 4,000 francs des appartements de 12,000.

LE COLLECTIVISTE.

C'est bien fait. Ils ont exploité assez longtemps les locataires, ces infâmes propriétaires ! Vautours, va !

LE PROTECTIONNISTE.

Leur situation n'en est pas moins intéressante, mais comment leur venir en aide ? Le législateur est impuissant à les secourir. Il faut attendre que la crise des loyers prenne fin.

L'ÉCONOMISTE.

En attendant, les propriétaires souffrent. Mais êtes-vous bien sûr que le législateur soit impuissant à les secourir ? C'est un fait avéré que beaucoup de Parisiens sont allés se loger dans la banlieue. Le mouvement a commencé à l'époque de la grande hausse des loyers ; il a été favorisé par l'établissement des tramways suburbains, et il a certainement contribué à la baisse des loyers dans Paris.

LE PROTECTIONNISTE.

Peut-être bien.

L'ÉCONOMISTE.

Si tous les Parisiens étaient obligés de se loger dans l'intérieur de Paris ; si tous les hommes d'affaires, les artistes, les ouvriers qui ont émigré à Neuilly, à Levallois, à Asnières, à Bois-Colombes, à Saint-Mandé, à Vincennes, étaient contraints de rentrer dans l'enceinte des fortifications, n'est-il pas bien évident que l'augmentation de la demande des logements aurait pour résultat de faire monter les loyers et que les propriétaires en éprouveraient un soulagement notable ?

LE PROTECTIONNISTE.

Je ne dis pas non ; mais le moyen ?

L'ÉCONOMISTE.

Oh ! on n'aurait que le choix des moyens. D'abord on pourrait supprimer les tramways et les omnibus de banlieue.

LE PROTECTIONNISTE.

Vous n'y songez pas. Ce serait absolument impraticable. On demande tous les jours, au contraire, la création de nouvelles lignes de tramways et l'amélioration du service des omnibus. Cherchez autre chose.

L'ÉCONOMISTE.

Voici : On pourrait établir un droit d'entrée sur les Parisiens logés dans la banlieue, et fixer ce droit à

50 centimes par jour ou 180 francs par an. En évaluant en moyenne les loyers de ces Parisiens de banlieue à 600 ou 700 francs, cela ne dépasserait pas 25 p. 100, et ce serait une protection suffisante. D'ailleurs, si elle ne suffisait pas, on pourrait élever le droit et le porter à 1 franc, par exemple.

LE PROTECTIONNISTE.

Et vous croyez que ce serait un droit facile à percevoir?

L'ÉCONOMISTE.

Très facile. On ferait le relevé des logements occupés par les Parisiens dans un rayon de 25 kilomètres par exemple, et on ajouterait le montant du droit d'entrée à la cote des contributions personnelle et mobilière; ou bien, si les communes de la banlieue opposaient des difficultés à l'application de ce système, on arrêterait les voyageurs de la banlieue à la barrière; on pourrait même établir des salles ou des baraquements spéciaux pour les empêcher de s'enrhumer, on leur demanderait des pièces justificatives de leur identité, et on percevrait la taxe sur les Parisiens. Est-ce que cela ne se fait pas tous les jours aux frontières? Est-ce qu'on n'oblige pas les voyageurs à descendre des trains à toute heure du jour et de nuit pour visiter leurs bagages et leur faire payer les droits sur les articles qui y sont soumis? Est-ce qu'on ne les parque pas ensuite pendant vingt minutes, une demi-heure, dans des salles d'attente fermées à clef? Ils ne sont pas contents, c'est vrai; mais, contents ou non, ils se soumettent à la nécessité, et personne ne s'est encore avisé de de-

mander la suppression de la douane. Eh bien ! il en
sera de même pour le droit protecteur des logements
urbains. On commencera d'abord par le trouver insupportable, puis on s'y habituera, comme on s'est
habitué à la douane, et on finira par traiter d'utopis-
tes, peut-être même d'anarchistes, les novateurs qui
s'aviseraient de vouloir le supprimer.

LE PROTECTIONNISTE.

Mais que diriez-vous si les administrations subur-
baines s'avisaient à leur tour de frapper d'une taxe
les gens de la banlieue qui viendraient se loger dans
Paris ?

L'ÉCONOMISTE.

Je dirais que vous n'auriez rien à y redire, car
elles suivraient vos exemples et vos leçons. Elles
protégeraient la propriété urbaine comme les gouvernements protègent la propriété agricole. Si le principe est bon, pourquoi ne l'appliquerait-on pas en tout
et partout? L'inégalité des conditions de la production n'existe pas seulement entre les différents
pays. Elle existe encore entre les différentes localités.
Les prix du terrain ne sont pas les mêmes à Paris et
dans la banlieue. On peut en dire autant de tous les
éléments et de toutes les conditions de la production.
Est-ce que les salaires sont aussi élevés en province
qu'à Paris? Pourquoi les industriels parisiens ne
demanderaient-ils pas à être protégés contre la concurrence de la province par des droits compensateurs de l'inégalité des salaires? S'il était juste et
raisonnable de compenser par des droits protecteurs
toutes les inégalités des conditions de la production

provenant de la différence du prix des terres, du taux de l'intérêt des loyers et des salaires, ne faudrait-il pas rétablir les douanes provinciales et même commerciales ? L'abbé Galiani, dans ses *Dialogues sur le commerce des grains*, parle d'un original qui voulait mettre la France en ports de mer. Il faudrait la mettre tout entière en douanes. Chaque localité aurait alors ses industries, qui travailleraient exclusivement pour la consommation locale, et sa population fixée au sol, car on ne voyagerait plus guère quand il faudrait subir la visite de la douane à l'entrée de chacune de nos 37.000 communes. On pourrait démolir les chemins de fer, qui ne serviraient plus à grand chose, ou plutôt ils se démoliraient eux-mêmes, car ils ne feraient plus leurs frais. Voilà où conduit le système des droits compensateurs.

LE PROTECTIONNISTE.

On aboutirait certainement à l'absurde, si l'on voulait compenser les inégalités nationales de la production dans le même pays. Je vous l'accorde. Mais il y a d'autres inégalités que celles-là. Il y a des inégalités artificielles, qui proviennent de la différence des impôts. La France est le pays le plus taxé du monde entier, le pays ou la production en général, et la production agricole en particulier, supportent les charges les plus lourdes. Nous payons en moyenne 104 francs d'impôts par tête. C'est votre chiffre.

L'ÉCONOMISTE.

C'est le chiffre de M. le ministre de l'agriculture (il tire de sa poche un numéro du *Journal officiel*).

Lisant : « Les charges des contribuables français se sont élevées de 59 francs par tête en 1859 à 104 francs en 1885, tandis que l'Américain paye 59 francs, l'Anglais 57 francs, l'Allemand 44 francs, le Russe et l'Espagnol 36 francs seulement ».

LE PROTECTIONNISTE.

Eh bien ! ne vous paraît-il pas juste d'établir sur les blés américains ,sans parler des autres, un droit qui comprend la différence des charges des productions?

L'ÉCONOMISTE.

Avant de vous répondre, permettez-moi de vous demander comment vous établirez ce droit? Nous recevons des grains d'une quarantaine de pays différents. En Angleterre, on en a compté quarante-cinq. Les impôts ne sont pas les mêmes dans tous. Les Russes, par exemple, sont moins taxés que les Américains, et les Indous moins que les Russes. Vos droits compensateurs devraient être établis en conséquence. Il devrait y avoir un droit particulier pour chaque pays. Autrement, ce ne serait pas juste. Et les pays où les producteurs subissent les charges les plus lourdes pourraient à bon droit se plaindre d'être taxés à l'égal de ceux dont les taxes sont les plus légères.

LE PROTECTIONNISTE.

Tant pis pour eux. On les laisserait crier. Chacun pour soi !

L'ÉCONOMISTE.

Le droit compensateur serait donc uniforme?

LE PROTECTIONNISTE.

Cela va sans dire.

L'ÉCONOMISTE.

Et qui le payerait?

LE PROTECTIONNISTE.

La belle question! L'importateur étranger donc. Aujourd'hui, il est affranchi de toute charge, tandis que nous ployons sous le faix, nous autres agriculteurs.

L'ÉCONOMISTE.

Vous, un agriculteur? Je vous croyais avocat.

LE PROTECTIONNISTE.

Quand nous défendons un client, nous nous identifions avec lui. Notre client, c'est l'agriculture (tirant à son tour une brochure de sa poche). Écoutez ce que disait M. Pouyer-Quertier du privilège; oui, du privilège, le mot n'est pas trop fort, que votre libre-échange accordait au blé étranger contre le blé national, avant le rétablissement de la protection.

« Pourquoi, parce que j'ai le privilège d'être Français, exigez-vous de moi que les céréales que je produis vous payent 34 p. 100 de mon revenu, tandis que vous n'exigez rien des blés, des avoines ou des orges qui viennent de l'étranger? De quel droit ces produits usent-ils de nos chemins de fer que nous avons payés et pour lesquels nous payons encore chaque année des garanties d'intérêt? Comment! voilà du blé qui passe sur une route, sur un chemin de grande communication que vous entretenez avec des pierres, que vous payez, et ce blé américain ne payerait rien pour la dégradation de cette route que vous continuerez à entretenir! (Vifs applaudissements, — *oui* et *bien* mérités.) Est-ce que vous ne trouvez pas que ceci révolte le sens commun ? »

Certainement, cela révolte le sens commun. Seriez-vous d'un autre avis ?

L'ÉCONOMISTE.

Je m'en garderais bien. Vous venez de m'ouvrir l'esprit. Cette petite citation renferme en quelques lignes la plus grande découverte du XIXe siècle. Nous n'avons plus à nous préoccuper de nos embarras financiers. Nous pouvons augmenter nos dépenses sans scrupules et sans inquiétudes, car elles ne pèseront plus sur nos contribuables. Vous avez trouvé le moyen de les faire payer par les étrangers. Un trait de génie !

LE PROTECTIONNISTE.

Oh ! nous n'en revendiquons par la paternité. Quoique j'aie peu de goût pour les Allemands, je conviens que c'est une découverte qui leur appartient. M. de Bismarck l'a portée, le premier, à la tribune, en reprochant aux libre-échangistes de vouloir exonérer les blés étrangers des charges que supportent les blés nationaux.

L'ÉCONOMISTE.

Cela prouve que M. de Bismarck est un grand économiste et un grand financier. Mais a-t-il bien aperçu toute la portée de sa découverte ? J'en doute. Écoutez plutôt :

Si nous pouvons, en établissant des droits compensateurs sur les blés et la viande, obliger les producteurs américains à supporter une partie de nos charges, pourquoi nous arrêterions-nous en si beau chemin? Pourquoi n'appliquerions-nous pas le même système à tous nos articles d'importations étrangères, matières premières et produits manufacturés? Pourquoi ne ferions-nous pas payer nos impôts, non seulement par les agriculteurs américains, indous, australiens, mais encore par des industriels anglais et allemands?

LE PROTECTIONNISTE.

Je n'y verrais aucun inconvénient. Au contraire!

L'ÉCONOMISTE.

Chaque fois que nous augmenterions nos dépenses et que l'équilibre du budget se trouverait rompu, le ministre des finances n'aurait plus besoin de se creuser la tête pour découvrir de nouveaux impôts; il ne fatiguerait plus ses collègues de ses demandes d'économies; il exhausserait d'un cran le tarif des douanes, voilà tout! Les Anglais, les Américains, les Allemands et les autres étrangers crieraient bien un peu sans doute, mais qu'est-ce que cela pourrait nous faire? Ils crieraient, mais ils seraient bien obligés de payer.

LE PROTECTIONNISTE.

Oui, c'est un système dont je n'avais pas apprécié d'abord toute la fécondité. On pourrait l'étendre, le généraliser.

L'ÉCONOMISTE.

Ce n'est rien moins qu'une panacée financière.

LE PROTECTIONNISTE.

A la vérité, les étrangers ne manqueraient pas de s'en emparer et de frapper, à leur tour, nos produits de droits compensateurs. Cela diminuerait les avantages du système.

L'ÉCONOMISTE.

Mais avouez que ce serait un spectacle curieux et une expérience extraordinairement intéressante. Ce serait la pierre de touche des capacités financières des États. Du moment où les Américains, les Anglais, les Allemands et les autres étrangers seraient obligés de payer nos dépenses, et réciproquement, il est bien clair qu'on ne se gênerait plus. On ferait rouler l'argent; est-ce que vous ménageriez l'argent des Allemands?

LE PROTECTIONNISTE.

Par exemple! Je me ferais un devoir patriotique d'épuiser l'Allemagne, de la ruiner de fond en comble.

L'ÉCONOMISTE.

Comptez que l'Allemagne, de son côté, se ferait un devoir et un plaisir d'épuiser la France.

Oui, ce serait une invention merveilleuse. Seulement, elle ressemble à la fameuse jument de Roland, qui n'avait qu'un défaut : c'était d'être morte. Nous n'avons malheureusement aucun moyen d'obliger les producteurs étrangers à payer les impôts français.

LE PROTECTIONNISTE.

Pourtant si nous tenons leurs produits à l'entrée en France?

L'ÉCONOMISTE.

Eh bien! ils se font rembourser la taxe par les consommateurs français, en y ajoutant les frais des

retards et des formalités que comporte la perception
des droits de douane. Comment voulez-vous que les
choses se passent autrement? Voici, par exemple, un
marchand de grains de New-York ou de Chicago. Il
a de grosses provisions de blé dans ses élévateurs.
Avant de les expédier en Europe, il consulte la cote
des marchés anglais et français, que le câble lui
a apportée le jour même. Il sait que ses blés auront
un droit de 3 francs par quintal métrique à payer à
la douane du Havre, tandis qu'ils entreront en
franchise à Londres ou à Liverpool. Que fait-il? Il
expédie ses blés sur Londres et Liverpool, à moins
que les prix des marchés français ne soient de
3 francs plus élevés que les prix anglais, de manière
à compenser la différence. Ce n'est pas vous qui faites
la compensation à ses dépens, c'est lui qui la fait
aux dépens du consommateur français. Quand vous
dites à vos bons électeurs que c'est l'importateur
américain qui payera les droits sur les blés, vous
vous moquez d'eux.

LE PROTECTIONNISTE.

Se moquer des électeurs? Y pensez-vous?

L'ÉCONOMISTE.

Vous les bernez, si vous aimez mieux. Vous pro-
fitez de leur ignorance pour leur faire avaler des
bourdes grosses comme le mont Blanc. Vos droits
compensateurs visent l'importateur étranger, mais
c'est le consommateur français qu'ils atteignent.
Maintenant, j'en conviens, ils peuvent avoir pour
effet de compenser les charges de l'agriculture.

LE PROTECTIONNISTE.

Ah! enfin! —

L'ÉCONOMISTE.

Oui, ils peuvent les compenser en obligeant les consommateurs de blé et de viande à les supporter à la place de l'agriculteur. Il reste à savoir si ce déplacement est équitable.

LE PROTECTIONNISTE.

L'agriculture est écrasée d'impôts.

L'ÉCONOMISTE.

Pas plus que les autres branches de travail.

LE PROTECTIONNISTE.

Allons donc! C'est trop fort. Nous succombons sous le faix.

L'ÉCONOMISTE.

C'est un compte facile à établir. D'après M. Pouyer-Quertier, les charges de l'agriculture s'élevaient à 956 millions. Mettons un milliard pour arrondir le compte. Nous payons 3 milliards d'impôts, et davantage. L'agriculture fournit la moitié de la production de la France, et elle occupe la moitié de la population. Elle devrait donc, en bonne justice, payer la moitié des impôts. D'après vos propres calculs elle n'en paye que le tiers. De quoi se plaint-elle ? Mais je ne veux pas me chicaner sur les chiffres. Je suppose qu'elle paye exactement sa part. De quel droit voudrait-elle obliger les autres contribuables, qui payent la leur, à lui rembourser la sienne ?

LE PROTECTIONNISTE.

C'est une prétention qu'elle n'a jamais émise.

Les agriculteurs sont des gens raisonnables et d'honnêtes gens.

L'ÉCONOMISTE.

Je n'ai jamais dit le contraire. Mais continuons à compter. Vous avez obtenu un droit de 3 francs par quintal de blé, et de 20 centimes en moyenne par kilogramme de viande. Vous demandez aujourd'hui qu'on porte le droit sur le blé à 5 francs et qu'on élève en proportion les droits sur les autres céréales et sur les viandes. Mettons 30 centimes par kilogramme de viande et faisons notre compte. On évalue la consommation annuelle du froment à 100 millions de quintaux métriques, et celle de la viande à 1,300 millions de kilos. A 5 francs par quintal métrique de blé, c'est 500 millions. A 30 centimes par kilogramme de viande, c'est 390 millions. Ajoutons seulement 110 millions pour les céréales inférieures, avoine, orge, maïs, dont la consommation annuelle est égale à celle du froment, et nous arriverons à un milliard. Si je calculais avec vos méthodes, j'irais à 1,200 millions et même à 1,500, mais je me contente d'un milliard.

LE PROTECTIONNISTE.

Oh ! je fais mes réserves sur le chiffre. Je le réduirai en poussière.

L'ÉCONOMISTE.

En attendant, cherchons qui payera cet impôt supplémentaire d'un milliard. Ce sont les 38 millions de consommateurs de pain et de viande qui le payeront, et ce sera en moyenne 26 fr. 31 par tête qu'ils auront à ajouter aux 104 francs d'impôts que leur demande l'État. Leurs charges seront augmentées d'un cinquième et portées à 130 francs. Comment ce nouvel impôt se répartira-t-il entre eux?

LE PROTECTIONNISTE.

Mais, d'après votre propre calcul, ce ne serait pas un nouvel impôt; ce serait un simple déplacement des charges de l'agriculture.

L'ÉCONOMISTE.

Laissez-moi achever. La population agricole qui forme la moitié de la population de la France aurait à supporter la moitié du milliard provenant du renchérissement du pain et de la viande; en revanche, ce renchérissement compenserait le milliard d'impôts qu'elle paye à l'État. Elle serait donc exonérée de 500 millions. Resteraient 500 millions qui s'ajouteraient aux charges de l'autre moitié de la population, vouée à l'industrie, au commerce, aux beaux-arts, aux professions libérales, aux fonctions publiques. Ce serait lourd, convenez-en.

LE PROTECTIONNISTE.

Je n'en conviens nullement. Votre calcul est fantastique.

L'ÉCONOMISTE.

Nous verrons bien. C'est un cadeau annuel de 500 millions que la population qui vit de l'industrie, du commerce, etc., serait obligée de faire à celle qui vit de l'agriculture. Maintenant, comment ce cadeau se répartirait-il entre les propriétaires grands et petits, les fermiers et métayers, les ouvriers à gages? Autrement dit, à qui profiterait le renchérissement?

Il ne profiterait pas aux ouvriers qui ne vendront

ni blé ni viande, qui sont de simples consommateurs et qui auraiant, comme tels, à payer leur
quote-part de 26 fr. 31 par tête. Profiterait-il aux
fermiers et aux métayers? Dans les premiers temps
peut-être, mais à l'expiration des baux et conven-
tions, les propriétaires ne manqueraient pas d'augmenter le taux des fermages et redevances en proportion de l'augmentation du prix du blé et de la
viande. Profiterait-il enfin à la généralité des propriétaires, aux petits comme aux grands ? Non ; la
presque totalité des petits propriétaires consomment
plus de céréales de toute sorte et de viande qu'ils
n'en produisent. Il n'y a en France que 7 à 800,000
propriétaires, moyens et grands, qui produisent plus
de denrées agricoles qu'ils n'en consomment. Voilà
la seule chose qui puisse profiter et qui profite
temporairement du moins de la protection, et re-
marquez bien qu'elle en profite d'autant plus que
sa production de blé et de viande dépasse davantage
sa consommation. En un mot, les bénéfices de la
protection, qui sont nuls ou même négatifs pour les
petits propriétaires, vont croissant avec l'étendue des
propriétés. On a eu donc parfaitement raison de
comparer la protection agricole, ou prétendue telle, à
une dîme prélevée sur la généralité des Français, y
compris les agriculteurs eux-mêmes, au profit des
grands propriétaires. C'est pis encore ; c'est un impôt progressif établi en raison de la pauvreté, et dont
le produit est distribué en raison de la richesse.

LE COLLECTIVISTE.

C'est abominable.

LE PROTECTIONNISTE.

C'est fantastique, vous dis-je. Vos calculs péchent par la base. En rétablissant les droits sur les céréales et le bétail, et même en les augmentant dans une proportion raisonnable, comme nous allons le faire, nous avons voulu protéger l'agriculture ; mais nous n'avons jamais eu l'intention de faire hausser le prix du pain et de la viande. Jamais ! jamais ! La nourriture du peuple, c'est sacré !

L'ÉCONOMISTE.

Mais si les droits sur le blé et le bétail ne doivent pas avoir pour effet d'en faire hausser les prix, à quoi peuvent-ils bien servir ? Comment peuvent-ils protéger l'agriculture ?

LE PROTECTIONNISTE.

Ils peuvent empêcher les prix de baisser [1].

L'ÉCONOMISTE.

Empêcher la baisse ou faire la hausse, n'est-ce pas exactement la même chose ? De deux choses l'une : ou les droits sur les subsistances n'exercent aucune influence sur les prix et, dans ce cas, ils ne protègent pas l'agriculture ; ou ils influent sur les prix, ils les font hausser ou les empêchent de baisser et,

---

[1] Si les surtaxes n'ont pas enrayé le mouvement de baisse des principaux produits de notre agriculture, est-il permis d'en conclure que dans notre pays de protection manufacturière et non de libre-échange manufacturier, elles n'étaient pas l'un des moyens de venir en aide à la production indigène des céréales et des bestiaux ?

Rien, ce me semble, n'autorise une telle conclusion, d'abord *parce que nul ne pourrait dire jusqu'où serait tombée notre agriculture privée de ces surtaxes.* E. Lecouteux, *Journal d'agriculture pratique,* n° du 14 janvier 1880.

dans ce cas, ils établissent sur la généralité des consommateurs de pain et de viande un impôt égal à la différence des prix sous un régime de liberté et sous un régime de protection.

LE PROTECTIONNISTE.

Mon Dieu ! Je ne dis pas qu'ils soient absolument sans influence sur les prix. Quand ils les feraient hausser de quelques centimes, ce ne serait pas une affaire. Les consommateurs ne s'en apercevraient même pas.

L'ÉCONOMISTE.

Mais encore seraient-ils obligés de les payer, ces quelques centimes, et tout le long de l'année. Ils ne se douteraient peut-être pas qu'ils les payent, et ce serait heureux pour vous, car ils seraient bien capables de se fâcher tout rouge. Ils ne verraient pas l'impôt, mais ils le sentiraient.

LE PROTECTIONNISTE.

Oh ! si peu. Je vous ai dit que vos calculs péchent par la base. Vous supposez que les prix s'augmentent de tout le montant des droits. C'est une erreur manifeste, une erreur que les faits se sont déjà chargés de réfuter il y a plus de cinquante ans. Dans les années d'abondance, les prix de nos marchés sont tombés au niveau de ceux des marchés anglais, hollandais, allemands, malgré les droits protecteurs.

L'ÉCONOMISTE.

Seulement, vous oubliez d'ajouter qu'à cette époque, il n'y avait que 30 millions de Français, tandis qu'il y en a aujourd'hui 37 millions, 7 millions de bouches de plus, et que l'agriculture suffisait et au delà à les nourrir. Nous exportions plus de céréales que nous n'en importions dans les années d'abondance. On avait beau empêcher les céréales étrangères d'entrer, cela n'empêchait pas les prix de tomber jusqu'à ce que l'exportation nous eût débarrassés de notre surplus. C'est ainsi que les prix sont tombés, en pleine protection, plus bas que dans aucune des années de liberté. Aujourd'hui, la situation a complètement changé. La France ne produit pas assez de blé pour sa consommation, même dans les meilleurs années.

LE PROTECTIONNISTE.

C'est un grand malheur.

L'ÉCONOMISTE.

Si c'est un malheur, la protection n'a pas le pouvoir d'y remédier. Elle l'a, en tout cas, beaucoup moins que la liberté.

LE PROTECTIONNISTE.

C'est à savoir.

L'ÉCONOMISTE.

C'est parfaitement su. Ne vous ai-je pas cité les chiffres de la statistique officielle qui attestent que notre production agricole s'est augmentée beaucoup plus dans la période de liberté de 1861 à 1885 qu'elle ne l'avait fait dans le même intervalle sous le régime de la protection ?

Mais est-ce un malheur ? Si la France ne produit pas elle-même tout le blé et toute la viande qu'elle consomme, si elle est obligée d'acheter le surplus à l'étranger, elle est obligée aussi de les payer, car l'étranger ne lui donne pas pour rien son blé et sa viande. Avec quoi les paye-t-elle? Avec des produits de son industrie, avec des soieries, des lainages, des articles Paris. Et j'ajoute que cette production indirecte du blé et de la viande lui est plus avantageuse que ne le serait la production directe, car elle se procure ainsi à l'étranger le supplément de blé ou de viande dont elle a besoin à meilleur marché qu'elle ne pourrait le faire en le produisant elle-même.

La France a donc besoin en tous temps, même dans les meilleures années, d'un supplément de blé et de viande. Mais que résulte-t-il de là? C'est que ce supplément ne peut-être importé en France qu'à la condition que les prix du marché français soient au même niveau que les prix du marché étranger et, en particulier, du marché anglais qui, à raison de son importance, est devenu le régulateur des prix. Mais si les blés américains et autres ont 3 francs ou 5 francs de droits à payer à leur entrée en France, tandis qu'ils entrent librement en Angleterre, il faudra bien que nous les payions 3 francs ou 5 francs de plus, sinon les importateurs préféreront les diriger sur l'Angleterre plutôt que sur la France. Dans cette situation, nos consommateurs sont bien, comme je vous disais, obligés de payer sur leur viande et leur pain quotidien tout le montant de la protection, c'est-à-dire un droit actuel de 3 francs, un impôt annuel de 16 francs et un droit futur de 5 francs, un impôt de 26 francs par tête, au profit des grands et moyens propriétaires fonciers, à ajouter aux 104 fr.

qu'ils payent à l'État, aux départements et aux communes.

Mais admettons même que le renchérissement ne soit pas égal au montant des droits, en quoi est-ce que cela excuse ceux qui le provoquent? Ce qu'ils veulent, c'est bien un renchérissement égal à la totalité des droits et la preuve, c'est que 3 francs par quintal de blé et 20 centimes par kilogramme de viande ne leur suffisent plus ; c'est qu'il leur faut 5 francs sur le blé et 30 centimes sur la viande. Et si ces deux taxes qu'ils prélèvent sur les consommateurs ne font pas monter suffisamment leur rentes, ils demanderont 10 francs sur le blé et 50 centimes sur la viande. Ils les demandent déjà.

LE PROTECTIONNISTE.

Nous n'irons pas jusque-là.

L'ÉCONOMISTE.

Vous irez jusque-là si vos électeurs vous commandent d'aller jusque-là.

Les sons du piano interrompent les conversations. Romances et chansonnettes. Un de ces morceaux, nouveau style, a pour sujet l'exécution de Gamahut; un autre l'incinération dans un poêle.

LE PROTECTIONNISTE.

Brrr, ce n'est pas gai, ici. Si nous nous donnions rendez-vous ailleurs?

L'ÉCONOMISTE.

Où vous voudrez.

LE COLLECTIVISTE.

Oh! nous avons le choix. Sans sortir du quartier,

nous pouvons aller au *Rat mort*, à *la Grenouille amoureuse* ou à *la Truie qui file*. On annonce encore l'ouverture prochaine de l'*Abbaye de Thélème*, où on sera servi par des moines, et de la *Taverne du père Lachaise*, où on boira la bière dans des crânes authentiques et où on sera servi par des croque-morts.

L'ÉCONOMISTE.

Ne trouvez-vous pas qu'il serait temps de protéger la gaieté française ? Elle en a plus besoin que l'agriculture.

LE COLLECTIVISTE.

Il y a encore les *Folies-Rambuteau*, où on est servi par des rois. Ils ne sont plus bons qu'à ça.

LE PROTECTIONNISTE.

J'aime mieux le *Rat mort*.

L'ÉCONOMISTE.

Va pour le *Rat mort*.

TROISIÈME CONVERSATION

LA PROTECTION DU TRAVAIL. — CONCLUSION.

Sommaire : Les achats du gouvernement à l'étranger. — La protection du travail. — Nécessité logique de taxer l'importation des ouvriers étrangers. — Les effets de la protection. — Comment elle finit par être funeste à ceux qu'elle favorise. — L'État et sa mission. — Responsabilité des classes gouvernantes. — Ce qu'il y a à faire et à ne pas faire dans l'intérêt de l'agriculture. — Pourquoi les protectionnistes et les collectivistes sont réfractaires à l'économie politique.

(Le café du *Rat mort*. Intérieur ancien style. Bourgeois du quartier, politiciens et artistes en herbe).

LE PROTECTIONNISTE (en costume de soirée, pardessus élégant).

On dira ce qu'on voudra. C'est un scandale. Oh ! les bureaux ! les bureaux !

L'ÉCONOMISTE.

Voyons, expliquez-vous ! Qu'est-ce qui est un scandale ?

LE PROTECTIONNISTE.

Eh ! mais, la routine des bureaux. Je leur ai dit leur fait, à la Chambre.

L'ÉCONOMISTE.

Que leur avez-vous dit ? De quoi s'agissait-il ?

LE PROTECTIONNISTE.

Il s'agissait des approvisionnements de la guerre

et de la marine. Figurez-vous qu'en ce moment même, où l'agriculture est en détresse, les départements de la guerre et de la marine font des achats de grains à l'étranger. J'ai interpellé les ministres qui ont balbutié des explications embarrassées.

L'ÉCONOMISTE.

Qu'ont-ils dit?

LE PROTECTIONNISTE.

Ils se sont excusés en disant qu'on avait pris pour règle d'acheter au meilleur marché ; qu'on ne s'occupait pas de la provenance. J'ai répliqué. Je les ai fait rougir de leur manque de patriotisme et ça été un tonnerre d'applaudissements.

L'ÉCONOMISTE.

Je vous félicite sincèrement de votre succès. Mais est-ce en l'honneur du *Rat mort* que vous avez endossé votre habit et ce superbe pardessus?

LE PROTECTIONNISTE.

Non! je vais en soirée. Vous admirez mon pardessus. Vous avez raison. C'est souple, c'est léger, et d'un bon marché étonnant. Je l'ai acheté à Londres.

L'ÉCONOMISTE.

Ah !

LE PROTECTIONNISTE.

Oui, je me fais habiller en Angleterre. C'est bécarre !

L'ÉCONOMISTE.

Bécarre?

LE PROTECTIONNISTE.

On voit bien que vous n'êtes pas dans le mouvement. Vous n'êtes pas au courant du progrès de la langue. Être bécarre, c'est être à la mode, mieux qu'à la mode, et avec cela sérieux, anglais [1]. J'ai mon tailleur à Londres, et j'achète mes gants à Bruxelles. Voyez plutôt. Des gants moulés sur les doigts, solides et moins chers qu'à Paris.

L'ÉCONOMISTE.

L'industrie parisienne souffre beaucoup en ce moment; elle traverse une crise pénible, et peut-être dangereuse. On congédie les ouvriers.

---

[1] Voici comment *le Figaro*, journal bécarre, définit le bécarre : « Un homme est « bécarre » quand il se met en habit à partir de six heures et demie du soir et qu'il voit le monde. Le « bécarre » a des souliers pointus, un pantalon étriqué, le gilet blanc très ouvert. Il ne porte qu'un seul gant, à la main gauche, et il n'a point de bijoux. Le « bécarre » est gourmé, très droit, très sérieux, très anglais et très sanglé. Il a un col de chemise très haut et très empesé, une cravate blanche à nœud extrêmement court. Il doit avoir des bouts de favoris ras, descendant au niveau du lobe de l'oreille ; il a des moustaches. La barbe lui est interdite. Le « bécarre » ne soupe pas ; il se couche de bonne heure pour se lever de bonne heure, afin d'être au bois, à cheval, dès le premier matin. Il n'est pas « bécarre » d'être gai et expansif.

« La concentration est le signe distinctif du « bécarre ». A table, il est « bécarre » de ne pas servir ses voisines. Ne s'occuper que de soi et parler peu constituent la bonne attitude du « bécarre ». Le jeune « bécarre » dédaigne le veston et la jaquette. C'est tout au plus s'il revêt ces vêtements peu distingués dans la matinée. Dès midi il est en redingote, celle-ci courte, serrée et boutonnée. Il est « bécarre » de porter un pardessus, également étroit et court, qui laisse dépasser les basques de l'habit. Le « bécarre » a les cheveux ras ; les plus hardis essayent une raie sur le côté, mais on sent que c'est une raie parasite, difficile, plutôt supportée qu'acceptée. Le « bécarre » s'amuse peu. Quand il est lancé, il imite la voix de Baron, lequel est, en ce moment, le plus « bécarre » des acteurs de Paris ».

LE COLLECTIVISTE (qui vient d'arriver).

A qui le dites-vous? Mon patron vient de me renvoyer, sous le prétexte que l'ouvrage ne va pas... et pourtant il continue à employer un tas d'ouvriers belges, italiens, et même des allemands.., parce qu'ils ont consenti à une réduction de salaires, tandis que moi, j'ai refusé de me laisser exploiter. Quand en finirons-nous avec ces vils exploiteurs?

LE PROTECTIONNISTE.

Je vous plains et je suis sensible aux souffrances de l'industrie parisienne. Mais que puis-je faire pour les soulager? C'est l'affaire du gouvernement.

L'ÉCONOMISTE.

Il me semble que c'est un peu aussi la vôtre.

LE PROTECTIONNISTE.

Je ne suis pas député de Paris.

L'ÉCONOMISTE.

Mais encore? Vous trouvez mauvais que le gouvernement achète des blés à l'étranger, et vous ne vous faites pas scrupule d'acheter vos habits à Londres et vos gants à Bruxelles. Si vous vous faisiez habiller à Paris et si les autres « bécarres » suivaient votre exemple, est-ce que cela ne soulagerait pas les souffrances de l'industrie parisienne?

LE PROTECTIONNISTE.

Ce n'est pas la même chose. Je suis un simple particulier, et j'ai bien le droit de faire mes achats où bon me semble. Je n'ai à consulter que mes propres convenances, tandis que le gouvernement...

L'ÉCONOMISTE.

... Doit consulter celles des propriétaires fonciers.

LE PROTECTIONNISTE.

Tandis que le gouvernement doit acheter des blés français pour nourrir les soldats et les marins français. C'est une question de patriotisme.

L'ÉCONOMISTE.

Eh bien ! n'est-ce pas une question de patriotisme, quand on est Français et, qui plus est, député français, d'acheter des habits et des gants français ?

LE PROTECTIONNISTE.

Pas le moins du monde. C'est une affaire de mode et... d'économie domestique. J'achète mes habits et mes gants où ils sont les plus beaux, les plus solides et les moins chers. Si j'agissais autrement, on dirait que je dilapide mes revenus, que je suis incapable de gérer ma fortune. Mes beaux-frères l'ont déjà dit sous le prétexte que j'avais des bontés pour une danseuse italienne. Ils seraient bien capables de me faire interdire.

L'ÉCONOMISTE.

Vous avez des bontés pour une danseuse italienne, vous achetez des habits anglais et des gants belges, et vous n'avez pas de remords ?

LE PROTECTIONNISTE.

Aucun.

L'ÉCONOMISTE.

Cela prouve que vous avez une conscience libre-échangiste et des opinions protectionnistes.

LE PROTECTIONNISTE.

Mes opinions n'ont rien à voir dans mes achats.

L'ÉCONOMISTE.

Ni dans vos bontés.

LE PROTECTIONNISTE.

Ni dans mes bontés ! Ne suis-je pas majeur et libre ?
N'ai-je pas le droit de consulter mes intérêts dans
mes achats et mes sympathies dans... mes bontés.
Tandis que le gouvernement, lui, a des devoirs.

L'ÉCONOMISTE.

Sans aucun doute. Le gouvernement a des devoirs
envers les contribuables, c'est-à-dire envers la généralité des Français. Le premier de tous, c'est de ne
pas augmenter inutilement leurs charges, déjà assez
lourdes, pour favoriser des intérêts particuliers ;
c'est, par conséquent, d'acheter les blés dont il a
besoin où ils sont au meilleur marché, fût-ce à
New-York, à Chicago ou à Odessa, comme vous
achetez vos habits à Londres, vos gants à Bruxelles
et vos plaisirs... en Italie.

LE PROTECTIONNISTE.

Vous êtes un terrible homme. Vous mettez de la
logique partout.

L'ÉCONOMISTE.

Cela ne vaut-il pas mieux que de n'en mettre nulle
part ?

Mais revenons-en, si vous le voulez bien, à notre
dernière conversation.

LE PROTECTIONNISTE.

J'aime autant cela. Que nous disiez-vous donc ?
Ah ! vous prétendiez que les droits protecteurs de
l'agriculture renchérissaient artificiellement les nécessités de la vie, le pain et la viande, et qu'ils constituaient une taxe prélevée sur la généralité des
consommateurs au profit des propriétaires fonciers !

L'ÉCONOMISTE.

Grands et moyens. Car les petits propriétaires n'y
gagnent rien, au contraire.

LE PROTECTIONNISTE.

Grands et moyens, si vous voulez. Mais vous ave<
oublié d'ajouter que les consommateurs de pain e
de viande sont, en grande majorité, des salariés e
que le taux des salaires est déterminé par le pri<
des subsistances. Si le pain et la viande haussent d<
prix, les salaires hausseront dans la même propor
tion. Les ouvriers sont donc absolument désinté
ressés dans la question.

LE COLLECTIVISTE.

C'est vrai. C'est la loi d'airain, comme l'a si bie<
nommée Lassalle. L'exploitation capitaliste abaiss<
les salaires au *minimum de subsistances.*

L'ÉCONOMISTE.

Combien gagnez-vous dans votre état de peintre
décorateur?

LE COLLECTIVISTE.

Combien je gagnais plutôt, avant que mon exploi
teur ne m'ait mis à la porte? 10 francs par jour. I
voulait me réduire à 8 francs. Les Belges et les Ita
liens ont accepté la réduction. Moi j'ai refusé, mai
me voilà sur le pavé.

L'ÉCONOMISTE.

Eh bien! 10 francs et même 8 francs, n'est-ce pa
quelque chose de plus qu'un minimum de subsistance

LE COLLECTIVISTE.

Peut-être, mais nous sommes des artistes, nou
autres.

L'ÉCONOMISTE.

Cela ne fait rien à l'affaire. Si vos patrons avaient le pouvoir que vous leur attribuez de fixer à leur gré le taux des salaires, ne l'abaisseraient-ils pas au-dessous de 10 francs et même de 8 ?

LE COLLECTIVISTE.

Parbleu ! mais ils ne trouveraient pas d'ouvriers.

L'ÉCONOMISTE.

Et quand le pain et la viande viennent à hausser, est-ce qu'ils ont l'habitude d'augmenter vos salaires en proportion ?

LE COLLECTIVISTE.

Ils n'ont garde. Ils n'augmentent nos salaires que lorsqu'ils ne peuvent faire autrement, lorsqu'ils ne trouvent pas assez d'ouvriers à exploiter.

L'ÉCONOMISTE.

C'est-à-dire lorsque la demande de travail dépasse l'offre. C'est la formule de Cobden : *Quand deux ouvriers courent après un maître, le salaire baisse ; quand deux maîtres courent après un ouvrier, le salaire hausse.* Il s'agit donc de savoir si le renchérissement du pain et de la viande augmente ou diminue la demande de travail.

LE PROTECTIONNISTE.

Tout est là.

L'ÉCONOMISTE.

Parfaitement. Eh bien ! que nous ont appris vos propres statistiques ? Elles nous ont appris que la production agricole s'est plus développée et, par conséquent, qu'elle a demandé plus de travail sous le régime de la liberté qu'elle ne l'avait fait auparavant sous le régime de la protection. Mais si le travail n'est pas plus demandé ou s'il est moins offert, les salaires ne hausseront pas, et le renchérissement sera à la charge des ouvriers. C'est un impôt qui sera prélevé à raison de 26 francs par tête sur la grande classe des travailleurs et perçu par une minorité de propriétaires français. Bref, c'est un impôt sur le salaire au profit de la rente du sol.

LE COLLECTIVISTE.

Tant mieux !

LE PROTECTIONNISTE.

Tant mieux ! C'est vous qui dites : Tant mieux !

LE COLLECTIVISTE.

Oh ! je sais bien ce que je dis. D'abord, cela fera mûrir la poire... Ensuite, cela vous obligera à protéger le travail national.

LE PROTECTIONNISTE.

Mais est-ce que nous faisons autre chose? C'est notre spécialité de protéger le travail national.

LE COLLECTIVISTE.

Distinguons. Vous protégez les profits des entrepreneurs d'industrie et les rentes des propriétaires, en taxant à l'entrée les produits étrangers, mais vous vous gardez bien de protéger les salaires des ouvriers.

LE PROTECTIONNISTE.

En taxant les produits étrangers, nous protégeons les salaires aussi bien que les profits et les rentes.

LE COLLECTIVISTE.

Allons donc ! Est-ce que vos industriels et vos propriétaires protégés se privent d'employer des Italiens, des Belges, des Allemands, qui viennent nous faire une concurrence au rabais? J'en sais quelque chose. Est-ce juste? Si l'on empêche l'entrée des produits dans l'intérêt des industriels et des propriétaires, ne devrait-on pas empêcher l'entrée du travail dans l'intérêt des ouvriers? Mais vous vous moquez bien des ouvriers, vous autres! Vous vous qualifiez de protecteurs du travail national; vous êtes les complices de ceux qui l'exploitent.

LE PROTECTIONNISTE.

Voyons, du calme! Ne nous fâchons pas. Quelle influence voulez-vous que la concurrence d'une poignée d'ouvriers étrangers puisse exercer sur les salaires des millions de travailleurs français? C'est iusignifiant. C'est une goutte d'eau dans l'Océan.

LE COLLECTIVISTE.

Une goutte d'eau! Dites plutôt une inondation.

L'ÉCONOMISTE.

Ce n'est ni une goutte d'eau ni une inondation. Tout ce qu'on peut dire, c'est que l'importation du travail étranger est au moins égale à celle des blés.

LE PROTECTIONNISTE.

Par exemple! C'est trop fort.

L'ÉCONOMISTE.

Consultons encore une fois la statistique officielle. Elle nous apprend, d'une part, que la France importe en moyenne une quantité de céréales et de viandes égale au dixième de sa production. Elle nous apprend, d'une autre part, qu'il y a en France un million d'étrangers. Sauf un nombre relativement peu considérable d'oisifs fixés pour la plupart à Paris, d'industriels et de propriétaires, ces étrangers sont des ouvriers. Bien peu d'entre eux ont amené leur famille, presque tous sont dans la force de l'âge. Ce n'est rien exagérer de dire que ce million d'étrangers résidant en France fournit 7 à 800,000 travailleurs en pleine activité. Or, combien compte-t-on d'ouvriers actifs dans l'ensemble des branches de notre agriculture et de notre industrie? A peine 6 millions. Vous voyez donc que l'inondation du travail étranger est plus forte encore que celle des blés. D'où il est bien permis de conclure que si l'importation du blé fait baisser les rentes des propriétaires fonciers, celle du travail exerce une influence analogue sur les salaires des ouvriers.

LE COLLECTIVISTE.

Cela ne peut pas être contesté. Je viens encore d'en avoir la preuve à mes dépens. Du reste, nos frères les ouvriers américains ont déjà compris, — ils sont en avance sur nous, — la nécessité de se protéger contre la concurrence du travail au rabais. Ils ont fait prohiber le travail chinois.

LE PROTECTIONNISTE.

Quoi! Vous voudriez traiter les Belges, les Suisses, les Italiens et les Allemands comme les Américains traitent les Chinois. Et la fraternité des peuples, qu'en faites-vous?

LE COLLECTIVISTE.

La fraternité des peuples, c'est une balançoire (se reprenant), un régime capitaliste. Oh! je ne dis pas, quand les États aristocratiques et bourgeois seront remplacés par des collectivités ouvrières,

quand le sol sera nationalisé, quand le capital sera
musclé, quand l'infâme concurrence aura fait place
à l'association...

L'ÉCONOMISTE.

Par un grand A.

LE COLLECTIVISTE.

Par l'association des collectivités, collectivées dans
l'humanité, alors les peuples pourront fraterniser;
mais, en attendant, ma foi, tant pis! Chacun pour
soi! Que tous ces meurt-de-faim étrangers, qui
viennent manger notre pain et faire baisser nos salaires, restent chez eux. (Au protectionniste) : Tenez,
faisons un marché! Nous vous passerons la protection des rentes et des profits, si vous voulez nous
passer la protection des salaires.

LE PROTECTIONNISTE.

C'est à voir. Quelles protections demanderiez-
vous? Pas la prohibition, comme pour les Chinois,
au moins?

LE COLLECTIVISTE.

Oh! non; nous ne sommes pas si exigeants. Vous
avez voté, il y a quelques mois, 25 francs par tête
de bœuf, et vous allez doubler ce droit.

LE PROTECTIONNISTE.

Probablement, et ce sera encore bien insuffisant.

LE COLLECTIVISTE.

Eh bien! un ouvrier vaut bien un bœuf. Nous ne
demandons pas davantage; 50 francs, c'est de la protection dans les prix doux.

LE PROTECTIONNISTE.

Je ne dis pas non. Je consulterai mes collègues.

Pourtant, vous n'avez pas à vous plaindre, vous autres ouvriers. Les salaires ont doublé depuis vingt ans.

LE COLLECTIVISTE.

Comme le prix de la viande. Est-ce que cela vous empêche de protéger le bétail?

LE PROTECTIONNISTE.

Vous avez raison. C'est une question à creuser.

L'ÉCONOMISTE.

Savez-vous bien, mes bons amis, ce que vous creusez en ce moment? Vous creusez la fosse de l'industrie française.

LE PROTECTIONNISTE.

Vous avez la plaisanterie lugubre, mais respectable aussi.

L'ÉCONOMISTE.

Oh! je ne songe pas à plaisanter. Écoutez plutôt. Savez-vous à combien s'élève le commerce extérieur de la France?

LE PROTECTIONNISTE.

Je n'ai pas la mémoire des chiffres; mais tout le monde sait que notre commerce extérieur est en pleine décadence. Nous sommes débordés par la concurrence. Les Allemands s'emparent de nos marchés.

L'ÉCONOMISTE.

N'exagérons rien.

Le commerce d'exportation de la France s'élève annuellement de 3 milliards et 1/2 à 4 milliards de francs; il s'agit du commerce spécial, consistant dans les articles de production française; il s'est élevé en 1875 à 3,892 millions, il est descendu de quelques centaines de millions dans les années suivantes, mais il était encore, l'année dernière (1884), de 3,524 millions. Cette somme se répartit sous forme de rentes, de profits, d'intérêts et de salaires; en d'autres termes, sous forme de revenus, entre tous les Français qui ont contribué à la production, au transport et au commerce des articles exportés. Quelle est la proportion de la population qui trouve ainsi ses moyens d'existence dans la production des articles que la France fournit à l'étranger? La statistique, en sa qualité de science officielle et bureaucratique, ne nous donne à cet égard que des renseignements assez vagues, mais qui peuvent suffire à la rigueur pour un calcul approximatif. Il y a quarante ans environ, M. Michel Chevalier évaluait à 63 centimes par jour le revenu moyen des Français. En supposant que ce chiffre se soit augmenté de moitié, sous l'influence des progrès de l'industrie et malgré l'aggravation croissante des impôts, et qu'il ait été porté à 1 franc par jour, on trouve que 3 millions 1/2 ou 4 millions d'individus, propriétaires, capitalistes, entrepreneurs d'industrie et ouvriers, tirent leur revenu ou leurs moyens d'existence de la portion de la production française qui est exportée et consommée à l'étranger. C'est le dixième de la population. Mais cette proportion générale varie beaucoup quand on l'examine dans le détail. Il y a encore un certain nombre de branches de la production, et ce sont les plus arriérées, qui ne contribuent point ou qui contribuent pour peu de chose à l'exportation; il y en a d'autres, au contraire, — telles sont les branches les plus importantes de l'industrie manufacturière et des industries d'art, qui exportent le tiers ou même la moitié de leur production à à l'étranger. Nous voyons, par exemple, dans la *Statistique de la France* de notre savant collaborateur, M. Maurice Block, qu'en 1872 l'industrie de la laine exportait pour 345 millions sur une production totale évaluée à 1,200 millions, soit à peu près un tiers, et que l'exportation de l'industrie de la soie s'élevait à 438 millions sur une production totale de 900 millions, soit à peu près la moitié; ce qui veut dire qu'un tiers de la population occupée à l'industrie de la laine et la moitié de la population occupée à l'industrie de la soie dépendent absolument du débouché extérieur pour leurs moyens d'existence.

En quoi consiste ce débouché extérieur duquel dépend la subsistance de 3 à 4 millions de Français, au plus bas mot, et à quelles conditions pouvons-nous le conserver et l'accroître, voilà ce qu'il s'agit maintenant d'examiner. Il se divise en deux parties d'importance fort inégale : le marché colonial et le marché étranger. Le marché colonial nous appartient ; nous pouvons en exclure les produits étrangers qui font concurrence aux nôtres et nous venons, en effet, d'essayer de les en exclure en rétablissant le vieux régime des droits différentiels dans la plupart de nos colonies. Malheureusement, ce marché qui est à nous n'a qu'une valeur commerciale tout à fait insignifiante en comparaison du marché étranger. Sur une exportation totale de 3,574 millions en 1882, nos colonies, l'Algérie comprise, n'ont absorbé que pour 227 millions de nos produits agricoles ou industriels, à peine un quinzième ! Si les droits différentiels accroissent ce chiffre d'un quart, ce sera beaucoup. On peut, à la vérité, augmenter à coups de canon l'étendue de notre domaine colonial ; on peut conquérir Madagascar, le Congo, le royaume de Siam et même le Tonkin, mais les coups de canon coûtent très cher et l'industrie de la conquête est devenue terriblement aléatoire. Il nous faudra selon toute apparence dépenser au moins 1 milliard en employant ce procédé, pour augmenter d'une cinquantaine de millions notre débouché colonial. Autant vaudrait distribuer ces 50 millions sous forme de pensions à nos industriels et à nos ouvriers. Cela leur serait plus agréable et ne nous reviendrait pas plus cher.

Le marché étranger est donc le seul qui ait une importance sérieuse ; il a, de plus, l'avantage de ne rien coûter aux contribuables, à part l'entretien de quelques consuls ; enfin, il est indéfiniment extensible. Son élasticité est même véritablement merveilleuse ; il y a cinquante ans, il n'absorbait pas plus de 500 millions de nos produits (510 millions en 1834) ; il en absorbe aujourd'hui sept fois davantage, et, grâce aux progrès incessants de l'industrie et des moyens de communication, il pourrait bien continuer à suivre la même progression d'ici à un demi-siècle. Mais c'est à la condition expresse et formelle

que nous parvenions à y conserver notre place, car
le marché étranger est un marché de concurrence et
il n'est pas en notre pouvoir d'en exclure nos rivaux
à coups de tarifs différentiels. Nous n'avons qu'un
moyen, un seul de nous y maintenir, c'est de produire aussi bien et à aussi bas prix que nos concurrents, et cette nécessité est devenue aujourd'hui plus
que jamais urgente et inévitable.

Il y a cinquante ans, lorsque le commerce du
monde était encore dans l'enfance, en comparaison
de ce qu'il est devenu depuis l'avènement de la navigation à vapeur et des chemins de fer, nous n'avions
que bien peu de rivaux pour nos articles d'exportation. C'étaient en grande partie des articles de luxe, de
goût et d'art, dont nous possédions en quelque sorte
le monopole depuis des siècles. Mais ce monopole
fructueux, nos concurrents ont entrepris, comme
c'était leur droit, de nous l'enlever. On fabrique aujourd'hui des articles de mode, de fantaisie et d'art
en Angleterre, en Belgique, en Autriche et même en
Allemagne, presque aussi bien qu'en France, ou tout
au moins la différence d'habileté et de goût est bien
moindre qu'elle ne l'était il y a un demi-siècle. En
outre, ce sont les articles à la portée du grand nombre, les articles à bon marché qui ont pris peu à peu
le dessus dans le commerce d'exportation, même
dans le nôtre. Ces articles communs n'étaient qu'un
appoint dans nos exportations d'autrefois ; aujour-
d'hui, ils en forment la masse et les articles de luxe
ne sont plus qu'un appoint.

Cela étant, la question de l'exportation se résout

de plus en plus en une question de prix de revient.
Produire à bon marché, au meilleur marché possible,
voilà la grande affaire et le seul moyen de soutenir
la concurrence internationale. Mais on ne peut produire à bon marché qu'à la condition que les agents
et les éléments de la production ne soient point ren-
chéris par des impôts excessifs payés à l'État ou à
des privilégiés. Or, nous avons été obligés, à la suite
des malheureux événements de 1870, de multiplier
et d'augmenter les impôts et, depuis, nous avons
pris plus que de raison l'habitude des grosses dépenses. L'exposé des motifs d'une proposition de réforme financière, émanée de la minorité de la Chambre, nous apprend que « chaque Français paye pour
les seules dépenses de l'État un sixième environ de
plus qu'en 1876 ; au lieu de 69^f,77, il paye aujourd'hui
à l'État 80^f,92 ». Bref, le peuple français est aujour-
d'hui le plus taxé de l'univers et, par conséquent,
celui dont les « prix de revient » sont les plus suré-
levés du chef de l'impôt. Cependant, malgré tout,
nos industries d'exportation ont réussi à accroître
d'abord, puis à conserver à peu près intacte leur
place sur les marchés étrangers. De 1869 à 1875, en
dépit de la guerre et de l'augmentation des impôts,
nos exportations ont monté de 3,074 millions à
3,872 millions, et si elles ont faibli plus tard, c'est
en grande partie sous l'influence de causes générales, qui ont agi sur le commerce extérieur des autres
nations comme sur le nôtre. Il faut sans doute faire
honneur de ce résultat à l'intelligence et aux habitudes laborieuses de nos industriels et de nos ou-

vriers, mais il convient d'en attribuer aussi une bonne part à la politique commerciale inaugurée en 1860. C'est grâce à cette politique de dégrèvement que nos industries d'exportation ont pu abaisser leur prix de revient de manière à neutraliser l'effet de l'augmentation d'impôts nécessités par la guerre. Les industriels l'ont si bien compris qu'ils se sont opposés de toute leur énergie en 1872 au rétablissement des droits sur les matières premières et à l'abandon de la politique libérale.

... Aujourd'hui, le vent a tourné et nous sommes en pleine réaction protectionniste. On a rétabli les droits sur les céréales et le bétail ; on va les augmenter de nouveau. On a demandé et on demande encore le rétablissement des droits sur la laine et sur les bois. Les ouvriers, de leur côté, réclament l'exclusion des ouvriers étrangers. Où nous conduira cet appétit furieux et contagieux de protection? Il nous conduira au renchérissement des subsistances, des matières premières ou du travail, c'est-à-dire à l'augmentation du prix de revient de toutes les industries. Or, nos industries d'exportation ne soutiennent déjà qu'à grand'peine la concurrence de leurs rviales de l'Angleterre, de la Belgique, de l'Allemagne sur les marchés étrangers. Si vous augmentez encore leur fardeau, pourront-elles continuer à la soutenir? Quelle que soit la vigueur généreuse d'un cheval de course, ne finira-t-il pas par être battu si l'on augmente constamment son excédent de poids? Un moment viendra où, malgré tous ses efforts et toute l'habileté de son jockey, il sera distancé. Nous avons déjà perdu du terrain dans l'arène de la concurrence internationale. Nous en perdrons encore. Et n'oublions pas en quoi se traduit toute diminution de notre exportation. Elle se traduit en une perte de moyens d'existence pour la portion de notre population qui vit du débouché étranger et, par contre-coup, pour toutes les autres. Quand nos exportations baissent de 100 millions, cela signifie qu'il y a en France 100 millions de revenus de moins. — Cela signifie que 100,000 Français sont privés des moyens d'existence qu'ils tiraient de la mise en œuvre de leur capital et de leur travail engagés dans les industries d'exportation. Voilà où nous conduit la politique du renchérissement. Avais-je tort de vous dire qu'en poursuivant cette politique dans l'intérêt prétendu de l'agriculteur et des ouvriers, vous creusez la fosse de l'industrie française?

Et je n'ai pas tout dit. Croyez-vous que cette décadence inévitable de nos industries d'exportation, sous le régime du renchérissement, n'intéresse ni les agriculteurs ni les propriétaires ni les ouvriers? Si des milliers d'industriels, de capitalistes et d'ouvriers viennent à subir une perte totale ou même une simple diminution des revenus qui les faisaient vivre, est-ce qu'ils n'achèteront pas moins de produits agricoles? Vous me répondrez que, riche ou pauvre, on a toujours besoin de manger. Soit, mais si l'on ne peut rien économiser sur la quantité des aliments, on économise sur la qualité. On mange moins de viande, et après s'être habitué au pain blanc, comme l'ont fait les ouvriers des villes et même des campagnes depuis l'avènement de la politique libérale de 1860 et la suppression de l'échelle mobile, on revient au pain noir. Croyez-vous que cela fasse l'affaire des propriétaires d'herbages et de terres à blé? Nous aurons beau importer moins de bétail et de froments étrangers, la consommation de la viande et du pain blanc diminuera dans une proportion encore plus forte, et les rentes des propriétaires fonciers retomberont aux taux où elles étaient aux belles époques de la protection, lorsque la viande était un mets de luxe et que la population des campagnes était au régime du pain de seigle, des châtaignes bouillies, et des galettes de sarrazin. Nous importerons moins de travail; les ouvriers Belges, Italiens, Allemands resteront chez eux ou iront ailleurs, mais le rétrécissement de nos débouchés, en diminuant la demande du travail, fera baisser les salaires de nos ouvriers dans une proportion autrement désastreuse que ne le fait aujourd'hui la concurrence des ouvriers étrangers. Voilà où aboutit la politique qui protège les uns aux dépens des autres. Elle aboutit à l'appauvrissement général.

LE PROTECTIONNISTE.

Je n'avais pas envisagé la question à ce point de vue, je l'avoue.

L'ÉCONOMISTE.

Oh! il y a encore autre chose! Ce n'est pas seulement la décadence de notre industrie et l'appauvrissement de nos populations qui est en cause; c'est l'existence même de la société française.

LE PROTECTIONNISTE.

On dit ces choses-là à la tribune, mais entre nous, voyons, cela ne prend pas. Cela dépasse le but. Il est possible que le protectionnisme ait ses inconvénients. Ce n'est pas une panacée, soit ! Mais à qui ferez-vous croire qu'il puisse compromettre l'existence de la société ?

L'ÉCONOMISTE.

Vous êtes-vous jamais rendu compte du rôle de l'État dans la société ? L'État moderne a une puissance énorme. C'est un mécanisme ingénieux et formidable. Ceux qui l'ont entre leurs mains disposent de la vie et de la propriété de tous les Français, au moyen de la loi et de l'impôt. Aucun individu ne peut échapper à ses atteintes à moins de fuir à l'étranger, de réaliser sa fortune et de l'emporter avec lui. Cette puissance presque surhumaine, l'imagination du peuple l'agrandit encore, elle attribue à l'État le pouvoir de remédier à tous les maux de l'humanité. L'État est devenu un Dieu ! Mais s'il n'a pas tout le pouvoir qu'on lui prête, il en a assez pour faire beaucoup de bien et beaucoup de mal. S'il protège la liberté et la propriété de chacun, s'il sauvegarde tous les droits, ceux du pauvre à l'égal de ceux du riche, ceux du riche à l'égal de ceux du pauvre, la justice et l'ordre règnent dans la société, et la condition morale et matérielle de tous va s'améliorant et s'élevant. Chacun travaille d'un cœur content pour tous, et tous travaillent pour chacun, sans se plaindre des inévitables inégalités sociales, sachant qu'elles répondent à des inégalités natu-

relles. Mais si l'État jette dans un des plateaux de
la balance des intérêts le lourd glaive qui lui a été
confié pour mettre la force au service de la justice ;
s'il favorise les uns aux dépens des autres ; s'il enrichit ceux-là en dépouillant ceux-ci, oh ! alors la
situation change. Les privilégiés de l'État deviennent un objet d'envie et de haine, et un jour arrive
où ils sont emportés dans une tourmente de colère.
L'État leur échappe, trop souvent, hélas ! pour tomber dans des mains moins expérimentées et même
moins honnêtes, qui l'exploitent, comme l'ont fait
leurs devanciers, jusqu'à ce qu'une nouvelle révolution le leur enlève. Aujourd'hui, quelle est la situation ? Après bien des vicissitudes, les classes supérieure et moyenne ont repris possession de l'État, et
elles en usent à leur gré. Mais c'est une possession
bien précaire, et qui sait si demain l'État ne tom-
bera point entre les mains des nouvelles couches de
la démocratie ? Eh bien ! si les classes qui possèdent
encore cette puissante machine à produire la justice
et l'ordre s'en servent comme d'un instrument d'exploitation ; si elles emploient la « loi » et la force
qui est au service de la loi, à grossir leurs revenus
aux dépens de ceux des autres classes, qu'arrivera-
t-il ? Il arrivera, croyez-le bien, que leur exemple
sera suivi, et retourné contre elles sans qu'elles aient
le droit de s'en plaindre. Vous avez, leur dira-t-on,
dépensé sans compter, vous avez, en moins de cinquante ans, triplé le volume du budget de l'État
pour vous y caser à l'aise ; vous avez été plus loin ;
vous avez osé faire ce que n'ont jamais osé vos de-

vanciers de l'ancien régime, vous avez taxé les matériaux mêmes de la vie, le pain et la viande, pour faire monter vos rentes, sans avoir même le besoin pour excuse, car vous êtes la classe riche ou aisée ; à notre tour maintenant !

LE COLLECTIVISTE.

C'est cela ! à notre tour !

L'ÉCONOMISTE.

... Nous allons vous imiter. Nous nous servirons de l'État comme vous et contre vous. Vous avez taxé la multitude à votre profit, nous allons vous taxer au profit de la multitude. Nous allons établir l'impôt progressif, nous allons nationaliser le sol...

LE PROTECTIONNISTE.

Mais ce sera la ruine universelle et l'anéantissement de la société ! le retour à la barbarie !

L'ÉCONOMISTE.

Sans doute.

LE PROTECTIONNISTE.

Mais c'est impossible.

L'ÉCONOMISTE.

En êtes-vous sûr ? Dans un pays qui a vu 93, la confiscation des biens de la noblesse, les assignats, le maximum, les échafauds dressés en permanence et plus tard la commune, qu'est-ce qui est impossible ? On avait alors les Jacobins, nous avons aujourd'hui les collectivistes et les anarchistes qui valent bien les Jacobins.

LE COLLECTIVISTE.

Qui valent mieux, Dieu merci. Les Jacobins étaient des bourgeois.

17.

L'ÉCONOMISTE.

C'est un grand avantage de posséder l'État, mais c'est aussi une grande et lourde responsabilité. Vous avez beau fermer les yeux pour ne pas la voir. Elle est là, elle existe, et chacune de vos fautes, chacun des manquements à vos devoirs de justice en alourdit le poids. Et voilà ce qui m'indigne et ce qui m'effraye dans la légèreté avec laquelle vous votez ces lois de privilège. Qu'est-ce que cela peut faire, dites-vous, d'augmenter de quelques centimes le prix du pain et de la viande ? On ne s'en aperçoit même pas. Et sait-on comment se forment les ouragans qui font sombrer les navires les plus confortablement aménagés ? C'est à peine si on aperçoit des points noirs à l'horizon, quelques heures avant la catastrophe. Prenons garde aux points noirs !

LE PROTECTIONNISTE.

Les problèmes économiques sont difficiles à résoudre, j'en conviens.

L'ÉCONOMISTE.

Et vous pourriez ajouter qu'en aucune matière, il faut moins se fier aux apparences. Vous voterez une loi de protection, en vue de remédier à l'avilissement du prix. La baisse s'arrête, — quandelle s'arrête, ce qui n'arrive pas toujours, et vous vous félicitez de ce résultat, mais il y a des conséquences ultérieures que vous n'apercevez pas, et qui transforment votre remède en poison.

LE PROTECTIONNISTE.

Il faut pourtant bien faire quelque chose.

Quand je suis malade, je fais appeler mon médecin. S'il se contentait de me tâter le pouls et de m'engager à prendre patience, sans se donner la peine d'envoyer une ordonnance au pharmacien, est-ce que je serais satisfait? Je congédierais ce médecin ignorant et sans cœur pour ses malades, et j'en ferais appeler un autre.

L'ÉCONOMISTE.

Vous préféreriez donc qu'il vous ordonnât des remèdes qui aggraveraient le mal?

LE PROTECTIONNISTE.

Non, à coup sûr. Mais au moins je voudrais connaître la nature de ma maladie, et savoir ce qu'il y a à faire pour la guérir.

L'ÉCONOMISTE.

Croyez-vous que le gouvernement connaît mieux que les agriculteurs eux-mêmes les causes de leurs maux, et les remèdes les plus efficaces pour les guérir? Votre médecin peut en savoir plus long que vous sur vos maladies. C'est sa spécialité de les étudier et d'essayer de les guérir. Mais est-ce la spécialité du gouvernement de connaître l'agriculture?

LE PROTECTIONNISTE.

Il l'enseigne.

L'ÉCONOMISTE.

Ce n'est pas une raison pour la connaître.

LE PROTECTIONNISTE.

Alors à quoi peut bien servir un ministère de l'agriculture?

L'ÉCONOMISTE.

Je n'en sais rien. Et vous, le savez-vous?

LE PROTECTIONNISTE.

Un ministère de l'agriculture sert à faire fleurir l'agriculture.

L'ÉCONOMISTE.

Et si l'agriculture ne fleurit pas, c'est donc la faute du ministère de l'agriculture?

LE PROTECTIONNISTE.

Il y est certainement pour quelque chose. Pourquoi n'encourage-t-il pas l'agriculture?

L'ÉCONOMISTE.

Avec quoi peut-il l'encourager?

LE PROTECTIONNISTE.

Avec des subventions et des faveurs.

L'ÉCONOMISTE.

Des faveurs! S'il s'agit de rubans, je n'ai rien à dire. C'est inoffensif ou à peu près. Cela fait pousser la vanité, qui est une mauvaise herbe, mais qui ne nuit pas au bétail. S'il s'agit de protection et de privilèges, oh! c'est différent. Les protections et les privilèges ne sont accordés aux uns qu'aux dépens des autres, et ils finissent, comme j'ai essayé de vous le faire voir, par être nuisibles aux protégés et aux privilégiés eux-mêmes. S'il s'agit de subventions, c'est la même chose. On ne peut mettre de l'argent dans les poches des agriculteurs sans le prendre dans les poches des contribuables. Et croyez-vous que si le gouvernement avait moins de goût pour l'argent des contribuables dont une bonne moitié sont des agriculteurs, s'il leur en laissait davantage, ils ne sauraient comment l'employer? J'en connais qui sont forcés d'économiser jusque sur la nourriture. Ils se nourriraient mieux s'ils payaient moins d'impôts, et cela encouragerait l'agriculture.

LE PROTECTIONNISTE.

A votre avis, il n'y a donc rien à faire?

L'ÉCONOMISTE.

Il y a d'abord et avant tout à ne pas faire. Il y a des mesures qu'il ne faut pas prendre et des lois qu'il ne faut pas voter. Il ne faut pas voter des lois de renchérissement, parce qu'elles sont injustes et parce qu'elles sont nuisibles ; parce que le protectionnisme est un poison pour le corps social comme la strychnine est un poison pour le corps humain. Et il faut avoir le courage de le dire. Il faut déclarer une fois pour toutes aux agriculteurs plus ou moins authentiques qui demandent à être protégés, qu'on ne les protégera pas. Quand ils en seront bien convaincus, ils chercheront eux-mêmes les remèdes à leurs maux, et ils sont bien capables — aussi capables que le gouvernement lui-même — de les trouver. Ils s'apercevront qu'ils payent de gros impôts non seulement à l'État, mais encore aux industriels protégés, aux propriétaires de charbonnages et de hauts fourneaux, aux fabricants de machines et même aux filateurs de coton. Ils demanderont au gouvernement d'être plus économe de leurs deniers et, au besoin, ils l'exigeront. Ils lui déclareront, en même temps, que s'ils consentent à payer des impôts à l'État qui garantit leurs propriétés et leur liberté, il ne leur plaît pas d'en payer aux industriels, qui ne leur garantissent rien du tout. Ils s'apercevront enfin qu'ils ont, eux aussi, quelque chose à faire pour se mettre en état de soutenir la concurrence étrangère ; ils s'informeront, et ils apprendront qu'on a inventé depuis cinquante ans toutes sortes de machines qui économisent le travail agricole et toutes sortes d'engrais qui augmentent la fécondité de la terre ; qu'en employant ces machines et ces engrais-là ils pourraient produire à meilleur marché et davantage ; qu'au lieu d'obtenir en moyenne 15 hectolitres par hectare, ils pourraient en obtenir 20 comme en Belgique et même 30 comme en Angleterre. Ce qui équivaudrait à une protection naturelle de 50 p. 100 et davantage, et ce qui serait plus sûr qu'une protection artificielle de 25 p. 100. Voilà ce que feraient les agriculteurs pour se protéger eux-mêmes, et voilà ce qu'il y a à faire.

LE PROTECTIONNISTE.

Vous avez raison, et je vous avoue, en toute humilité, que vos arguments ont fait une vive impression sur moi. Ils me paraissent sans réplique.

L'ÉCONOMISTE.

Enfin, je vous ai converti, et je vous avoue, à mon tour, que cela me comble de joie. Vous ne voterez pas la loi ?

LE PROTECTIONNISTE.

N'allons pas si vite. Vous m'avez impressionné, voilà tout, et c'est bien assez. Si vous m'aviez converti, cela me gênerait beaucoup et cela ne vous servirait pas à grand'chose.

L'ÉCONOMISTE.

Que voulez-vous dire ? Je ne comprends pas.

LE PROTECTIONNISTE.

Malgré votre science, il y a bien des choses, mon respectable ami, que vous ne comprenez pas. Vous ne vous rendez pas compte de la situation d'un député et des devoirs particuliers qu'elle lui impose. Pourquoi les électeurs nous donnent-ils leurs voix ? Parce qu'ils ont confiance en nous ; parce qu'ils supposent que nous défendrons leurs intérêts, ou, si vous voulez — c'est une concession que je vous fais — ce qu'ils croient être leurs intérêts.

Il est possible qu'ils se trompent. C'est leur affaire, ce n'est pas la nôtre. Mes électeurs sont protectionnistes. Ils m'ont envoyé à la Chambre pour défendre la protection, et voter une augmentation des droits sur les céréales et le bétail. Si je me laissais convertir à vos doctrines — qui me paraissent certainement respectables et même vraies, c'est encore une concession que je vous fais — si je passais dans le camp du libre-échange, si je votais contre l'augmentation des droits, quelle serait ma situation vis-à-vis de mes électeurs ? N'auraient-ils pas le droit de m'accuser d'avoir trompé leur confiance ? Ne commettrais-je pas un acte d'indélicatesse, je dirai plus, de félonie politique ? Vous me direz peut-être que je pourrais donner ma démission. C'est vrai ; mais si je donnais ma démission sur une question qu'ils considèrent comme capitale, je ne serais pas réélu. Vous me direz encore que le malheur ne serait pas grand. C'est possible ! Mais mon avenir n'en serait pas moins compromis d'une manière irrémédiable. Ma carrière politique serait brisée. Sans doute, je possède quelque fortune et je puis me passer, Dieu merci ! de mon indemnité parlementaire. Tous mes collègues n'en sont pas là. Mais j'ai le goût de la politique et, sans me flatter, je crois avoir les aptitudes nécessaires pour y réussir. Ne commettrais-je pas un acte d'insanité, presque un acte coupable ; ne manquerais-je pas à tous mes devoirs envers moi-même, si je brisais ma carrière au début ? Ne serait-ce pas commettre un véritable suicide ? Que dirait ma famille, que diraient mes amis ? Ma famille ! N'ai-je pas aussi des devoirs à remplir envers elle ? Elle est nombreuse, ma famille, et tous mes parents ne sont pas riches. Je suis leur providence. J'ai déjà obtenu une recette pour mon oncle et placé trois de mes cousins dans les bureaux. Il m'en reste encore quatre à pourvoir, et il m'en arrive tous les jours de nouveaux. S'ils apprenaient que j'ai donné ma démission, pour un motif incompréhensible — car certes ils ne le comprendraient pas, et personne ne le comprendrait, excepté vous ! — ne me traiteraient-ils pas de mauvais parent ? Ne doit-on pas faire quelques sacrifices à sa famille, surtout à une époque comme la nôtre, où l'esprit de famille s'en va ? Et mes électeurs, puis-je les laisser à la merci de mon concurrent, un intrigant de la plus vile espèce, un ambitieux sans principes et sans talent, qui exploitera sa position pour refaire sa fortune endommagée par le *krack*, qui fera beaucoup de promesses et qui n'en tiendra aucune ? On dit que le niveau de la représentation du pays va s'abaissant tous les jours. Il faut l'empêcher de s'abaisser davantage, en ne fournissant pas à de pareils hommes l'occasion d'y entrer. C'est un devoir patriotique. Voilà pourquoi je ne puis pas, je ne dois pas donner ma démission, et pourquoi aussi je dois m'abstenir de tout ce qui pourrait m'obliger, en conscience, à la donner. C'est une règle de conduite dont un bon député ne doit pas se départir. Je ne dis pas que ce soit toujours facile. Quand on étudie une question sous toutes ses faces, comme nous venons de le faire, on peut être tenté de changer d'opinion. Il faut avoir le courage de résister à la tentation. Il faut savoir faire abnégation de sa propre pensée, de ses propres convictions, et c'est quelquefois un sacrifice bien pénible, j'en conviens. Seulement, quand on sait se conduire, quand on est un homme à la fois consciencieux et pratique comme je me flatte de l'être, on évite de se placer dans cette alternative désagréable. On n'a pas d'opinions préconçues et on s'abstient d'approfondir les questions. On consulte ses électeurs, on sait ce qu'ils pensent, ce qu'ils veulent, et on vote ! Comme cela, on n'a pas de scrupule à se faire, et on est réélu.

L'ÉCONOMISTE.

C'est commode ! Mais si les électeurs se trompent, s'ils entendent mal leurs intérêts et si leurs erreurs peuvent avoir des conséquences funestes pour le pays et pour eux-mêmes, votre devoir n'est-il pas de les éclairer ? C'est un devoir patriotique.

LE PROTECTIONNISTE.

Permettez. Je me plais à croire que vous ne doutez pas de mon patriotisme. Je suis patriote avant tout. Je le prouverais au besoin. Aucun sacrifice ne me coûtera pour le prouver. Que le gouvernement nous demande demain d'envoyer un million d'hommes à la frontière et de voter un emprunt d'un milliard, de deux milliards, de trois milliards pour soutenir l'honneur et les intérêts de la patrie, je les voterai sans marchander. Mais mon patriotisme est raisonnable, et je dirai plus, il est modeste. Je n'ai pas la prétention d'imposer mon opinion à mes électeurs et de lutter contre le courant irrésistible de la démocratie. A quoi sert d'ailleurs de lutter contre le courant? A quoi cela vous a-t-il servi? Vous avez passé votre vie à n'être pas de l'avis de tout le monde. Vous l'avez usée à propager des doctrines impopulaires; à quoi êtes-vous arrivé? Je suis fâché de vous le dire, vous n'êtes arrivé à rien. Vous écrivez des lettres, et je veux le croire, de bons livres; qui est-ce qui les a lus? Qui est-ce qui s'avise de les lire? Pas même vos confrères; ils ne lisent que les leurs! Vos travaux, vos efforts, vos luttes n'ont servi ni aux autres ni à vous-même. Et pourquoi? Parce que vous vous êtes obstiné à remonter le courant au lieu de le descendre.

L'ÉCONOMISTE.

Et si le courant nous conduit à un abîme?

LE PROTECTIONNISTE.

Bah! il y met le temps. Il y a bel âge qu'on nous dit que nous courons aux abîmes. Oh! je conviens que nous ne sommes pas des modèles de sagesse et d'économie, d'économie surtout! Les États modernes sont des prodigues; ils écrasent les populations sous le poids des charges militaires et autres, les impôts ne leur suffisent pas, quoiqu'ils les augmentent tous les jours; en moins d'un siècle, ils ont accumulé plus de 100 milliards de dettes; ils sacrifient l'intérêt général aux intérêts égoïstes des classes dominantes, et ils s'exposent à des catastrophes, je vous l'accorde. Mais à qui la faute?

L'ÉCONOMISTE.

Croyez-vous que les États ne seraient pas gouvernés avec plus de sagesse et d'économie et que l'avenir ne nous réserverait pas moins de périls, si l'intérêt général était mieux défendu?

LE PROTECTIONNISTE.

Si l'intérêt général n'est pas mieux défendu, c'est sa faute. L'intérêt général ne paye pas, comme disent les américains. L'intérêt général est insolvable. A-t-il jamais fait nommer un député? Parlez-moi des intérêts particuliers. Ils sont actifs, ceux-là, ils se remuent et ils payent, et ils élisent ! N'est-il pas naturel, n'est-il pas juste qu'ils l'emportent sur l'intérêt général, qui est impotent et avare? N'est-ce pas conforme au principe même de la concurrence, qui est l'arche sainte de l'économie politique? Que cela finisse mal, c'est possible, mais qu'est-ce que cela nous fait? Nous n'y serons plus.

L'ÉCONOMISTE.

La France y sera.

LE PROTECTIONNISTE.

La France en a vu bien d'autres. Nos pères ont fait une révolution qui a ébranlé la société jusque dans ses fondements, mais à laquelle tout le monde

— excepté peut-être quelques esprits grincheux et rétrogrades — tout le monde, dis-je, s'accorde à attribuer tous nos progrès. Nos fils en feront une autre, qui ne sera peut-être pas moins féconde.

LE COLLECTIVISTE.

Qui le sera davantage. Ce sera une révolution sociale.

LE PROTECTIONNISTE.

Elle sera ce qu'elle voudra. Cela ne nous regarde pas. Notre affaire à nous, c'est de faire nos affaires et celles de nos électeurs. C'est de suivre le courant, sans avoir la prétention de le diriger et encore moins de le remonter. C'est d'être de notre temps, et de tâcher d'y vivre et d'y bien vivre. C'est d'être des hommes pratiques, et non des songe-creux. Et voilà pourquoi, mon respectable ami, vous ne m'avez pas converti et ne me convertirez pas.

(Regardant à sa montre.) Dix heures. On m'attend à l'Éden. Adieu et sans rancune. Vous m'avez donné une leçon d'économie politique. Je vous en ai donné une autre, d'économie pratique. Partant, quittes ! (Il s'en va.)

LE COLLECTIVISTE.

Opportuniste ! Jouisseur ! Crevé ! Bourgeois ! Joli député ! Et voilà les hommes qui sont investis de la mission sacrée du législateur. Je ne comprends pas vraiment que vous ayez pris la peine de donner une leçon d'économie politique à ce valet de la bourgeoisie.

L'ÉCONOMISTE.

Au moins vous a-t-elle profité, à vous ? Vous ai-je converti ?

LE COLLECTIVISTE.

Moi! Ah! non, par exemple. Je vous ai écouté par politesse, et je n'ai pas voulu vous contredire à cause de votre âge, mais l'économie politique est une science bourgeoise, et je ne suis pas un bourgeois, je m'en vante! J'ai été candidat-ouvrier aux dernières élections.

L'ÉCONOMISTE.

Eh bien! en quoi est-ce que cela vous empêcherait d'être de mon avis sur les questions du renchérissement du pain et de la viande? Est-ce que cette question-là n'intéresse pas le peuple?

LE COLLECTIVISTE.

J'ai signé le programme du parti ouvrier, et je n'ai pas besoin de vous dire qu'il n'est pas question de la protection ou du libre échange dans ce programme. Nous ne perdons pas notre temps à de pareilles futilités. Nous avons mieux à faire. Nous avons à préparer la révolution sociale.

Je veux bien convenir cependant que vos arguments auraient pu faire une certaine impression sur mon esprit si je n'avais pas eu des devoirs à remplir envers le peuple. Mais mettez-vous à ma place! Que diraient les camarades s'ils apprenaient que je suis converti à l'économie politique? Ils diraient que je suis entré dans la police. Je serais exclu du parti, et il ne pourrait plus être question de ma candidature au conseil municipal. Cela me fait souvenir qu'on m'attend à la réunion électorale du groupe de la Panthère de Montmartre. Adieu. Une dernière recommandation. Ne dites pas que vous me connaissez. Cela nuirait à ma candidature et à mon avenir politique.

L'ÉCONOMISTE.

Soyez tranquille. Je serais désolé de nuire à votre candidature et à votre avenir politique.

LE COLLECTIVISTE.

Merci. (Il s'en va.)

L'ÉCONOMISTE.

Voilà des conversions difficiles à faire. J'ai perdu mon temps et ma peine. Ce n'est pas la première fois et ce ne sera pas la dernière. Mais qui sait où va une parole de vérité — une parole inutile — que le vent emporte? Elle est portée à travers l'espace et le temps jusqu'à ce qu'elle rencontre une terre préparée pour la recevoir. Alors elle germe... Nous sommes trop pressés. Le progrès n'avance pas en ligne droite. C'est comme dans le tunnel du Saint-Gothard. Il y a des moments où on revient sur ses pas. Nous sommes dans un de ces moments-là. Nous reculons, donc nous avançons.

FIN.

TABLE DES MATIÈRES

PREMIÈRE PARTIE

TEMPS DE DISETTE

Des opérations nécessaires pour produire le grain et le mettre à la portée des consommateurs. — Des fonctions des cultivateurs, des marchands de grains, des meuniers, des boulangers. — Sous quel régime ces fonctions peuvent-elles être remplies de la manière la plus économique? — Des règlements des marchés. — Des défenses de vendre ailleurs que sur les marchés. — Citation de Voltaire. — Du *maximum*. — Comment le *maximum* contribue à augmenter les maux de la disette. — Des préjugés contre les marchands de grains. — Démonstration de l'utilité des marchands de grains, au double point de vue des intérêts du producteur et du consommateur. — Dans quel cas ils peuvent être investis d'un monopole nuisible. — Que les émeutiers sont les complices ou les compères des accapareurs.

Convient-il de suspendre le travail des distilleries dans les années de disette? — Apparences et réalités. — Que

SECONDE PARTIE

TEMPS D'ABONDANCE

FIN DE LA TABLE DES MATIÈRES.

5478-86. — Corbeil. Typ. et stér. Crété.

www.ingramcontent.com/pod-product-compliance
Lightning Source LLC
Chambersburg PA
CBHW061435060726
47597CB00002B/344